Xiandai weiguan
Laodong jiazhilun

现代微观
劳动价值论

谭跃湘○著

吉林文史出版社

图书在版编目（CIP）数据

现代微观劳动价值论／谭跃湘著．—长春：吉林
文史出版社，2017.9
ISBN 978 - 7 - 5472 - 4545 - 3

Ⅰ．①现⋯ Ⅱ.①谭⋯ Ⅲ.①劳动价值论 - 研究
Ⅳ.①F014.3

中国版本图书馆 CIP 数据核字（2017）第 226818 号

现代微观劳动价值论
XIANDAI WEIGUAN LAODONG JIAZHILUN

出 版 人／孙建军
作　　者／谭跃湘
责任编辑／王明智
封面设计／黎　珊
出版发行／吉林文史出版社
地　　址／长春市人民大街 4646 号　　　邮　　编／130021
网　　址／www. jlws. com. cn
电　　话／0431—86037501
印　　刷／廊坊市海涛印刷有限公司
开　　本／710mm×1000mm　　　16 开
字　　数／222 千字
印　　张／19. 75
版　　次／2018 年 1 月第 1 版　　　2018 年 1 月第 1 次印刷
书　　号／ISBN 978 - 7 - 5472 - 4545 - 3
定　　价／68. 00 元

目　录

XIANDAI WEIGUAN

——— LAODONG JIAZHILUN ———

·现 代 微 观 劳 动 价 值 论·

第 1 章

绪　论

> 不论是供给和需求的博弈，还是
> 价格与供需的互动，归根到底都是价
> 值规律在发挥作用。
>
> ——作者

　　透过光怪陆离、色彩斑斓的商品交换世界，人们的思维触角
便能感悟到价值律动的脉搏。不论是供给和需求的博弈，还是价
格与供需的互动，归根到底都是价值规律在发挥作用。价值是商
品经济的永恒主题，也是市场经济的永恒主题。劳动价值论是马
克思主义政治经济学的基础，也是社会主义政治经济学的基础。
坚持、发展和创新劳动价值论，既是劳动价值论演进的必然逻辑，
也是经济实践发展的客观要求。本章将从理论和实践两个层面，
探讨劳动价值理论发展和创新的方向，并建构现代微观劳动价值
论的理论体系和基本框架。

1. 劳动价值论历史演进的实践困惑

价值是人类对于自我发展本质发现、创造与创新的要素本体，包括本质认同、主观追求和效益选择等。价值在很多领域有特定的形态，如社会价值、个人价值、经济价值、法律价值等。经济学所关注的价值是商品价值，是商品经济和市场经济最本质、最基本的范畴。在经济学说史上，价值理论是最神秘、最复杂、也是最迷人的研究领域，历代经济学家不断探索价值的本质、规律及其形成机制，为价值理论的发展做出了独特贡献，也留下了宝贵财富。

1.1 古典经济学的先行探索

古希腊的亚里士多德也许是最早接触价值问题的思想家，他从纷繁复杂的商品交换关系和交换形式中感受到了价值问题的存在，认识到 5 张床 = 1 间屋，无异于 5 张床 = 若干货币①。从表面上看，不同物品或商品有不同用途和不同使用价值，也有不同衡量尺度，一张一张床都是用来睡觉的，一间一间房屋都是用来居住的，按理从质到量都是不可能通约的。但既然不同种的物品或商品可以相等、可以交换、可以用同一货币来体现，就必然包含某种共同的可以通约的"东西"，这种"东西"其实就是价值。可惜的是，亚里士多德并没有就此深入下去研究和探讨价值问题，没有得出劳动价值论的结论。严格地说，他不是研究了价值问题，

---

① 《马克思恩格斯全集》第 23 卷，人民出版社 1972 年版，第 74 页。

而是接触到了价值问题。

英国古典经济学第一次将价值和劳动联系起来，开创劳动价值论之先河。被誉为"政治经济学之父"的威廉·配第，最先提出了劳动决定价值的基本思想，并在劳动价值论的基础上考察了工资、地租、利息等范畴，区分了自然价格和市场价格。他指出：假如一个人生产一蒲式耳小麦所用劳动时间和从秘鲁银矿中生产一盎司白银并运到伦敦所需劳动时间相等，后者便是前者的自然价格①。显然，在他看来，生产商品所耗费的劳动时间决定商品的价值，商品价值和劳动生产率成反比例。但是他并没有把价值、交换价值和价格区分清楚，他所谓的"创造价值的劳动"，实际上是生产白银的具体劳动，他那人们耳熟能详的名句"土地为财富之母，劳动为财富之父"②，也容易让人产生劳动和土地共同创造价值的联想，这与劳动价值论显然是有矛盾的。

被世人尊称为"现代经济学之父"和"自由企业守护神"的亚当·斯密在其名著《国民财富的性质和原因的研究》中系统地探讨了劳动价值论，并在劳动价值论的基础上发展了更完备的价格理论。他认为，劳动是国民财富的源泉，国民财富取决于劳动数量和劳动生产率，而提高劳动生产率最基本的途径是分工。这样，斯密从分工引出交换，再从交换引出价值，并第一次明确区分了使用价值和交换价值两个概念。他指出："价值一词有两个不同的意义。它有时表示特定物品的效用，有时又表示由于占有某物而取得的对他种货物的购买力。前者叫作使用价值，后者叫作

---

① 《资产阶级古典政治经济学选辑》，商务印书馆 1979 年版，第 41 页。
② 《资产阶级古典政治经济学选辑》，商务印书馆 1979 年版，第 46 页。

交换价值。"① 正是从交换价值出发，斯密得出如下结论："劳动是
衡量一切商品交换价值的真实尺度"②，商品的价值决定于"获得
它的辛苦与麻烦"，即决定于生产商品所耗费的劳动量。他举例说
明："在资本积累和土地私有尚未发生以前的初期野蛮社会，获取
各种物品所需要的劳动量之间的比例，似乎是各种物品相互交换
的唯一标准。例如，一般地说，狩猎民族捕杀海狸一头所需要的
劳动，若二倍于捕杀鹿一头所需要的劳动，那么，海狸一头当然
换鹿二头。所以，一般地说，二日劳动的生产物的价值二倍于一
日劳动的生产物，两点钟劳动的生产物二倍于一点钟劳动的生产
物，这是很自然的。"③ 但斯密的劳动价值论仍然是不彻底的，这
不仅在于他没有区分交换价值和价值，更重要的是他混淆了劳动
和劳动力、价值生产和价值交换，特别是价值形成和价值分配，
以至于提出与劳动价值论相冲突的斯密教条。按照这一教条，每
个商品——从而合起来构成社会年产品的一切商品的价格或交换
价值，都是由三个组成部分构成，或者说分解为：工资、利润和
地租。这样，不仅为工资、利润和地租共同决定价值提供了生存
空间，也为商品价值"等于它使他们能够购买或支配的劳动量"，
或等于它所能购买到的"劳动的价值"留下了发展余地。

　　庸俗经济学家萨伊正是利用斯密的这些失误，杜撰出"物品
的效用就是物品价值的基础"④，"所谓生产，不是创造物质，而是

---

① 《资产阶级古典政治经济学选辑》，商务印书馆 1979 年版，第 308 页。
② 《资产阶级古典政治经济学选辑》，商务印书馆 1979 年版，第 309 页。
③ 《资产阶级古典政治经济学选辑》，商务印书馆 1979 年版，第 317 页。
④ 萨伊：《政治经济学概论》，商务印书馆 1982 年版，第 59 页。

创造效用"①，"商品的价值取决于它的效用"②，商品的效用是由劳动、资本、土地三要素共同创造的结论，最终告别了劳动价值论。

大卫·李嘉图是古典经济学的"最后的伟大的代表"，他在资产阶级所能容纳的范围内，将古典政治经济学推向了其可能发展的最高阶段，可以说"李嘉图征服了英国（凯恩斯语）"。更为难能可贵的是，李嘉图吸收了亚当·斯密价值理论中的劳动价值论成分，但坚决抛弃了亚当·斯密的二元劳动价值论。大卫·李嘉图一针见血地批评了亚当·斯密价值理论的矛盾："亚当·斯密如此精确地说明了交换价值的原始源泉，他要使自己的说法前后一致，就应该认为一切物品价值的大小与它们的生产过程所投下的劳动量成比例，但他自己却又树立了一种价值标准尺度，并说各种物品价值的大小和它们所能交换的这种标准尺度的量成比例。"③按照他的论述，效用虽然是交换价值不可缺少的条件，但却不能成为交换价值的尺度；在社会的早期阶段，商品的交换价值几乎完全取决于各商品上所费的劳动量，劳动报酬不同不会影响商品相对价值的变动；在现代阶段，影响商品价值的不仅是直接投在商品上的劳动，而且还有投在协助这种劳动的器具、工具和工场建筑物上的劳动，但真正影响新价值的只有直接劳动，间接劳动只是把原有价值转移到新产品中去；采用昂贵而耐用的工具之后，使用等量资本所生产的商品的价值极不相等，彼此之间的相等价值虽然仍旧会由于生产所需的劳动量的增减而有涨有落，但同时

---

① 萨伊：《政治经济学概论》，商务印书馆1982年版，第59页。
② 萨伊：《政治经济学概论》，商务印书馆1982年版，第59页。
③ 《资产阶级古典政治经济学选辑》，商务印书馆1982年版，第457页。

也会由于工资和利润的涨落而发生另一种变动，但工资和利润的涨落对商品价值的影响是"次要的"，主要还是劳动量决定商品的交换价值或相对价值。

然而，李嘉图体系存在两大难题：一是资本和劳动的交换如何同价值规律相符合；二是等量资本提供等量利润如何同价值规律相符合。正是这些难题和矛盾使李嘉图学说饱受反对者的责难，并最终导致了李嘉图学派的解体。

1.2 马克思价值论的历史性飞跃

古典经济学家的理论局限和现实矛盾，并没有终止劳动价值论的发展，相反却给劳动价值论提供了创新机遇和变革空间。而这一创新和变革的重大使命落在了马克思的肩上，并由马克思完成了劳动价值论的历史性飞跃。

马克思从商品这一资本主义生产方式占统治地位的财富的元素形式出发，探索了隐藏在交换价值或交换关系背后的奥秘。指出在 1 夸特小麦和 a 担铁里面，有一等量同质的东西。这种等量同质的东西被马克思称之为商品的价值。尽管"商品要成为价值，首先必须是效用"①，但价值作为不同商品等量同质的东西，却与效用或使用价值无关，不同商品之所以需要交换，恰恰在于它们具有不同的使用价值。这样，马克思就将商品价值实体归结为抽象的人类劳动，将商品价值量归结为凝结在商品中的抽象人类劳动量即社会必要劳动时间。"作为价值的上衣和麻布，不过是同种劳动的凝结。"②

---

① 《马克思恩格斯全集》第 23 卷，人民出版社 1972 年版，第 58 页。
② 《马克思恩格斯全集》第 23 卷，人民出版社 1972 年版，第 58 页。

当然，商品作为用来交换的劳动产品，始终是使用价值和价值的统一，如果说不同商品之所以要交换是因为它们具有不同的使用价值，那么，不同商品之所以能够交换，则在于它们都有价值。马克思从对商品使用价值和价值对立统一关系的分析中，不仅科学地揭示和论证了价值的本质和源泉是劳动，价值量由社会必要劳动时间决定等重大命题，消除了古典经济学价值理论的二重性，彻底摒弃了供求价值论、效用价值论和要素价值论等庸俗理论；而且他以劳动二重性学说为基础，从使用价值和价值的矛盾分析中，追索出具体劳动和抽象劳动、私人劳动和社会劳动的矛盾。这一矛盾，实质上是资本主义基本矛盾的胚芽，为研究资本主义生产方式奠定了基础。然后抓住劳动和劳动力相区别这个关键，引入不同部门资本家之间的竞争，圆满解决了资本和劳动相交换获得利润、等量资本获得等量利润同价值规律的矛盾，成功地克服了古典经济学的局限性。正是在这个基础上建构起了以资本和剩余价值为中心范畴的《资本论》，实现了劳动价值理论的革命性飞跃。

但是，真理的发展从来是没有止境的，人们对真理的认识永远处在由相对真理趋向绝对真理的无限过程之中。这不仅在于事物的发展永无止境，更因为作为认识主体的人们，受主客观条件的制约，不可能穷尽真理。马克思的劳动价值论是他所处的那个时代的产物，不可避免地有其历史局限性。

首先，马克思所面对和研究的是当时的资本主义生产方式。一是这种生产方式以私人资本为基础，企业主要采取独资形式，股份制虽已初露端倪，但远未占主导地位。二是以自由竞争为特征，没有宏观调控，人们不但迷信看不见的手，而且崇尚管得最少的政府是最好的政府。三是劳动结构以体力劳动、直接劳动和物质生产劳动为主。据安格斯·麦迪森的研究，1870 年英国第一、第二产业的就业比重为 65%，服务业的比重只有 35%[①]。据库兹涅茨的研究，在英国 1851 年国民生产总值中，物质生产部门所占比重为 55.7%，非物质生产部门的比重为 44.3%[②]。即使到 20 世纪初，发达国家科学技术在国民经济中的贡献率也没有超过 15%。四是劳动关系紧张，资本家将绝对延长工人的劳动时间作为自己谋利的基本方式和主要手段，工人则将缩短劳动时间，反对做夜工和星期日劳动，争取提高工资作为自己斗争的主要目标。五是经济全球化刚刚起步，世界市场虽然开始形成，但还谈不上生产的全球化和资本配置的全球化。因此，马克思在研究劳动价值论时，主要关注的是直接物质生产领域的体力劳动，而对脑力劳动、间接劳动和非物质生产领域的劳动及其在价值形成中的作用研究不够，估计不足；对资本和雇佣劳动关系的分析也过于抽象，资本家是人格化了的资本，雇佣工人是一无所有的无产者，他们的关系也是纯粹的剥削和被剥削的关系；对价值与劳动关系的研究，一般都局限在一国范围之内，仅仅在论及有关工资的国民差异问题时，才谈到价值规律在国际上的应用，才明确价值的计量单位是世界劳动的平均单位；对价值问题的研究角度也没有自觉的微观和宏观之分，而是将两类问题杂糅在一起，很容易导致分解谬误和合成谬误[③]。

---

① 安格斯·麦迪森：《世界经济二百年回顾》，改革出版社 1997 年版，第 17 页。

② 西蒙·库兹涅茨：《各国的经济增长》，商务印书馆 1999 年版，第 151 页。

③ 萨缪尔森：《经济学》（第 16 版），华夏出版社 1999 年版，第 4 页。

其次，马克思研究劳动价值论以及以此为基础的剩余价值论的目的是革命。即通过对资本主义剥削关系和基本矛盾的分析，揭示资本主义必然灭亡的历史趋势和现实条件，为无产阶级革命提供理论依据。他在《资本论》第一卷第一版序言中明确指出："我要在本书研究的，是资本主义生产方式以及与此相适应的生产关系和交换关系。"① "本书的最终目的就是揭示现代社会的经济运动规律。"② "就这种批判代表一个阶级而言，它所代表的只是这样一个阶级，这个阶级的历史使命就是推翻资本主义生产方式和最后消灭阶级，这个阶级就是无产阶级。"③ 这种劳动价值论严格地说是着眼革命的劳动价值论，而非关注建设的劳动价值论。因此，马克思研究劳动价值论的主要精力集中在价值的本质及其源泉问题上，重点是揭示由此体现的人与人之间的关系，为最终揭示资本和剩余价值所反映出来的剥削与被剥削关系做准备，而对劳动怎样才能创造价值，以及怎样才能创造尽可能多的价值量等价值形成问题，则没有展开研究。事实上，他无意和也不可能为资本家去开列实现价值和剩余价值最大化的处方。

最后，马克思从来没有研究过社会主义社会的劳动和劳动价值论。马克思是社会主义理论的创始人，也是社会主义运动的开拓者，但他没有参加过社会主义建设的实践，也就不可能对社会主义建设做深入的理性思考。他对社会主义的有限论述，大多是在批判资本主义生产方式和分析资本主义基本矛盾运动规律时，得出的一些预测性结论。囿于实践的局限，马克思始终拒绝对未

① 《马克思恩格斯全集》第 23 卷，人民出版社 1972 年版，第 8 页。
② 《马克思恩格斯全集》第 23 卷，人民出版社 1972 年版，第 11 页。
③ 《马克思恩格斯全集》第 23 卷，人民出版社 1972 年版，第 18 页。

来社会做详细具体的理论描述。尤其值得注意的是，按照马克思的理论逻辑，资本主义的终结也是商品经济和市场经济的终结，他所预期的社会主义是"用公共的生产资料进行劳动，并且自觉地把个人劳动力当作一个社会劳动力来使用。这样，劳动时间就会起双重作用，一方面劳动时间的社会有计划地分配，调节着各种劳动职能与各种需要的适当比例；另一方面，劳动时间又是计量生产者个人在共同劳动中所占份额的尺度。在那里，人们同他们的劳动和劳动产品的社会关系，无论在生产和分配上，都是简单明了的"①。用恩格斯的话说，就是"人们可以非常简单地处理这一切，而不需要著名的'价值'插手其间"②。既然如此，当然也就不需要研究和认识社会主义社会的劳动和劳动价值论。

1.3 来自实践和时代的呼唤

"理论是灰色的，生活之树常青。"随着实践的发展，不论是资本主义经济，还是社会主义经济，都出现了许多新特点新情况，为此，必须深化对劳动和劳动价值论的研究和认识。

第一，当代资本主义经济新特点的新要求。一是当代资本主义经济出现了混合所有制，私人资本转化为了社会资本。以1979年的英国为例，国有企业生产增加值占英国 GDP 的9%，其投资额和就业人数分别占整个英国的11.5%和7.3%。同时股份经济迅速发展，纯粹的私人资本企业，逐渐为股份制企业所取代。到1996年，在英国拥有股权的人已占成年人口的22%，在私有企业

---

① 《马克思恩格斯全集》第23卷，人民出版社1972年版，第95~96页。
② 《马克思恩格斯选集》第3卷，人民出版社1972年版，第348页。

中，90％的雇佣工人已成为他们所在企业的股东①。这样就使资本主义经济中的劳资关系更加复杂，并趋向缓和。二是经济全球化迅猛发展，跨国公司出现，使企业全球化成为现实。据联合国 20世纪 90 年代的统计，全球跨国公司已达 6.3 万家，所属子公司68.9 万家。它们控制着全球 1/3 的生产、2/3 的贸易、70％的专利与技术转让和近 80％的外国直接投资，由此形成了庞大的全球生产和销售体系。国际资本市场的形成和发展，加速了资本配置的全球化。每天在全球外汇市场交流的国际资本大约为 11 万亿美元。另据当时国际货币基金组织的测算，国际游资大约在 7 万亿美元。贸易的全球化，使国际贸易已经占世界经济总量的 15％。三是宏观调控已成为现代资本主义经济的重要特征。发达国家早在 20 世纪 30 年代开始重视政府宏观调控的作用，现在已逐渐形成了以货币和财政政策为主要手段的宏观调控体系。四是经济结构发生了新的变化。就劳动力结构而言，早在 1992 年英国农业的就业比重就下降到了 2.2％，工业就业比重下降到了 26.2％，服务业的就业比重上升为 71.6％，在 1992 年美国服务业的就业比重更是高达74％。从各产业部门的贡献情况看，以 1997 年的中等收入国家为例，服务业的增加值已占 GDP 的 50％，农业和工业增加值合计只占 GDP 的 50％。非物质生产部门已成为创造价值的主要部门。五是经济增长方式已由粗放型转化为集约型。劳动密集型产业逐渐为资本密集型产业所取代，并正在向知识密集型发展，到 20 世纪末，发达国家科学技术在国民经济增长中的贡献率已超过 80％。

---

①　艾伦·格里菲思、斯图亚特·沃尔主编：《应用经济学》，中国经济出版社 1998 年版，第 188 页和 199 页。

人类社会正在迎来知识经济时代，据估计经济合作与发展组织（简称经合组织，OECD）成员的知识经济在国民生产总值中已占50%以上，科学技术已成为名副其实的第一生产力。既然现在所面临的资本主义经济，已经与马克思主义创始人所面对和研究的情况有很大不同，我们就应当结合新的实际，加深对资本主义社会劳动和劳动价值论的研究和认识。

第二，社会主义经济发展的新特点和新要求。从20世纪初开始，社会主义已由理想变为现实、由革命进入建设。经过不断的探索和艰辛的努力，社会主义中国从20世纪70年代末开始，实现工作重心转移，进入了改革开放和现代化建设的新时期，开始由计划经济体制向社会主义市场经济转变，初步建立起了社会主义市场经济体制。一方面，我国的市场经济具有与资本主义市场经济根本不同的属性，公有经济始终在国民经济占主导地位。尽管我国在改革开放过程中为适应生产力的发展要求，加快个体私营经济的发展，但是迄今为止，公有经济仍然在经济总量中占有60%以上的比重。1996年我国非公有制经济在经济总量中占24%，公有制经济占76%。这就决定了社会主义社会劳动和劳动关系的属性和特征具有全新性质。另一方面，由于新市场经济体制的建立，劳动和劳动关系仍然采取市场的形式，表现为价值和价值关系。这就要求我们深化对社会主义社会劳动和劳动价值理论的认识，以反映新的时代特征和社会主义的根本属性。

第三，消除理论与实践矛盾的新要求。近年来，我国理论界围绕决定商品价值量的社会必要劳动时间究竟是一层含义，还是两层含义？价值的源泉究竟是劳动一元，还是劳动、物质资料和科学技术多元？价值究竟由劳动决定，还是由效用或边际效用决定？价值量究竟与劳动生产力成正比例，还是成反比例等诸多问题众说纷纭，莫衷一是，争论不休，集中反映了传统劳动价值理论与当代经济实践的矛盾和冲突。解决这些问题，不能以实践出现的新情况为由否认劳动价值论，不能在效用价值论、要素价值论上大做文章，否则就会重新落入西方价值理论的庸俗陷阱；但也不能拘泥于马克思已有的结论，无视客观实际，轻率地否认物质资料、科学技术在价值形成中的功能和效应，否则就会捉襟见肘，落后于实践发展的要求，甚至阻碍实践的发展。唯一正确的解决办法，是适应实践发展的要求，深化对劳动和劳动价值论的研究，重新界定劳动的内涵和外延，正确认识和估计生产资料和科学技术在价值形成中的作用，以丰富和发展劳动价值理论，实现理论与实践、主观和客观的统一。尤其值得注意的是，马克思主义政治经济学跳出苏联模式后，一直没有形成完整的科学体系，或政策阐释，或文件图解，或默守过去的成规，或照搬西方的教条，究其原因，就在于缺乏一个富有时代特色、体现时代精神的劳动价值论。深化对劳动价值论的研究和认识，消除这些矛盾，可以为建构科学的社会主义市场经济学奠定基础；为理解当今世界和当代中国复杂的社会经济现象和经济关系提供理论钥匙。

2. 劳动价值论创新的现代取向

问题是时代的口号，是左右一切个人的时代声音。应对这些口号，回应这些呼声，理论最积极的态度和最旺盛的生命力是丰富、完善、发展和创新。劳动价值论作为历史的产物，在不同的时代，应当具有不同的形式，因而应当具有不同的内容。根据实践发展的要求和理论发展的逻辑，劳动价值论的创新应突出如下现代取向。

2.1 研究范围：直接物质生产劳动和间接非物质生产劳动相结合

作为价值本质和源泉的劳动虽然"只是无差别的人类劳动的单纯凝结，即不管以哪种形式进行的人类劳动力的耗费的单纯凝结"①。这种一般抽象劳动从来都是通过丰富多彩的具体形式实现的。严格地说，人类经济活动的发展过程，始终是劳动形式从简单到复杂、从抽象到具体、从直接到间接的丰富发展过程。

毋庸置疑，马克思在研究劳动价值论时，对这一点是心知肚明的。他肯定劳动"人的脑、肌肉、神经、手等等的生产耗费"②，既包含有体力劳动，也包含有脑力劳动。并且指出，在劳动过程中，脑力劳动和体力劳动最初是结合在一起的，后来它们分离开来，直到处于敌对的状况。而"生产过程的智力同体力劳动相分离，智力变成资本支配劳动的权力，是在以机器为基础的大工业中完成的"③。这样，也就将脑力劳动和体力劳动的分离和对立，归结为资本主义的生产方式。他区分了简单劳动和复杂劳动。认为简单劳动"它是每个没有任何专长的普通人的肌体平均具有简单劳动力的耗费"④。而复杂劳动"只是自乘的或不如说多倍的简单劳动，因此，少量的复杂劳动等于多量的简单劳动"⑤。既然如此，复杂劳动所创造的价值量，当然也就是简单劳动所创造的价

---

① 《马克思恩格斯全集》第23卷，人民出版社1972年版，第51页。
② 《马克思恩格斯全集》第23卷，人民出版社1972年版，第57页。
③ 《马克思恩格斯全集》第23卷，人民出版社1972年版，第464页。
④ 《马克思恩格斯全集》第23卷，人民出版社1972年版，第58页。
⑤ 《马克思恩格斯全集》第23卷，人民出版社1972年版，第58页。

值量的自乘和倍加。他还敏锐地洞察到劳动有间接劳动和直接劳动之分。"产品从个体生产者的直接产品转化为社会产品,转化为总体工人即结合劳动人员的共同产品。总体工人的各个成员较直接地或较间接地作用于劳动对象。"① "重大的差别是实际操作工作机的工人和这些工人的单纯下手之间的差别。除了这两类主要工人外,还有为数不多的负责检修和经常修理全部机器的人员,如工程师、机械师、细木工等等。"② 在他看来直接劳动也好,间接劳动也好,都是总体劳动的一部分,都是生产劳动。"为了从事生产劳动,现在不一定要亲自动手,只要成为总体工人的一个器官,完成他所属的某一职能就够了。"③ 并且他还进一步从劳动后果将其分为两种形式。"第一种劳动会生产商品",即生产物质资料的劳动;"第二种劳动不生产商品"④,即只提供服务的劳动或劳务;并肯定不生产任何商品的劳动即劳务同样也可以是生产劳动,也可以创造价值。他举例说明:"例如,一个演员,甚至一个滑稽表演家,如果他劳动是为一个资本家(企业家)服务,会超出他在工资形式上从资本家手里得到的劳动,把更多的劳动还给资本家,他就是一个生产劳动者。"在他看来:"生产劳动和非生产劳动间的这种划分就其本身说,既与劳动的独特性无关,也与这个独特性借以体现的特殊的使用价值无关。"⑤ 可见马克思的劳动价值论,从其本意上说已经是脑力劳动和体力劳动、直接劳动和间接劳动、简单劳动和复杂劳动、物质生产劳动和非物质生产劳动相结合、

---

① 《马克思恩格斯全集》第23卷,人民出版社1972年版,第58页。
② 《马克思恩格斯全集》第23卷,人民出版社1972年版,第556页。
③ 《马克思恩格斯全集》第23卷,人民出版社1972年版,第461页。
④ 马克思:《剩余价值学说史》第1卷,人民出版社1975年版,第164页。
⑤ 马克思:《剩余价值学说史》第1卷,人民出版社1975年版,第151页。

相统一的劳动价值论，是涉及范围十分广泛的一般的广义的劳动价值论。

但也要看到，由于受他所处的时代和所面对情况的影响，马克思对劳动和劳动价值论研究范围的探讨仍然存在抽象而不具体、广泛而不深入的局限性。他对脑力劳动和体力劳动、复杂劳动和简单劳动、间接劳动和直接劳动、物质生产劳动和非物质劳动的划分，或是偶然涉及，或是顺便提到，或是个别场合的补白，或是批判他人观点时的插语，缺乏深入细致的分析，更没有系统的具体阐述。他将大量精力和篇幅放在简单劳动、体力劳动、直接劳动和物质生产劳动的研究之上，而对复杂劳动、脑力劳动、间接劳动和非物质形态的劳动在价值形成过程中的地位和作用却估计不足、重视不够。他对劳动及其具体实现形式的研究，也是在资本主义生产方式的背景之中进行的。因此，他理解的生产劳动不仅是能生产价值的劳动，而且必须是能生产剩余价值的劳动，他对脑力劳动和体力劳动、间接劳动和直接劳动的对立也看得过于严重，有时甚至直接将"智力变成资本支配劳动的权力"①。

这样，在相当一部分人的心目中形成了一个印象，似乎只有体力劳动、直接劳动、物质生产劳动才是价值的源泉，才能创造价值，而脑力劳动、间接劳动和非物质生产劳动都不是价值的源泉，都不能形成价值。正是基于这种误解，社会主义国家在相当长一段时间内，只统计工农业生产总值，而将第三产业即服务部门的产值排斥在外，对脑力劳动也采取歧视态度，甚至试图将脑力劳动者都改造成体力劳动者，这显然是不恰当的。在现代经济

---

① 马克思：《剩余价值学说史》第 1 卷，人民出版社 1975 年版，第 464 页。

中，脑力劳动和间接劳动已在社会总劳动中占主导地位，非物质生产部门已成为国民经济中的主要部门，以科学技术和知识为主要特征的脑力劳动已成为价值的主要源泉。如果我们对劳动价值论的研究仍然停留在体力劳动、直接劳动、物质生产劳动的狭窄范围之内，既不符合客观实际，也无法用劳动价值论来解释日新月异的世界经济发展趋势。只有适应历史的变迁、时代的发展，拓宽劳动价值论的研究领域，将体力劳动和脑力劳动、直接劳动和间接劳动、物质生产劳动和非物质生产劳动有机地结合起来，并对它们各自在价值形成中的作用做出实事求是的分析，我们才能真正得出科学结论，才能真正坚持和发展劳动价值论。

2.2 研究主题：价值本源研究和价值形成研究相结合

如果仅仅从价值的源泉和尺度来看，英国古典经济学的杰出代表亚当·斯密、大卫·李嘉图，甚至威廉·配第，他们或多或少都已经意识到价值的本质是劳动，劳动是价值的唯一源泉，尤其是李嘉图更是以此作为立论基础构筑其《政治经济学及其赋税原理》的理论体系。可惜的是，他没有正确地区分具体劳动和抽象劳动，"必然处处都碰到不能解释的现象"。马克思肯定和论证价值是"无差别的人类劳动的单纯凝结"，价值量是耗费在商品中的社会必要劳动时间，最终解决了价值的本源问题，正确地肯定和科学地论证价值的本质是劳动，劳动是价值的唯一源泉。

但价值本源问题仅仅是价值论最本质、最基本的问题，而不是价值论的全部问题。进一步需要解决的是：劳动是如何创造价值的？劳动在什么样的条件下才能创造价值？劳动怎样才能创造尽可能多的价值？这些问题可称之为价值形成问题。如果说价值本源问题具有明显的思辨性质和重大理论意义，那么，价值形成问题则更富于实践特色和操作价值。对于实际的商品生产者而言，真正重要的也许并非什么是价值，而是怎样生产价值和如何生产更多的价值。

对此，马克思曾做过一些富于启发的探讨和相当深入的分析。他在论证劳动是价值的唯一源泉的基础上，肯定生产资料既是劳动的手段和对象，也是价值的载体或容器。因此，生产价值不仅需要劳动，而且需要生产资料，并且要在劳动和生产资料之间形成一定的技术比例关系，这一比例关系，在资本主义生产方式中表现为资本有机构成。他也看到了科学技术在价值形成中的作用，不仅认为科学技术也是生产力，而且肯定劳动是体力劳动和脑力劳动的结合，而脑力劳动实际上是包含科学技术的劳动。同时他还将科学技术看作是使劳动浓缩或复杂程度提高的因素，指出复杂劳动是简单劳动的自乘或倍加，因此它所创造的价值量也必然是同量简单劳动所创造的价值量的自乘或倍加。他分析了价值量与社会必要劳动时间内在的本质联系，并把生产资料和科学技术的社会正常状态和平均状态作为社会必要劳动时间的必备条件和重要前提。他在研究了本源问题之后，明确指出商品生产的一般过程是劳动过程和价值形成过程的统一，并且进一步深入具体剖析了剩余价值的生产过程，揭示了剩余价值和剩余劳动时间的内在联系。

尽管如此，马克思对价值形成过程及其内在联系的分析，仍是非常抽象和相当有限的。第一，马克思虽然肯定生产资料和科学技术在价值形成中的作用，但并没有深入分析生产资料和科学技术变动的价值效应及其规律。因此，价值量和生产资料及科学技术之间的内在关系实际上仍是朦胧的"黑箱"。第二，他对剩余价值生产过程的分析,虽然已经隐含着对价值形成过程某些普遍本质和共同规律的认识,但剩余价值生产过程毕竟只是价值形成过程的特殊,而非价值形成过程的一般。因此,这些本质和规律还是局限在特殊的资本形式之中。

原因很简单,首先,马克思研究劳动价值论仅仅是为研究资本和剩余价值奠定基础,对他来说,最重要的是揭示价值的本质,以便揭示资本和剩余价值的本质,进而分析剩余价值的生产过程及其内部矛盾,最终从经济上论证社会主义代替资本主义的历史趋势。至于劳动怎样形成价值和剩余价值对他来说是无关紧要的,他也不可能给资本家开出实现价值和剩余价值最大化的处方。其次,英国古典经济学是马克思劳动价值论的思想来源,而恰恰是在英国古典经济学中一直存在着劳动价值论与等量资本获得等量利润的矛盾,马克思研究劳动价值论的首要任务就是解决这一矛盾,至于其他问题自然无法顾及。最后,在马克思所处的时代,劳动始终是价值形成过程和剩余价值形成过程中占绝对主导地位的因素,事实上资本家也把延长工人的劳动时间作为获得剩余价值的主要手段,尽管当时生产资料和科学技术在价值形成过程中的作用已经凸显,但马克思的任务主要在于弥合两者之间的矛盾,而不是深究这种作用究竟有多大、趋势如何以及这种作用如何发挥。

正因为如此,人们在领悟价值本源和价值形成的关系时总是产生一种错觉,似乎劳动是价值的本质和唯一源泉,只有劳动在价值形成中起作用。相反,如果承认其他因素在价值形成中的作用,好像就会否定价值源泉的劳动一元性,以至于不自觉地以价值本源问题取代价值形成问题。理论界多年来所谓"一元劳动价值论"和"多元价值论"各持一端、莫衷一是，其原因在于混淆了价值本源和价值形成问题。"一元论"坚持劳动是价值的唯一源泉，否认生产资料在价值形成中的作用，"多元论"看到了生产资料在价值形成中的作用，但否认劳动是价值的唯一源泉。

实际上，价值本源和价值形成是两个不同层次的问题。价值本源理论主要解决价值本质和源泉问题，是价值理论的基础。价值形成理论主要解决的是价值本质和源泉的实现问题，是价值理论的关键。两者相互联系，互为补充，但不能互相替代。正如我们已经知道水是由两个氢原子和一个氧原子构成的化合物，但如何将它们化合成水是另一门技术一样。价值源泉的劳动一元性和价值影响因素的多元性是既有联系，又有区别的。劳动是价值的本质和唯一源泉，但劳动本身不是价值，劳动要形成价值，就必须通过使用生产资料，运用科学技术生产商品，并凝结在商品之中。因此，只要我们将研究主题由价值本源转向价值形成过程，就会发现劳动是价值的唯一源泉，并不排斥其他因素对价值量的影响。恰恰相反，劳动要创造价值总是以其他因素的存在为前提、为条件，并受这些因素的影响和制约。如果将价值量视为因变量，将影响价值的因素视为自变量，我们就可以发现价值量与影响价值量的因素之间存在函数关系，这种函数关系可称为价值生产函数。价值量既是劳动的函数，也是生产资料、科学技术等因素的函数。区别在于劳动作为价值的唯一源泉，是价值形成和价值量变动最基本的因素，生产资料和科学技术，则是劳动的前提、条件和手段，并通过对劳动及其生产效率的影响而最终影响价值量。因此，它们仅仅是影响价值量的因素，而非价值源泉。我们将两个氢原子和一个氧原子化合成水，离不开试验工具和器皿，但不能说水就是由这些工具和器皿制造的吧。

在肯定价值本源的劳动一元性的基础上，拓展价值形成问题的研究，不仅可以消除劳动价值论与现实经济生活的矛盾，正确理解科学技术和生产资料等在价值形成中的功能，更好地坚持劳动价值论，而且可以为深入分析价值量与劳动时间、科学技术及生产资料等之间的多元函数关系奠定基础，这将是一个全新的研究领域，也将带来更为实用更具操作性的成果，并最终逐渐弥合东西方经济学之间的巨大鸿沟。

2.3　研究角度：宏观研究和微观研究相结合

宏观研究和微观研究的分工是现代经济理论的突出特点之一，并由此形成了泾渭分明的两大体系：宏观经济学和微观经济学，尽管这种分工近年来出现了综合化的倾向，但这种综合恰恰以两者的独立发展为基础，是宏观经济学和微观经济学的有机结合，作为经济理论基石的劳动价值论，当然也应有宏观劳动价值论和微观劳动价值论之分。

马克思在研究劳动价值论时，敏锐地洞察出价值的微观问题与宏观问题的差异和矛盾。他研究了价值量与社会必要劳动时间成正比例、与劳动生产率成反比例的函数关系，这种函数关系既包含着价值总量和社会必要劳动总量及社会劳动生产率的宏观价值函数关系，也包含着单位商品的价值量与耗费在单位商品中的社会必要劳动时间及社会劳动生产率的微观价值函数关系，并肯定了个别劳动时间和社会必要劳动时间、个别劳动生产率和社会劳动生产率的区别和联系，进而从商品的使用价值和价值的矛盾分析中，追索出具体劳动和抽象劳动、私人劳动和社会劳动的矛盾。他区别了社会必要劳动时间的两层含义，在《资本论》第一卷中，他指出："社会必要劳动时间是在现有的社会正常生产条件下，在社会平均的劳动熟练程度和劳动强度下制造某种使用价值所需要的劳动时间。"[①] 在《资本论》第三卷中，他又指出："价值……是由当时的社会平均生产条件下生产市场上这种商品的社会必需总量所必要的劳动时间决定。"[②] 有些人认为前者讲的是价值形成问题，后者讲的是价值实现问题。其实马克思不过是从微观和宏观两个角度规定社会必要劳动时间的含义。马克思《资本论》一至三卷从剩余价值生产过程到剩余价值流通过程，再到剩余价值的分配过程，实质上是从微观逐渐走向宏观的过程，如果说第一卷重在微观，第二卷涉及宏观，第三卷则主要从宏观上研究资本主义生产方式。正因为如此，它的副标题也名为资本运动的总过程。从这个意义上说，马克思的劳动价值论是已经孕育了宏观劳动价值论和微观劳动价值论裂变基因的劳动价值论，是为宏观劳动价值论和微观劳动价值论各自独立提供理论基础的劳动价值论。

但在马克思那里，劳动价值论是宏观和微观没有自觉分野的一般劳动价值论。马克思在研究劳动价值论时，自始至终没有明确使用过微观和宏观的概念。他对宏观价值问题的思考总是与对微观价值问题分析糅合在一起，并有意或无意地略去了两者的差别。例如，当他思考单个商品生产者如何合理配置各种经济要素，实现价值最大化等微观问题时，就抽象了单个商品生产者生产条件和劳动素质的差异，假定单个商品生产者的个别劳动时间就是

---

① 《马克思恩格斯全集》第 23 卷，人民出版社 1972 年版，第 52 页。
② 《马克思恩格斯全集》第 25 卷，人民出版社 1972 年版，第 722 页。

社会必要劳动时间，从而将价值量与社会必要劳动时间和个别劳动时间，以及价值量与社会劳动生产率和个别劳动生产率的矛盾关系，简化为价值量和社会必要劳动时间，价值量和劳动生产率的关系，笼统地得出价值量与社会必要劳动时间成正比例，与劳动生产率成反比例的结论。即使是在研究剩余价值生产时，马克思也经常抽象单个资本家的个性，假定他所支配和占有的劳动时间就是社会必要劳动时间。因此，他所获得的剩余价值在劳动力价值不变的前提下，总是与劳动者时间的绝对延长成正比例。这一点在马克思研究绝对剩余价值时表现得尤为明显。当他转而研究相对剩余价值时，虽然已清醒地认识到单个资本家生产条件的差异，以及由此决定的劳动生产率的差异，并肯定正是这一差异的存在，致使那些占有较优越的生产条件、支配效率较高的劳动的资本家可以获得超额剩余价值。但马克思仍然只将这种情形视为暂时的、个别的、偶然的现象。

正因为如此，马克思就在劳动价值论的研究领域遗留下了一些思维空挡：一是价值量与社会必要劳动时间成正比例，是否也与个别劳动时间成正比例？二是价值量与劳动生产率成反比例，究竟是与社会劳动生产率成反比例，还是与个别劳动生产率成反比例？三是决定商品价值量的社会必要劳动时间究竟是一层含义，还是两层含义？我国理论界之所以长期存在对社会必要劳动时间理解上的分歧和新老一元劳动价值论的争论，其中的重要原因之一就是没有自觉区分宏观和微观问题，以至于简单地以微观结论推导宏观命题，或以宏观结论推导微观命题，这样难免合成谬误和分解谬误。

这就提醒人们在研究价值问题时，要自觉地将一般劳动价值论区分为宏观劳动价值论和微观劳动价值论，以深入研究宏观价值生产函数和微观价值生产函数。这样，才能明确劳动价值论一系列基本结论的前提和条件，才能廓清价值规律的适用范围和操作领域，才能避免合成谬误和分解谬误，才能建立与社会主义市场经济相适应的马克思主义的宏观经济学和微观经济学，以适应日渐成熟的宏观经济主体和充满生机的微观经济主体的发展要求。

2.4 研究方法：社会平均分析和边际分析相结合

研究劳动价值论不仅要有定性分析，而且要有定量分析。马克思是将定性分析和定量分析有机结合的典范。他在研究劳动价值论时，所运用的定量分析方法有两个鲜明的特点：一是着眼于整个社会，而不是单个商品生产者；二是重视数量的平均值，而不是数量的边际值。他从纷繁复杂的商品形式出发，追索出商品是用来交换的劳动产品这一共同本质，证明价值是无差别的人类劳动的单纯凝结，然后撇开个别劳动的具体形式，从众多个别劳动时间的社会平均值中，抽象出社会必要劳动时间。这种劳动时间是生产条件的社会平均，也是强度和熟练程度的社会平均。接着又分析价值量和社会必要劳动时间及社会劳动生产率的函数关系。由于社会必要劳动时间和社会劳动生产率都具有社会平均性质，价值量与社会必要劳动时间和社会劳动生产率的函数关系，也就具有一一对应成正比例或反比例的特点，即价值量的变动方向、趋势和幅度，始终与社会必要劳动时间的变动方向、趋势和幅度完全一致，价值量虽然与社会劳动生产率的变动方向相反，但变动的幅度也是相同的。这种定量分析法，可以称为社会平均分析法。

社会平均分析法的功能在于，撇开过程本身的复杂性、特殊性和偶然性，反映事物运动的平均状态、内在要求和必然趋势，这样揭示事物的本质和规律，无疑是科学的、有效的。马克思凭借这种方法，充分提示了价值的本质和运动规律。当然这种方法并非完美无缺。首先，它抽象了单个商品生产者劳动的个性和差异。而现实经济生活中的商品生产者实际耗费的劳动时间，由于主客观条件的差异，不是高于社会必要劳动时间，就是低于社会必要时间，不是高于社会劳动生产率，就是低于社会劳动生产率，个别劳动时间和个别劳动生产率与社会必要劳动时间和社会劳动生产率相等纯系相当特殊和十分偶然的情况。可见社会平均分析法所运用的抽象是与现实有差距的理论抽象，它所反映出的数量和数量关系是与现实有差异的数量关系。其次，用社会平均分析法得出的平均数值和以此为基础的价值函数虽然是客观的，并有理论分析意义，但在实践中却是无法度量和计算的。就社会必要劳动时间而言，它是无数个别劳动时间的加权平均，各类个别劳动时间所包含的个数是无限和不断变化的，各类个别劳动时间的权重也是难以计算的。就耗费在单位商品中的社会必要劳动时间而言，它是生产同类商品的个别商品生产者生产单位商品的个别劳动时间的加权平均，所包括的商品生产者个数虽然相对较少，但计量和计算的难度仍然足以令人望而却步。因此，价值量、社会必要劳动时间，以及价值和社会必要劳动时间的函数关系，都不是"快嘴桂嫂"，都是不可捉摸的，都只能在商品生产者背后通过社会过程来自发完成，都只可意会而无法实际操作。最后，社会平均分析法所描述的函数关系，实际上只是一种一般趋势和正常状态，而忽略了这种趋势和状况运动和变化的具体细节和复杂过程。例如，它假定个别劳动时间等于社会必要劳动时间，从而价值量不仅与社会必要劳动时间成正比例，而且与个别劳动时间成正比例。但在现实生活中，个别劳动时间由于个别商品生产者主客观生产条件及个别劳动生产率的特殊性，与社会必要劳动时间并不相等。这样，在其他条件不变的情况下，个别劳动时间增加的幅度未必与由此产生的价值增量幅度一致。具体情况究竟如何，是单纯社会平均分析法所不能解决的。

一种可行的方法，是将社会平均分析法与边际分析法结合起来。边际分析方法是 19 世纪 70 年代兴起并广泛运用于当代西方经济学的数量分析方法之一，并被誉为"边际革命"。其主要特点是以经济主体的行为为对象，将经济主体行为的变动作为自变量，将由此引起的变动作为因变量，具体分析自变量和因变量之间的边际关系，即自变量每一细微变化，所带来的因变量的变化。边际分析法是研究函数关系的数学方法，本身并不"庸俗"，任何事物只要客观上存在函数关系，就可以运用这一工具去研究和分析，并使这种函数关系成为一个连续不断的可描述可操作的过程。劳动价值论也不例外。例如，我们可以在假定社会劳动生产率不变，从而社会必要劳动时间不变的提前下，用微观边际分析方法研究单个商品生产者个别劳动时间变动对价值量的影响，还可以进一步分析个别劳动依以进行的生产条件、科学技术等因素的变动对价值量的具体影响。同样，我们也可以运用宏观边际方法研究社会劳动总量及其依以进行的社会生产条件、科技水平等因素变动对宏观价值总量的具体影响。由此得出的结论，不仅可以从理论上丰富和发展劳动价值论，而且可以为企业的微观决策和国家的宏观决策提供更为实用和可操作的方法。

事实上，马克思在研究价值、资本和剩余价值等问题时，虽

然没有明确使用过边际分析方法，但如果我们深入观察和分析，
仍然可以从他的研究中找到一些边际分析的蛛丝马迹。首先，他
在研究剩余价值生产时，十分关注剩余价值的增量，所谓绝对剩
余价值和相对剩余价值的生产办法，实际上都是增加剩余价值的
增量方法，归结到底都是通过增加剩余劳动时间实现的。其次，
他在研究社会总资本的再生产，特别是扩大再生产的实现条件时，
也涉及了增量问题，"在资本基础扩大的生产中，I（V＋m）必须
＝IIC 加剩余生产品中当作资本再合并进去的部分。"① 这里讲到的
合并进去的部分，就是资本增量。最后，马克思对数学有浓厚的
兴趣，他说过："工作之余我就搞搞微分学。"他的数学手稿已蕴
含大量微分积分问题，而微积分正是边际分析的数学表达方式。
恩格斯曾说过："只有微分学才能使自然科学有可能用数学不仅仅
表明状态，并且也表明过程，运动。"② 这一判断对劳动价值论的
边际分析也同样适用。相信，如果假以时日，马克思绝不会拒绝
边际分析方法。

3. 劳动价值论创新的理论框架

劳动价值论创新有两个角度，一是总量宏观角度，主要分析
社会劳动总量和社会价值总量之间的函数关系；二是个量微观角
度，着重研究个别劳动量与价值量之间的函数关系。本书暂时将

---

① 《马克思恩格斯全集》第 24 卷，人民出版社 1972 年版，第 585 页。
② 《马克思恩格斯全集》第 20 卷，人民出版社 1971 年版，第 616 页。

劳动价值论的宏观问题搁置起来，集中精力研究劳动价值论的微观问题，由此形成的理论我将其名为现代微观劳动价值论。

3.1 研究对象的界定

现代是指将现代微观边际分析方法引入劳动价值论，使之与现代市场经济理论相吻合，并成为它的理论基础；微观是指拓宽劳动价值理论的微观领域，从市场经济的微观主体价值最大化的行为出发，研究价值形成过程的运行规律和行为准则；劳动价值论则是这种价值论的基石和本体。从这个角度界定现代微观劳动价值理论的研究对象，主要基于如下三点考虑：

第一，现代微观劳动价值论必须以马克思的劳动价值论为基础。立足于这一基础，我们始终将抽象劳动视为价值的唯一源泉，并把价值量与社会必要劳动时间成正比，视为不变的公理和研究的前提，唯其如此，才能称之为劳动价值论。但这一点，并不妨碍我们重视并关注生产资料、科学技术、交易、管理、制度等因素在劳动创造价值中的作用。恰恰相反，在我们看来，进一步深化对这些问题的探索研究，明确劳动创造价值的条件、途径和方式，厘清劳动和其他生产要素在价值形成中的地位、作用，不仅能够坚持劳动价值论，而且能够发展和创新劳动价值论。

第二，现代微观劳动价值论只研究单个商品生产者的个别经济行为。这里所说的单个商品生产者是与社会商品生产者相对应和相区别的。社会商品生产者是无数单个商品生产者的个别经济行为相互联系的有机整体，它抽象了单个商品生产的个性差异，具有社会总量平均性质，是社会宏观经济活动的主体，不在我们的考察之列。而单个商品生产者只是社会商品生产者的构成分子、联系纽结和活的细胞，它既有社会商品生产者的一般属性，又有不同于社会商品生产者的个性特征，是微观经济主体。我们从微观经济主体的行为出发研究劳动价值论，既坚持了劳动价值论，又贴近单个商品生产者的微观经济活动。因此，这种理论称为微观劳动价值论。

第三，现代微观劳动价值论只解决单个商品生产者价值最大化的实现问题。也就是说，它不再研究价值的本质，也只将价值质量的劳动规定性作为必要前提，然后在此基础上专门研究个别商品生产者调节自己的微观行为，以实现价值最大化目标的途径和方法。在这里，我们将视价值量为因变量，视影响价值量的因素为自变量，分析两者的相互关系，由于这种分析可以而且必须与边际分析结合在一起，具有现代特征，因此称为现代微观劳动价值论。

基于这些前提，微观商品生产者要创造价值，首先必须耗费劳动并使用一定的生产资料和科学技术，至于这些劳动和物质条件及智力因素的耗费，最终能否真正形成价值和实现价值最大化取决于两类基本因素。一是单个商品生产者之外的社会宏观经济因素，包括社会正常的生产条件、社会平均的劳动素质、强度和熟练程度等。这些因素共同决定着社会平均的劳动生产率的水平和生产某种商品所耗费的社会必要劳动时间即社会价值。社会劳动生产率和社会必要劳动时间虽然是无数个别劳动生产率和个别劳动时间的社会平均值，从而是无数个别商品生产者相互作用力的平行四边形的对角线，但不受单个商品生产者的支配和控制，因此可称为微观不可控因素。二是个别商品生产者内部的微观因素，包括单个商品生产者的个别生产条件，个别劳动数量、素质、强度和熟练程度以及工艺技术管理等。这些因素决定着单个商品生产者生产某种商品的个别劳动生产率和个别劳动时间或个别价值，并受单个商品生产者的控制和支配。因此可称为微观可控因素。

单个商品生产者创造价值的程度和效果，取决于它的微观可控因素投入、配置及其使用的情况与微观不可控因素即宏观因素的相对状况，以及由此决定的社会劳动生产率与个别劳动生产率的相对比例和社会必要劳动时间与个别劳动时间的相对比率。当微观不可控因素既定，在社会劳动生产率不变，生产单位商品的社会必要劳动时间不变时，单位商品的社会价值不变。这时，如果单个商品生产者调节微观可控因素，提高个别劳动生产率，降低生产单位商品的个别劳动时间，就可以创造出较多的社会价值，实现价值最大化。

单个商品生产者调节微观可控因素以实现价值最大化的行为，实际上是一种投入产出关系。这种投入产出关系，从狭义看是投入活劳动产出新价值的关系，从广义看是投入物化劳动和活劳动，转移旧价值和产出新价值的关系。研究单个商品生产者实现价值最大化的经济行为，就要研究这种投入产出关系。如果我们将价值产出量视为因变量，将投入的活劳动、物化劳动以及贯穿其中的科学技术和管理因素视为自变量，我们就可以将这种投入产出关系看作一种函数关系。如果套用西方经济学通行的生产函数概念，那么这种函数关系也可以称为价值生产函数。区别仅仅在于，西方经济学的生产函数专指物质产出量与生产资料和劳动投入量之间的函数关系。而价值的生产函数则用来指价值产出量和影响价值产出量的那些投入因素之间的函数关系。

相对于马克思已有的劳动价值论而言，现代微观劳动价值论有如下独特的功能、价值和意义：第一，从思维过程来看，弥补了马克思已有的劳动价值论从个别到一般、从具体到抽象、从现象到本质、从微观到宏观认识过程的不足，开拓了从一般到个别、从抽象到具体、从本质到现象、从宏观到微观，并再现价值形成过程内在联系的新思维和新思路，具有思维过程的完整性；第二，从功能来看，它不仅坚持了马克思关于价值本质、源泉和价值量规定性的科学结论，而且将深入探索劳动创造价值的微观条件、方法及运行规律，可以为商品生产者提供具体的操作规范和决策依据，具有实践运用的可操作性；第三，从研究方法来看，它可以而且能够引进国际通行的边际分析方法，为劳动价值论的数量化和最优化奠定基础，为沟通东西方经济理论，使现代市场经济理论牢固立足于劳动价值论的基础之上创造条件，具有现代市场经济理论的通用性。

3.2　理论框架的设计

现代微观劳动价值论的基本框架，是价值生产函数的展开和具体化。它将分别研究价值量与影响价值量的各种具体因素间的数量关系和趋势，并由此得出规律性认识，以确定单个商品生产者的行为规则。

微观价值率理论。价值是商品生产者的劳动创造的，劳动时间有个别劳动时间和社会必要劳动时间之分。单个商品生产者的个别劳动是否创造价值以及创造多大价值，取决于它是否是以及在多大程度上是社会必要劳动时间。因此，必须分析个别劳动时间与社会必要劳动时间的相对关系和比率，即价值率，这一理论，我们称之为微观价值率理论。在这里我们不仅将确立价值率范畴，而且将分析影响价值率的因素，探讨价值率变动的形式、条件和规律。这是本书第二章研究的内容。

短期价值生产函数理论。对价值生产函数的分析,是对单个商品生产者的劳动投入和价值产出数量关系的分析。劳动是价值的唯一源泉,也是影响价值量最基本的因素。劳动投入,首先是活劳动的投入。价值产出,首先是新价值的产出。分析价值生产函数,首先必须分析活劳动投入和新价值产出的数量关系。在这里,我们在社会必要劳动时间已知和生产资料数量不变的前提下,以个别劳动时间为自变量,价值量为因变量,研究个别劳动时间变动对价值量的影响及其规律。由于生产资料不变,活劳动可变,属短期经济现象。故我们把单纯分析活劳动变动对价值量影响的理论,称为短期价值生产函数理论。这是本书第三章研究的内容。

长期价值生产函数理论。从长期看来,个别商品生产者不仅可以调节活劳动的投入量,而且可以调节生产资料的投入量。生产资料数量变动虽然不直接创造价值,但能通过对劳动生产率的影响间接影响活劳动所能创造的价值量。为此,我们将在假定劳动量不变的前提下,分析生产资料投入量变动对新价值产出量的影响及其规律。同时在商品生产过程中,不仅有生产资料价值的投入,而且有生产资料价值的转移,生产资料价值的投入和价值的转移也存在一种函数关系。进一步分析生产资料的价值投入和价值转移的关系,可以明确生产资料价值转移的条件、程度,以及生产资料投入量、投入方向变动对生产资料价值转移量的影响及其规律。由于生产资料数量变动属长期经济现象,所以这种理论被称为长期价值生产函数理论。这是本书第四章研究的内容。

科学技术变动的价值效应理论。这里所说的科学技术变动,包括生产资料科技性能的变动和劳动力科技素质的变动,两者均表现为劳动生产率的变动。在社会劳动生产率不变的前提下,单个商品生产者提高生产资料的质量和性能以及劳动力的科技素质，可以提高个别劳动生产率，降低其生产单位商品所耗费的个别劳动时间，从而在个别劳动量不变的前提下创造更多的价值量。用马克思的话说，就是科技含量较高的劳动是复杂程度较高的劳动，是简单劳动倍加的劳动，因此，它所创造的价值也应当有倍加的性质。可见价值量既是劳动时间和生产资料变动的函数，也是科学技术变动的函数，科学技术变动的价值效应理论，就是分析科学技术变动对价值量的影响及其规律的理论。这是本书第五章研究的内容。

制度的价值效应理论。经济发展的历史愈来愈表明，制度从来不是经济增长的外生变量，而是经济增长的内在函数。近代西方世界的兴起和东方世界的衰落，表面上看是要素调整和技术创新的结果，但根本原因则是包括体制机制在内的制度变迁。马克思深刻洞悉了私人劳动和社会劳动、具体劳动和抽象劳动的矛盾，并把这些矛盾归根于社会化大生产和私人占有之间的矛盾，肯定了生产关系和生产力之间的相互依存关系，实际上也发现了制度和价值形成之间的函数关系。分析制度的价值效应，要研究制度演变的形式、途径和方式，探讨制度供给和需求、成本和收益的相互作用及内在机制和运行规律。这是本书第六章研究的内容。

价值创造方法的决策理论。价值创造从投入的角度来看，活劳动和物化劳动的投入即价值成本；从产出的角度来看，是物化劳动转移的价值和活劳动创造的新价值即价值收益。单个商品生产者要创造尽可能多的价值，必须用尽可能少的价值成本，获得尽可能多的价值收益。商品生产者基于成本和收入的分析和价值产出最大化的考虑，实际上面临多种可供选择的方法。在经济实践中，究竟采用哪种方法，不仅取决于各种因素变动的可能性，而且取决于各种投入因素变动对价值量的影响程度、变动趋势，以及对各种方法投入产出比率关系的比较分析，在这里价值产出量是收益，因素投入量是成本，因此问题也就归结到各种方法成本和收益的比较分析上。所谓两利相权取其重，两弊相衡取其轻。价值创造方法的决策理论就是权衡各种方法的利弊得失，从中选出最优方法的理论。这是本书第七章研究的内容。

第 2 章

价值和价值率

> 在商品的交换关系或交换价值中
> 表现出来的共同东西，也就是商品的
> 价值。
>
> ——马克思

　　不论市场经济来自哪里、去向何方，始终都有价值问题，这一点并不会因为市场经济的阶段性特征和区域性特征而有丝毫改变。资本主义市场经济和社会主义市场经济的区别，不在于是否有市场、是否有价值，而在于市场和价值所体现的关系。因为，只要我们撇开市场经济的特殊社会形态，就会发现，理性的一般市场经济主体归根到底都在追求价值最大化，利润最大化归根到底是价值最大化的特殊形式。那么，什么是价值？决定价值最大化的因素有哪些？除了作为价值本源的劳动之外，是否还有其他因素？本章从价值的本质和源泉说起，然后提出和分析微观价值率范畴及其影响因素。

1. 价值之谜

自从亚里士多德从人们的社会交换关系中感觉到价值问题以来，价值之谜的破解始终没有停止。从效用价值论到劳动价值论，从供求决定论到要素决定论，实际上都涉及商品价值的本质和源泉问题。

把商品交换的基础归结为物品效用的观点，在古希腊思想家亚里士多德和中世纪教会思想家托马斯·阿奎那的著作中已见端倪，在 17—18 世纪上半期资产阶级经济学著作中有了明确的表述和充分的发挥，在完成于 19 世纪 70 年代初的边际效用价值论中发展到了登峰造极的地步，他们的主要代表门格尔、庞巴维克、瓦尔拉斯、杰文斯等从人对商品效用的主观心理估价引出价值，并且认为价值量取决于边际效用量，即满足人的最后的亦即最小欲望的那一单位商品的效用。这种价值论也因强调人的主观感受而被称为主观价值论。

"供求价值论"把商品价值的决定权交给商品之外的市场供求关系，认为，商品本身并无内在价值，价值完全由市场供求关系来决定：当供大于求时，商品价值就低；当求大于供时，商品价值就高。阿奎那、杜尔阁以及萨伊、马尔萨斯、西尼尔、庞巴维克等都有关于供求决定价值的论述。马歇尔扩展了供求价值论的内容，用边际效用论来解释需求，以生产费用论来解释供给，并运用数学工具，建立了表示供给、需求与价格之间内在联系的函数关系。

　　法国资产阶级经济学家萨伊把资本等同于生产工具，认为劳动、资本、土地是一切社会生产不可缺少的三个要素，而生产不是创造物质产品，而是创造效用，效用则是商品价值的基础。因此，劳动、资本、土地这三个要素，不仅是创造商品使用价值的要素，也是创造商品价值的要素。萨伊进一步认为，劳动、资本、土地这三个要素在创造效用的过程中，各自提供了生产性服务，分别创造并获得了工资、利息、地租三项收入，作为对自身耗费的补偿，这三项收入便构成了创造效用的生产费用，决定了商品的价值。萨伊从生产三要素创造效用，从而创造价值的"效用论"，推出三种收入决定价值的"生产费用论"。

　　马克思研究价值首先从商品出发，并以商品为研究对象。在他看来，资本主义生产方式占统治地位的社会财富表现为庞大的商品堆积，单个商品表现为这种财富的元素形式;① 同时，价值作为商品的内在本质，蕴含于商品之中，必须而且只能通过对商品及其交换关系的分析，才能感知和把握；通过对商品使用价值和交换价值的分析，马克思科学地揭示出价值的本质和源泉，正确界定了价值质和量的规定性。

1.1　价值质的规定性

　　按照马克思的论述，商品的价值是在商品的交换关系或交换价值中表现出来的共同东西。那么，什么是交换价值呢？交换价值首先表现为一种使用价值同另一种使用价值相交换的量的关系和比例。例如 1 只羊交换 50 斤大米，即 1 只羊 = 50 斤大米，这个比例关系，可能是随机的、偶然的，是随着时间和地点的不同而

---

① 《马克思恩格斯全集》第 23 卷，人民出版社 1972 年版，第 47 页。

不断改变的①。但是表面的随机性和偶然性蕴含着规律性和必然性，内在本质总是通过外在形式来表现。通过对交换关系和交换价值这一外在形式的分析，马克思发现：第一，同一种商品的各种有效的交换价值表示一个等同的东西。也就是说，一种商品可以与不同的商品相交换，从而具有不同的交换价值，而同一商品的不同交换价值表明它们具有等同的东西或相同的性质。第二，交换价值只能是可以与它相区别的某种内容的表现方式，"表现形式"②，或者说，交换价值是那些能够交换的商品所共同具有的性质的外在形式。

那么，这种需要和能够交换的不同商品的共同东西和共有性质究竟是什么呢？显然不可能是它们的使用价值。首先，使用价值是商品能满足人的某种需要的有用性，不同的商品有不同的使用价值，不同商品生产者生产的商品之所以需要交换，恰恰在于其使用价值不同，完全相同的使用价值不需要交换，也不可能有交换价值。其次，不同的使用价值在数量上有不同的衡量尺度，羊以只来衡量，大米以斤来表示。作为使用价值，商品有质的差别；作为交换价值，商品有量的差别。这样，马克思得出了一个结论，作为交换价值内在本质的价值，不包含任何一个使用价值的原子③。从而从根本上动摇了效用价值论的根基，并使价值论从主观价值论转向了客观价值论，即从商品交换关系体现的共有性质来研究价值的本质，而不是从商品交换主体的自身感受来研究价值的本质。

---

① 《马克思恩格斯全集》第23卷，人民出版社1972年版，第50页。
② 《马克思恩格斯全集》第23卷，人民出版社1972年版，第49页。
③ 《马克思恩格斯全集》第23卷，人民出版社1972年版，第50页。

在排除了商品体的使用价值是共有性质的基础上，马克思追索出了商品体是劳动产品唯一"剩下"的属性，并抽象了劳动的有用性，"因而这些劳动的各种具体形式也消失了，各种劳动不再有什么差别，全部化为相同的人类劳动，抽象人类劳动"①。因此，马克思认为，商品价值"只是无差别的人类劳动的单纯凝结，即不管以哪种形式进行的人类劳动力耗费的单纯凝结"②，"是人类劳动力的耗费"，"是人的脑、肌肉、神经、手等等的生产耗费"③，这就是马克思关于价值本质的规定性。按照这一规定，价值的本质是一般人类劳动的凝结，即抽象劳动的凝结，或者说是凝结在商品中的一般抽象劳动；价值的源泉是一般抽象劳动。这也是马克思的价值论之所以称为劳动价值论的根本原因。为了进一步把握价值本质的规定性，有必要澄清如下几点：

第一，交换价值和价值不包含任何一个使用价值的原子，并不意味着价值与使用价值无关，也不意味着价值理论不需要研究使用价值。不论财富的社会形式如何，使用价值总是构成财富的物质内容，在市场经济之中，使用价值是交换价值的物质承担者，也是价值的容器，离开了使用价值，价值就会成为无本之木。事实上，马克思从来就没有否认过经济学研究使用价值的必要性和重要性。恰恰相反，马克思曾经提出和思考过这样的问题："是否应当把价值理解为使用价值和交换价值的统一？价值本身是同使用价值和交换价值这些特殊形式相对立的吗？使用价值本身不会作为经济形式本身的决定因素，加入形式本身吗？如果只有交换

① 《马克思恩格斯全集》第 23 卷，人民出版社 1972 年版，第 51 页。
② 《马克思恩格斯全集》第 23 卷，人民出版社 1972 年版，第 51 页。
③ 《马克思恩格斯全集》第 23 卷，人民出版社 1972 年版，第 57 页。

价值本身在经济学中起作用，那么，那些同使用价值有关的要素后来怎么能加进来呢？"① 然后回答："无论如何，在研究价值时，必须对这一点加以详细的研究，不能像李嘉图那样索性把它抽象掉，也不能像庸俗的萨伊那样，只是把'有用性'一词郑重其事地当作前提。在阐述各篇章时，首先要并且必须要说明，使用价值在怎样的范围内作为物质前提处在经济学及其形式规定之外，又在怎样的范围内进入经济学"②。在这个意义上说，坚持劳动价值论必须否认效用价值论，但否认效用价值论并不排斥使用价值的经济学意义。

第二，价值的本质和源泉是一般抽象人类劳动，并不意味着具体劳动与价值创造无关，并不意味着劳动价值论不需要研究具体劳动。具体劳动和抽象劳动是体现在商品中的劳动的二重性，是同一劳动的两个方面，具体劳动以抽象劳动为内在本质，抽象劳动则以具体劳动为外在形式，抽象劳动是对具体劳动的抽象，具体劳动是内含着抽象劳动的具体劳动，两者不能截然分割，人为对立。正如使用价值在一定范围内必须进入经济学及其形式规定的范围之内一样，具体劳动同样也应当在一定条件下进入经济学的研究领域。否则，那些与具体劳动有关的因素，如工人的平均熟练程度、科学的发展水平和它在工艺上应用的程度、生产过程的社会结合、生产资料的规模和效能以及自然条件等，就会被人为地排斥在经济学研究的范围之外，也就无法解释经济主体的经济行为和现实的经济运行。只有在坚持价值本源是一般抽象劳

---

① 《马克思恩格斯全集》第46卷，人民出版社1980年版，第223页。
② 《马克思恩格斯全集》第46卷，人民出版社，1980年版，第223页

动的同时，重视和加强对具体劳动的研究，才能顺理成章地将与具体劳动有关的上述因素引入经济学的研究范围，并进一步分析它们的价值效应，以找出其客观的运动规律，正确地诠释商品生产者的经济行为，科学地解说现实的经济生活。

第三，劳动是价值的本质，交换价值是价值的表现形式，并不否认交换价值、交换关系的作用。交换价值是价值的表现形式，而不是价值的内在本质。正因为如此，影响交换关系和市场关系的那些因素，如市场供给、市场需求，只能影响交换价值，而不能影响价值。更具体些说，市场供给和需求只能影响价格，而不能影响价值，不管供求状况如何变动，价格如何变动，作为价格内在本质的价值是一定的、稳定的、不变的。否则我们无法解释市场供给和需求处于均衡时的价格现象。这正是供求价值论的败笔和死结。当然，经济学的价值是商品的价值，商品是用来交换的劳动产品，商品价值始终是与交换和市场联系在一起的，通过对交换和市场关系的分析，我们才感觉、认识和把握到了价值的本质。可以说要研究价值就必然和必须研究交换关系和市场关系，不研究交换关系和市场关系就不可能研究价值。一涉及交换关系和市场关系，市场供给、市场需求等因素就自然而然地进入了我们的研究视野。

1.2　价值量的规定性

价值的本源是劳动，劳动量的尺度也就是价值量的内在尺度。众所周知，劳动量是以其时间来衡量的，那么，价值量的内在尺度就是劳动时间。但是，马克思认为，决定商品价值量的不是个别劳动时间。首先，形成价值实体、作为价值本源的劳动是相同的人类劳动，是同一人类劳动力的耗费，即是抽象的一般人类劳动，而作为这种抽象一般人类劳动存在基础的个别劳动恰恰是有差别、无法直接比较的，生产茶盐蛋的劳动和生产原子弹的劳动是不可同日而语的。其二，如果商品的价值量是由个别劳动时间决定，那么，一个人生产商品的劳动熟练程度越低、技术水平越差，他制造商品需要花费的时间就会越多，如果因此而让他的商品具有较多价值，显然是悖理的、行不通的，也是不符合实际的。假若真是这样的话，谁会愿意提高劳动熟练程度和技术水平呢？谁会愿意节约劳动和成本呢？谁会愿意提高劳动生产率呢？

马克思在排除了个别劳动量决定商品价值量之后，肯定了决定商品价值量的劳动时间是平均必要劳动时间或社会必要劳动时间。那么什么是社会必要劳动时间呢？对此，必须关注马克思的两段论述。一是马克思在《资本论》第一卷中的论述。他指出，"社会必要劳动时间是在现有的社会正常生产条件下，在社会平均的劳动熟练程度和劳动强度下制造某种使用价值所需要的劳动时间"①。二是马克思在《资本论》第三卷中的论述。在那里，他又指出："价值不是由某个生产者个人生产一定量商品或某个商品所必要的劳动时间决定，而是由社会必要的劳动时间，由当时平均的生产条件下，生产市场上这种商品的社会必需总量所必要的劳动时间决定。"② 这就是社会必要劳动时间的两种含义。

那么究竟是哪种含义的社会必要劳动时间决定商品的价值量呢？有些人认为，只有第一种含义的社会必要劳动时间决定商品的价值量，第二种含义的社会必要劳动时间只决定价值的实现。

---

① 《马克思恩格斯全集》第23卷，人民出版社1972年版，第52页。
② 《马克思恩格斯全集》第25卷，人民出版社1972年版，第722页。

我认为这种观点并不符合马克思的原意。因为马克思在上述两处地方讲社会必要劳动时间时，讲的都是价值决定问题，都是对决定商品价值量的社会必要劳动时间如何理解和认识的问题，而不是价值实现问题。不仅如此，价值决定或者价值形成和创造始终是劳动在生产领域完成的，而价值实现属于流通领域，与生产过程和劳动过程无关。社会必要劳动时间始终存在于生产领域，只与价值量的创造和形成有关，两种含义的社会必要劳动时间都是回答价值决定问题。实际上，马克思关于社会必要劳动时间两种含义的界定，不过是从微观和宏观两个角度全面深入探讨价值决定问题而已。第一种社会必要劳动时间特指生产某种商品的社会必要劳动时间，是微观的社会必要劳动时间；第二种社会必要劳动时间，是指生产商品的社会必要总量的社会必要劳动时间，是宏观的社会必要劳动时间。当然，微观社会必要劳动时间和宏观社会必要劳动时间不是孤立和分割的，而是相互联系的，有机地统一在一起的，二者共同决定商品的价值量。但人们在进行理论研究时，可以在假定宏观总量不变的前提下研究微观问题，也可以在微观个量不变的前提下研究宏观问题，两者并不矛盾。

1.3　价值形式

价值是交换价值和交换关系的内在本质，交换价值和交换关系是价值的外在形式。价值通过交换价值和交换关系来表现，交换价值和交换关系由价值来决定。在商品和商品的交换关系之中，一种商品的价值通过另一种商品的使用价值表现出来，从而具有交换价值的形式。正是因为商品具有价值的本质，才决定了这种商品与另一种具有完全不同使用价值的商品能够交换及其交换的比例关系。从这个意义上说，商品是价值和使用价值的统一，也是价值和交换价值的统一。马克思通过对商品交换关系和价值形式的分析，进一步揭示了商品使用价值和价值、具体劳动和抽象劳动、私人劳动和社会劳动的矛盾，追索出货币的起源、破解了货币之谜。

按照马克思的说法，最初的"商品交换是在共同体的尽头，在它们与别的共同体或其成员接触的地方开始的"。这种交换关系是个别的、偶然的，也是简单的，表现为一种商品与另一种商品的交换。因此，在这种交换关系中产生的价值形式是简单的、个别的或偶然的，即"一种商品的简单价值形式包含在它与一个不同种商品的价值关系或交换关系中"①，如 20 码麻布 = 1 件上衣。简单价值形式其实不简单，包括货币在内的所有价值形式的秘密其实都蕴含于其中。

从质的方面看，在简单价值形式中，麻布和上衣这两种不同的商品相交换，说明它们有相同的价值，却表现为不同的使用价值，麻布的价值通过上衣这样一种使用价值来体现，"使用价值成为它的对立面即价值的表现形式"②，这是使用价值和价值的矛盾；价值是抽象劳动的产物，使用价值是具体劳动的产物，20 码麻布 = 1 件上衣这种简单价值形式所体现的使用价值和价值的矛盾，反映了具体劳动和抽象劳动的矛盾，"具体劳动成为它的对立面即抽象劳动的表现形式"③；不仅如此，麻布和上衣这两种物品之所以要交换并且能够交换，从而成为商品，恰恰在于它们是私人物品，是私人劳动的产物，而交换本身又表明"尽管它同其他一切

① 《马克思恩格斯全集》第 23 卷，人民出版社 1972 年版，第 75 页。
② 《马克思恩格斯全集》第 23 卷，人民出版社 1972 年版，第 71 页。
③ 《马克思恩格斯全集》第 23 卷，人民出版社 1972 年版，第 73 页。

生产商品的劳动一样是私人劳动，但终究是直接社会形式的劳动"①，"私人劳动成为它的对立面的形式，成为直接社会形式的劳动"，这是私人劳动和社会劳动的矛盾。

从量上来看，凡是价值要被表现的商品，都是一定量的使用价值。"价值形式不只是要表现价值，而且要表现一定量的价值，即价值量。"② 因此，在简单价值形式如麻布和上衣的价值关系中，上衣这种商品不仅作为一般价值体被看作在质上同麻布相等，而且是作为一定量的价值体或等价物，如 1 件上衣被看作同一定量的麻布如 20 码麻布相等。价值形式表现价值，在质上说表现为使用价值，从而是矛盾的，在量上说，不能明确地、完全地、充分地反映价值量的实际变化，因此是相对的。马克思分析了简单价值形式中价值变化的五种情况：麻布的价值起了变化，上衣的价值不变；麻布的价值不变，上衣的价值起了变化；麻布和上衣的价值按同一方向和同一比例同时发生变化；麻布和上衣的价值按同一方向但以不同程度同时发生变化；麻布和上衣的价值按相反方向发生变化。最后得出结论：即使商品的价值不变，它的相对价值也可能发生变化；即使商品的价值发生变化，它的相对价值也可能不变；最后，商品的价值量和这个价值量的相对表现同时发生的变化，完全不需要一致。

可见，一方面商品的价值只能和必须通过交换关系和价值形式来表现，另一方面交换价值和价值形式反映商品价值又是矛盾的和相对的。这种矛盾性和相对性贯穿商品交换过程的始终，并

① 《马克思恩格斯全集》第 23 卷，人民出版社 1972 年版，第 73 页。
② 《马克思恩格斯全集》第 23 卷，人民出版社 1972 年版，第 67 页。

随商品交换的发展而发展。总和的或扩大的价值形式、一般价值形式和货币的价值形式，归根到底都是商品、商品交换发展到一定阶段的必然产物，是发展了的价值形式和交换关系。而这些发展了的价值形式和交换关系，又促进和推动商品交换本身由简单的以物易物向以货币为中介的商品流通以及其他更高的价值形式发展。或者说，简单的价值形式之所以被更高的价值形式所取而代之，不仅是商品内在的价值和使用价值、抽象劳动和具体劳动、社会劳动和私人劳动矛盾运动的结果，而且新的价值形式方便了商品交换、节约了交易成本、提高了交易效率，进而促进了社会分工、节约了资源和劳动、提高了劳动生产率。

2. 价值率的内涵和表现形式

廓清了价值质和量的规定性之后，我们的理论视野将进入价值最大化的微观领域，即单个商品生产者怎样才能生产尽可能多的价值？围绕这一问题通常有两条研究线索，一是价值量和劳动时间的关系；二是价值量和劳动生产力的关系。在这里我们暂且将前一线索搁置一边，重点聚焦价值量与劳动生产力的一般关系。

2.1 价值率

提高和降低劳动生产率对价值量有何影响，是增加价值量？还是减少价值量？对此，人们遭遇到了一个悖论。一方面人们耳熟能详马克思的一段论述："商品的价值与体现在商品中的劳动的量成正比，与这一劳动的生产率成反比"①；但当人们转而反观现实时却惊奇地发现，追求价值最大化的商品生产者，同样醉心于提高劳动生产率；始终以增加国民生产总值和人均国民生产总值为主要目标的各国政府愈益重视科学技术的贡献。

理论与现实的这种巨大反差，使人们又一次徘徊于截然不同的两个极端：价值究竟与劳动生产率成反比还是成正比？价值究竟是劳动创造的，还是由劳动、生产资料和科学技术共同创造的？如果坚持前者，如何化解与现实的冲突，假若采用后者，岂不有悖马克思的教诲。显然，要廓清这些问题不能囿于已有的思想成果，必须引入新的范畴，进行新的探索。

实际上，问题的症结并不在于劳动价值论本身，而在于我们对劳动价值论的误解。虽然价值是凝结在商品中的一般人类劳动，价值量是由社会必要劳动时间决定的，但一般人类劳动也好，社会必要劳动时间也好，归根到底都是以单个商品生产者实际耗费的个别劳动和个别劳动时间为基础的。严格地说，一般人类劳动是对个别劳动的抽象（因此也叫抽象劳动），社会必要劳动是贯穿于个别劳动时间之中的客观必然性。商品生产者劳动的矛盾二重性，决定了它所耗费的个别劳动和个别时间要凝结为价值和一定的价值量，首先必须具有社会劳动的性质且必须是社会必要劳动时间。因此，单个商品生产者所创造的价值量不仅取决于它所耗费的个别劳动量，更重要的是取决于他的个别劳动时间转化为社会必要劳动时间的程度，或者说，取决于他的个别劳动时间在多大程度上是社会必要劳动时间。也就是说，单个商品生产者所创

---

① 《马克思恩格斯全集》第23卷，人民出版社1972年版，第53～54页。

造的价值量，实际上取决于两个因素：一是个别劳动量；二是个别劳动创造价值的效率。用公式表示即价值量 = 个别劳动量 × 价值效率。

如果假定个别劳动量即劳动时间不变，则价值效率可以是商品的价值量与商品生产者生产商品所耗费的劳动时间的比率，这一比率我们简称为价值率，用公式来表示，价值率 = 价值量/个别劳动时间。由于价值量是由社会必要劳动时间决定的，所以价值率也可以用如下公式表示：价值率 = 社会必要劳动时间/个别劳动时间。其中社会必要劳动时间和个别劳动时间，从宏观上看是指耗费在社会商品总量中的社会必要劳动总量和个别劳动总量，从微观上看，是指耗费在单位商品中的社会必要劳动时间和个别劳动时间。

基于上述公式，微观价值率取决于耗费在单位商品中的社会必要劳动时间和个别劳动时间的相对状况。在社会必要劳动时间不变的前提下，价值率与耗费在单位商品中的个别劳动时间成反比例，在个别劳动时间不变的前提下，与社会必要劳动时间成正比例。如果考虑到社会必要劳动时间是由社会劳动生产率决定的，并与社会劳动生产率成反比例，个别劳动时间是由个别劳动生产率决定的，并与个别劳动生产率成反比例。那么价值率与个别劳动生产率和社会劳动生产率的相对状态也就紧密相连了。

具体来说，当个别劳动生产率高于社会劳动生产率时，耗费在单位商品中的个别劳动时间必然低于社会必要劳动时间，价值率就会大于1；反之，当个别劳动生产率低于社会劳动生产率时，耗费在单位商品中的个别劳动时间必然高于社会必要劳动时间，价值率则会小于1；只有当个别劳动生产率等于社会劳动生产率时，耗费在单位商品中的个别劳动时间才等于社会必要劳动时间，价值率才会等于 1。

2.2 价值率的几何图像

单个商品生产者个别劳动价值率的上述三种情况，可用几何图像直观地反映出来。首先，我们以价值量或社会必要劳动时间为 Au 轴，以个别劳动时间为 a 轴，确立平面直角坐标；然后从原点 O 出发描绘三条分别与 a 轴成小于 45°、等于 45°、大于 45°夹角的直线 Au'_1、Au'_2、Au'_3，见图 2-1。其中 Au'_1 即价值率小于 1 的直线，在这条直接上的任何一点个别劳动时间均大于社会必要劳动时间；Au'_2 即价值率等于 1 的直线，在这条直线上的任何一点，个别劳动时间均等于社会必要劳动时间；Au'_3 即价值率大于 1 的直线，在这条直线上的任何一点，个别劳动时间均小于社会必要时间。

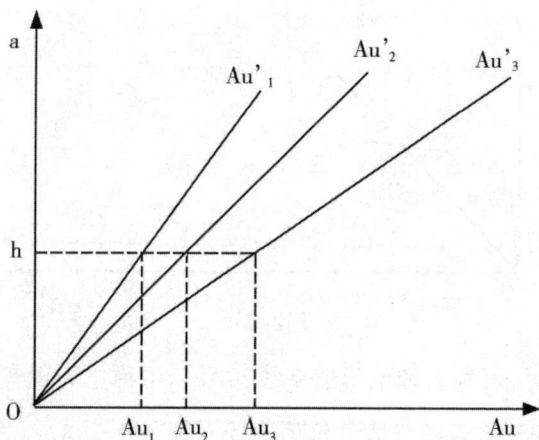

图2-1

价值率虽然在理论上可以划分为大于 1，小于 1 和等于 1 三种类型，但这并不意味着单个商品生产者实际的价值率总是三者择一，并始终处于一种状态、一个水平。一方面，在社会劳动生产率不变的情况下，单个商品生产者的个别劳动生产率可以发生变化、或降低、或提高，从而降低或提高价值率；另一方面，在单个商品生产者的个别劳动生产率不变的前提下，社会劳动生产率也可能变化、或提高、或降低，从而降低或提高价值率；从动态过程看，单个商品生产者的个别劳动生产率有时候可能高于社会劳动生产率，有时候可能低于社会劳动生产率，有时候可能等于社会劳动生产率。因此，现实的价值率是一个连续不断的变化过程，在这个变化过程中，价值率既有可能大于1，也有可能等于1或小于1。或者说现实的价值率线是一条围绕价值率为1的直线上下波动的曲线。见图2-2。

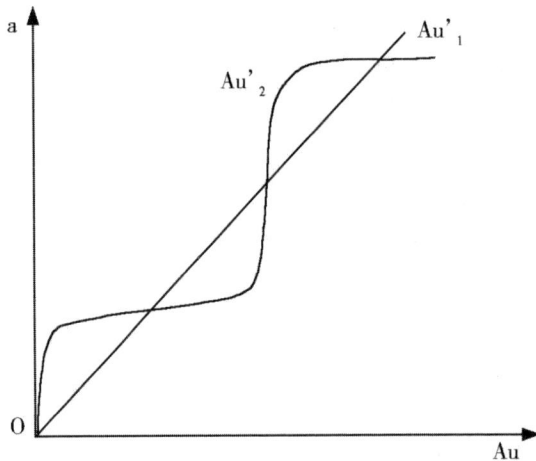

图2-2

其中 Au'$_1$可称为理论价值率线，Au'$_2$可称之为现实价值率线，Au'$_2$处于 Au'$_1$之上的线段，价值率小于1，处于 Au'$_1$之下的线段价值率大于1，与 Au'$_1$的相交点，价值率等于1。这就是价值率的现实轨迹。

2.3　价值率变动的原因

现实的价值率之所以围绕理论价值率上下波动，既有不以商品生产者个人意志为转移的客观原因，也有商品生产者为实现价值最大化行为能够促使其变动的主观因素，这些因素的耦合共同推动价值率变化并决定价值率曲线运行的现实轨迹。

劳动生产力是经济增长和发展的根本途径，也是影响价值率的根本因素。劳动生产力的高低通过劳动生产率来表现，即单位商品与其所耗费的劳动时间的比率。劳动生产率可以而且必须区别为两种形式，一是个别劳动生产率，即单位商品与个别劳动时间的比率；二是社会劳动生产率，即单位商品与社会生产这种商品平均耗费的劳动时间的比率。分析劳动生产率对价值率的影响，必须分别研究两者对价值率的影响。

根据价值率＝社会必要劳动时间/个别劳动时间的公式，在生产单位商品所耗费的个别劳动时间不变的前提下，价值率与社会必要劳动时间成正比例，与个别劳动时间成反比例。而耗费在单位商品中的社会必要劳动时间与社会劳动生产率成反比例，社会劳动生产率越高，耗费在单位商品中的社会必要劳动时间越少，单位商品所含的价值量越少，价值率就越低；反之，个别劳动生产率越高，耗费在单位商品中的个别劳动时间越少，价值率就会越高。据此，假定单个商品生产者的个别劳动生产率不变，从而耗费在单位商品中的个别劳动时间不变，价值率也会随着社会劳动生产率的变动而成反比例变动，即社会劳动生产率越高，生产单位商品的社会必要劳动时间越少，价值率就会越低。相反，社会劳动生产率越低，生产单位商品的社会必要劳动时间越多，价值率就会越高。假定生产某种商品的社会劳动生产率不变，从而生产单位商品的社会必要劳动时间不变，也就是说单位商品的价值量不变，价值率则会随着个别劳动生产率的变化而成正比例变化，即个别劳动生产率越高，生产单位商品耗费的个别劳动时间越少，价值率越高；个别劳动生产率越低，生产单位商品的个别劳动时间越多，价值率越低。从这个意义上说，价值率实际上取决于社会劳动生产率和个别劳动生产率的相对状况。个别劳动生产率高于社会劳动生产率，价值率就高，单个商品生产者的个别劳动就可以生产相对较多的价值；个别劳动生产率低于社会劳动生产率，价值率就低，单个商品生产者的个别劳动就只能生产相对较少的价值；如果个别劳动生产率刚好与社会劳动生产率完全一致，生产单位商品耗费的社会必要劳动时间与个别劳动时间刚好相等，价值率处于一般正常水平，则单个商品生产者的个别劳动就只能生产一般的价值量。

因此，那些可以和能够改变社会劳动生产率和个别劳动生产率的因素，归根到底都能影响价值率，从而影响个别劳动时间生产的价值量。这些因素包括诸如社会正常生产条件、社会科学技术水平、劳动的社会组织形式、劳动的社会强度和社会熟练程度等促使社会生产率变动的因素，以及个别劳动的生产条件、科技水平、组织程度、强度和熟练程度等促使个别劳动生产率变动的因素。这就是以价值收益最大化为目的的商品生产者始终关注劳动生产率，并努力提高个别劳动生产率的原因所在，也是我们在分析和研究微观劳动价值论必须研究劳动生产率，并要深入研究和分析影响单个商品生产者个别劳动生产率的因素的原因所在。严格地说，只有通过深入分析这些因素对劳动生产率和价值率的影响，才能进一步破解价值量变动之迷，揭示价值量增长之理。

　　劳动要创造价值离不开劳动对象和劳动手段即生产资料。生产资料既是劳动创造价值的条件，也是影响价值率的重要因素。如前所述，价值率是社会必要劳动时间和个别劳动时间的比率。社会必要劳动时间是在社会现有正常生产条件下，在社会平均的劳动熟练程度和劳动强度下，生产某种商品所耗费的劳动时间；个别劳动时间是单个商品生产者在他的个别生产条件下，在个别劳动熟练程度和劳动强度下，生产这种商品所耗费的劳动时间。其中的生产条件，一是指一定数量的生产资料；二是指一定质量的生产资料。如果仅仅从生产条件的角度来考虑，社会必要劳动时间就是使用正常数量和质量的生产资料的劳动时间，个别劳动时间就是使用特殊数量和质量生产资料的劳动时间。例如，生产100 件上衣大多数生产者都使用电动缝纫机械，需 8 小时劳动时间，那么正常生产条件就是一定数量的电动缝纫机械，社会必要劳动时间就是 8 小时；而有一位生产上衣的商品生产者，生产条件差，只有一定数量的脚踏人力缝纫机，同样生产 100 件上衣，需要耗费 80 小时劳动，显然，一定数量的脚踏人力缝纫机就是个别特殊生产条件，80 小时劳动就是个别劳动时间。

　　从这个实例可以看出，单个商品生产者生产某种商品使用的生产资料如果在数量上少于社会必要的数量、质量上低于正常的质量水平，其个别劳动时间就会超过社会必要劳动时间，其价值率就会小于 1；反之如果个别劳动所使用的生产资料数量和质量高于社会正常水平，其个别劳动时间就会低于社会必要劳动时间，其价值率就会大于 1。从这个意义上说，在单个商品生产者生产某种商品所使用的生产资料数量和质量不变的前提下，如果生产这种商品的社会正常生产资料数量增加或质量提高，价值率就会降低，如果生产这种商品的社会正常生产资料数量减少或质量降低，价值率就会提高；在整个社会生产某种商品一般正常使用的生产资料数量和质量不变的前提下，如果单个商品生产者生产这种商品使用的生产资料数量减少或质量降低，价值率就会降低，如果单个商品生产者生产这种商品使用的生产资料数量增加或质量提高，价值率就会提高。当然，如果单个商品生产者生产某种商品使用的生产资料数量和质量与社会正常生产条件完全一致，其价值率就会等于1。不仅如此，如果单个商品生产者生产某种商品所使用的生产资料数量和质量与社会正常生产条件变动的方向和程度完全一致，则价值率会保持不变。

需要强调的是，任何一个商品生产者在其他条件如劳动强度和熟练程度不变的情况下，其劳动所能够使用的生产资料数量和质量实际上都是有限的，如果增加生产资料数量或提高生产资料质量超过了劳动的使用能力，就会表现为闲置，并由于自然损耗和无形损耗带来价值损失。这样不仅不会提高价值率，相反会降低价值率。因此，生产资料数量和质量变动实际上有一个临界点，即生产资料数量增加和质量提高应当与劳动所能使用的生产资料数量和所能掌握的生产资料质量相适应。否则，不仅不能提高价值率，还会降低价值率。

在影响价值率的诸多因素中，科学技术是最一般最基本的因素，一方面劳动所能使用的生产资料数量和质量与科学技术密切相关，一种新的生产资料产生，不管是作为劳动对象、还是作为劳动手段，都是科学与技术发展的结果，蒸汽磨代替水力磨是这样，石油、天然气代替煤炭又何尝不是这样呢？

科学技术对价值率的影响，同样是通过对劳动生产率的影响，从而通过对生产单位商品的社会必要劳动时间和个别劳动时间的影响实现的。从科学技术影响的角度来看，如果说社会必要劳动时间是具有正常科学技术水平的劳动时间，它表现为正常的生产资料质量、平均的劳动强度和劳动熟练程度等。那么，个别劳动时间就是具有特殊科学技术水平的劳动时间，它表现为特殊的生产资料质量、特殊的劳动强度和劳动熟练程度等。当个别劳动的特殊技术水平高于社会劳动的一般技术水平时，耗费在单位商品的社会必要劳动时间必然高于个别劳动时间，个别劳动的价值率将大于1；当个别劳动时间的特殊技术水平，低于社会劳动的一般技术水平时，耗费在单位商品中社会必要劳动时间必然低于个别劳动时间，个别劳动的价值率将小于1；只有当个别劳动的特殊技术水平等于社会劳动的一般技术水平时，耗费在单位商品中的社会必要劳动时间才会等于个别劳动时间，个别劳动的价值率才会等于1。

在单个商品生产者个别的特殊科学技术水平不变，从而他生产某种商品所耗费的个别劳动时间不变的前提下，如果社会生产这种商品的正常科学技术水平提高，从而生产这种商品的社会必要劳动时间减少，那么，个别劳动价值率就会下降。如果社会生产这种商品的正常科学技术水平降低，生产这种商品的社会必要劳动时间增加，那么，个别劳动的价值率就会提高。在整个社会生产某种商品的科学技术水平不变，社会大多数商品生产者生产这种商品的社会必要劳动时间不变的前提下，如果单个商品生产者提高个别的特殊科学技术水平，减少耗费在单位商品中的个别劳动时间，其个别劳动的价值率就会提高。反之，如果降低个别特殊科学技术水平，从而增加耗费在单位商品中的个别劳动时间，其个别劳动的价值率就会降低。由于科学技术水平对价值率的影响，归根到底是通过对社会劳动生产率和个别劳动生产率的影响实现的，因此，价值率不仅与社会劳动生产率成反比，而且也与社会正常的科学技术水平成反比；价值率不仅与个别科学技术成正比，而且也与个别劳动生产率成正比。对于单个商品生产者来说，提高生产某种商品的科学技术水平，始终是提高劳动创造价值效率的重要途径和根本途径。

当然，我们在分析上述三种因素对价值率的影响时，总是以其他条件已经具备并且不变为前提，因此其结论既是绝对的，也是相对的。严格地说，现实的价值率是上述因素共同作用平行四边形的对角线，只有现实地分析各类因素的作用，仔细权衡各自对价值率的正负效应，才能精确地把握现实的价值率轨迹。

3. 价值率的理论功能

劳动价值论是由与商品价值有关的各类概念范畴构成的科学体系，正是这些概念和范畴反映着劳动创造价值过程中客观存在的经济关系和必然联系，成为思维再现商品经济现实关系的纽结和中介，并具有独特的理论功能。我们从马克思的劳动价值论中推导出价值率范畴，并将之运用于马克思政治经济学，不仅可以化解理论和实践的一些矛盾冲突，而且能够进一步充实、完善和发展马克思的劳动价值论，是劳动价值论创新和现代化的重要环节，在劳动价值论科学体系中具有不可替代的功能。

3.1　沟通宏观和微观的思维中介

现代经济学体系的显著特点之一，是宏观经济学和微观经济学的明显分工和紧密配合，西方经济学大多分为宏观经济学和微观经济学两大不可分割的组成部分。究其根源在于，现代经济是市场经济，市场经济是以微观经济主体自主经营为基础的。微观经济主体作为独立和相对独立的经济实体，有自主的权利、独立的追求和特殊的利益，会有自成一体的目标取向、行为规范、经营方式。就目标取向来说，或追求价值和利润，或热衷名誉和地位；就行为规范来说，或降低成本和风险，或增加投入和改进技术；就经营方式来说，或着力于延长劳动时间，或致力于提高劳动效率。而以微观经济相互关系构成的宏观经济主体，则要综合反映所有经济主体的共同利益和共同追求，把局部利益和整体利益、短期利益和长期利益结合起来，其运行方式也会具有不同于微观经济运行的宏观调控性质。如果说微观经济运行具有个量特殊性质，那么宏观运行则具有总量一般性质。从当代各国宏观经济调控的现实状况看，宏观经济调控的目标取向不外乎经济增长、物价稳定、就业充分、进出口平衡，而实现这些目标的手段也大多是财政政策、货币政策、外贸政策和产业政策等。可见，微观经济运行和宏观经济运行两者既相互联系、相互依存，又互相区别、相互矛盾。这一点我们在研究价值率时，就可以从个别劳动时间和社会必要劳动时间、个别劳动生产率和社会劳动生产率的矛盾及其与价值率的相互关系中感觉和感受到。这就要求作为经济实践主观反映的经济理论本身也有宏观和微观之分。这就是现代经济学为什么包含微观经济学和宏观经济学两大部分的原因，也是作为市场经济理论基础的价值理论区分为微观价值论和宏观价值论的根本原因。

应当肯定的是，马克思在研究资本主义生产过程、流通过程和分配过程时，包含着微观经济和宏观经济既相联系又相区别的思想，他对剩余价值生产过程的分析是微观经济分析，而对社会总资本再生产过程的分析，则主要是宏观经济分析。可惜的是，马克思在研究作为剩余价值理论的基础——劳动价值论时，却没有自觉地将微观劳动价值论和宏观劳动价值论严格区别开来。即使是它的特殊形式——剩余价值理论，也往往以单个资本家支配的雇佣劳动就是社会必要劳动为前提；另一方面，许多本来具有宏观性质的原理往往被人们误认为一般结论。例如，我们通常所谓的"价值量与社会必要劳动时间成正比例"，原意是指单位商品的价值量与耗费在单位商品中的社会必要劳动量成正比例，与社会劳动生产率成反比例，两者都没有涉及个别劳动时间和个别劳动生产率这些微观问题。而人们往往简单地根据价值量和社会必要劳动时间的相互关系，直接推导价值量与个别劳动时间和个别劳动生产率的关系，以至于得出"价值量与个别劳动时间成正比例"和价值量与个别劳动生产率成反比例关系的结论，这显然是不恰当的，也是不正确的，如果套用萨缪尔森使用的"合成谬误"一词，可称之为"分解谬误"。

改变这种状况，消除这一谬误，需要我们将原来有限的思维触角深入到微观领域，将价值量和社会必要劳动时间的关系扩展到价值量和社会必要劳动时间与个别劳动时间的关系，将价值量和社会劳动生产率的关系扩展到价值量和社会劳动率与个别劳动生产率的关系。这就必须考虑社会必要劳动时间与个别劳动时间、社会劳动生产率和个别劳动生产率的相对关系即价值率。也只有借助价值率范畴，才能厘清个别劳动生产率和社会劳动生产率与价值量、个别劳动时间和社会必要劳动时与价值量的内在本质联系和客观规律性。从这个意义上说，价值率是沟通微观和宏观劳动价值论的思维中介和联系纽结。

3.2 分析价值多元函数的必要前提

函数是自变量和因变量之间的依存关系，生产函数是指一定时期内，在技术水平不变的情况下，生产中所使用的各种生产要素的数量与所能生产的最大产量之间的关系。现代西方经济学非常重视生产函数的研究，美国数学家柯布和经济学家道格拉斯研究了 1899 年至 1922 年美国制造业的生产函数，并于 20 世纪 30 年代就提出了柯布—道格拉斯生产函数即 $Y = A(t)L^{\alpha}K^{\beta}\mu$。式中 Y 是工业总产值，At 是综合技术水平，L 是投入的劳动力数，K 是投入的资本，α 是劳动力产出的弹性系数，β 是资本产出的弹性系数，μ 表示随机干扰的影响。这个模型表明，决定工业系统发展水平的主要因素是投入的劳动力数、固定资产和综合技术水平（包括经营管理水平、劳动力素质、引进先进技术等）。其他西方学者也对生产函数进行了实证研究，并计算了生产要素的最优配置。

西方经济学中的生产函数理论，研究了物质要素投入和物质产品产出的物质技术关系，并通过实证分析发现了不同物质产品和它们的物质要素投入之间物质技术关系的特殊规律和一般规律，就这一点来说，生产函数理论是具有一定科学性和实践价值的理论。生产函数理论的症结不在于研究了生产过程物质投入和物质产出之间的物质技术关系，而在于只看到这种物与物之间的关系，只限于劳动、土地、资本、企业家才能等要素投入与物质产出之

59

间的依存关系。而对这种物质技术关系所内含的要素投入和价值产出的函数关系视而不见，从而也不可能进一步深入研究单个商品生产者个别劳动之间和单个商品生产者个别劳动与社会劳动之间的关系，而这种关系恰恰是商品经济最深层次、最本质的关系，也是更具一般意义和普遍意义的关系。

确立价值率范畴，既可以使我们正确认识科学技术和生产资料对价值率的影响，而且可以以价值率为基础深入分析劳动、生产资料和技术等因素的价值效应。例如，价值量 = 个别劳动量 × 价值率，如果假定个别劳动量不变，价值量将随价值率的变化而变化，而价值率往往是科学技术和生产资料变动的结果，价值量有可能随科学技术和生产资料的变动而变动；另一方面，价值量也只有当价值率等于 1 时才会与个别劳动量成正比例，如果价值率随个别劳动量及其他因素的变动而变动，价值量则未必与个别劳动量的变动成正比例。显然，价值量不仅是劳动的函数，而且也是科学技术和生产资料变动的函数。不同的是，劳动是价值量的基础函数，科学技术和生产资料等因素，只有通过影响劳动的价值率才能影响价值量。而这一点只有在已经形成价值率范畴的基础上才能认识清楚。如果简单地用生产函数直接说明价值的生产函数，不仅会犯一般代替个别的方法论错误，而且容易滑向庸俗的要素价值论。

3.3 衡量微观劳动经济效益的内在尺度

经济就是节约，经济就要讲效率和效益。商品经济或者说市场经济是最讲效益的经济。经济效益是投入和产出的比率关系，从商品生产的过程来看，投入和产出的比率包括两个方面，一是生产资料价值的消耗和生产资料价值转移的比率，即价值转移率，主要用以衡量物质投入的经济效益；二是活劳动投入和新价值产出的比率，即价值率，主要用以衡量活劳动投入的经济效益。价值率是全部新价值与全部活劳动投入的比例关系，首先反映的是全部活劳动投入的价值产出情况，反映了活劳动投入的经济效益；其次反映了作为微观主体的商品生产者个别劳动投入的价值产出情况，反映的是单个商品生产者个别劳动的经济效益。这两个方面的经济效益，不仅可以从单位商品的活劳动投入和产出关系来理解，而且可以从活劳动投入的总量和价值产出总量的关系来理解，是微观劳动经济效益内在的理论尺度。从而可以从增量、均量、总量多维度来观察和衡量。

按照这一尺度，如果价值率大于 1，个别劳动时间可以折合为较多的社会必要时间，经济效益较高；如果价值率等于 1，个别劳动时间等于社会必要劳动时间，经济效益一般；如果价值率小于1，个别劳动时间只能折合较少的社会必要劳动时间，经济效益较差。单个商品生产者就会基于这种判断，调节自己劳动的数量、质量、结构和方式、方法、方向，以实现劳动价值最大化或经济效益最优的要求。从这个意义上说，价值率不仅是衡量微观劳动经济效益的重要尺度，也是调节单个商品生产者劳动行为的重要机制和手段。

需要指出的是，马克思也曾经使用过与价值率相类似的概念——剩余价值率，我们之所以能形成价值率范畴，从某种意义上说，也得益于剩余价值率的启迪。但剩余价值率仅仅是剩余价值与可变资本的比率关系，它虽然可以反映资本对雇佣工人的剥削程度，却不能反映全部活劳动投入的产出效率，剩余价值毕竟只是全部新价值的一部分，可变资本也只是劳动投入中用来支付工资的部分。另一方面剩余价值率作为价值投入与价值产出的比例关系，没有考虑个别劳动时间有可能与社会必要劳动时间不等的现实情况。因此，其适用范围和实际可操作性相对有限，非价值率不足以弥补其缺陷。

第 3 章

劳动的价值效应及其规律

> 形成价值实体的劳动是相同的人
> 类劳动，是同一的人类劳动力的耗费。
>
> ——马克思

　　土地是财富之母，劳动是财富之父。在影响价值量的诸多因素中，劳动是最本质、最根本、最关键的因素。劳动是价值的本质，也是价值的唯一源泉。单个商品生产者要生产尽可能多的价值量，不仅要尽可能增加劳动数量、提高劳动效率、优化劳动配置，更重要的是要提高个别劳动的价值率。在研究价值率时，我们曾假定个别劳动数量不变，在那里，增加价值量的途径是提高价值率。在研究了价值率之后，本章将放弃个别劳动时间不变的假设，重点进行个别劳动的价值效应分析，研究个别劳动时间和个别劳动生产率变动对价值量的影响及其运行规律。

1. 劳动及其形式

劳动是人类区别于猿群的特征，是人类所独有的活动，是发生在人与自然界之间的活动，其实质是人通过有意识、有目的的活动调整和控制自然界，使之发生物质形态、性质、位置变化，为人类的生活和需要服务。劳动从最一般的本质和含义上说，是人类劳动力的耗费，是人的脑、肌肉、神经、手等的生产耗费。具体而言，劳动有如下形式：

1.1 体力劳动和脑力劳动

周瘦鹃《劳者自歌》："平生习于劳动，劳心劳力，都不以为苦。""劳力"即体力劳动，"劳心"即脑力劳动。体力劳动是人的体力的消耗，是人的肌肉、神经和手的耗费，是劳动最基本、最一般、最直接的形式，也是最初的形式。人类最原始的劳动不论是采集植物果实，还是渔猎动物，主要是体力的耗费。即使是在近代和现代经济生活中的劳动，仍然离不开体力的消耗。工业文明出现的机器大生产，只是延长了人的手臂，同时也紧张了人的神经，并没有消除人的体力劳动。美国影片《摩登时代》以人和机器的冲突为背景，描写了夏尔洛这个悲剧人物在不断加快的传送带式的作业线上被弄得精神失常、被卷入巨大的机器齿轮中、被出了毛病的吃饭机器在他悲戚惊恐的脸上不断扇打等情景，形象地反映了机器时代给工人所带来的痛苦、恐惧与打击。正因为如此，经济理论的先驱者们在论及作为价值本质和源泉的劳动时，首先考虑的是体力劳动。

　　但是，脑力劳动是人的脑力的耗费，自始至终与人的劳动相伴同行。人的活动总是有目的、有计划、有意识的活动，人的劳动总离不开脑力的耗费，即使是在原始渔猎经济和采集经济中的劳动也不例外。恩格斯在论及劳动在从猿到人转变过程中的作用时曾经深刻证明：手是劳动的产物，但"手并不是孤立的。它仅仅是整个极其复杂的机体的一个肢体。凡是有利于手的，也有利于手所服务的整个身体"①。脚的直立行走，手的形成，语言的产生，猿的脑髓成为人的脑髓都是相互关联的，都是劳动的产物。如果说劳动创造了人包括人手、语言和大脑，同样劳动也离不开人手、语言和大脑，即劳动包括体力劳动和脑力劳动。

　　随着经济发展、社会进步，脑力劳动在人类劳动中所处的地位、所起的作用、所占的比例日益提高。首先，从单个人的劳动耗费情况看，人的劳动更加轻松，与体力劳动相联系的手和肌肉也在发生变化，人的皮肤更加细嫩、白皙，人的手更加修长、柔软，人的肌肉更加松弛、开始退化，甚至不得不借助体育锻炼来弥补体力劳动之不足。另一方面，对劳动者的知识要求却越来越高。这不仅表现在人们获得就业机会要求有更高的学历、专长和技能，也表现在现代社会中，脑力劳动者的地位不断上升。"劳心者治人，劳力者治于人"在观念上未必正确，却在一定意义上反映了客观现实。其次，从劳动力的构成变动情况来看，体力劳动者所占的比重在下降，脑力劳动者所占的比重在上升。种种迹象已经表明，人类社会已经开始进入知识经济时代。而知识经济是"以知识为基础的经济"，也就是以脑力劳动为基础的经济。

---

　　① 《马克思恩格斯选集》第 3 卷，人民出版社 1972 年版，第 510 页。

1.2　简单劳动和复杂劳动

简单劳动是没有任何专长的普通人的机体具有的简单劳动力的耗费。这里所说的"普通人"，从时间上说，是有史以来的"普通人"，从空间上说，是不分国别的"普通人"，也只有是这样的"普通人"的简单劳动，才可以进行历史的比较和国别的比较，才是可以"通约"的劳动。

那么复杂劳动是什么样的劳动呢？马克思指出"比较复杂的劳动只是自乘的或者不如说多倍的简单劳动，因此，少量的复杂劳动等于多量的简单劳动"①。但这只是就复杂劳动和简单劳动的数量比较而言的。从本质上说，复杂劳动应当是有专长的特殊人的机体具有的复杂劳动力的耗费。也就是说，没有任何专长的劳动不是复杂劳动，"普通人"的劳动不是复杂劳动。

在理论和实践过程中，人们往往将简单劳动等同于体力劳动，将复杂劳动等同于脑力劳动。这种对应是不精确的。首先，脑力劳动和体力劳动、简单劳动和复杂劳动的分类标准不同。脑力劳动和体力劳动是从劳动耗费的器官来划分的，简单劳动和复杂劳动则是从劳动有无专长及其耗费的程度来划分的。脑力劳动和体力劳动都有简单和复杂之分，所以同样是体力劳动者或脑力劳动者，在相同的劳动时间里所创造的价值不同、所获得的经济收入不同的根本原因。其次，从历史发展的过程来看，人类劳动是循着由简单到复杂的轨迹演变的。相比较而言，原始劳动，不论是体力劳动、还是脑力劳动，都是简单劳动；现代劳动，不论是体力劳动、还是脑力劳动都是复杂劳动，不能也不应当将两者混为

---

① 《马克思恩格斯全集》第23卷，人民出版社1972年版，第58页。

一谈。否则，我们就无法正确地理解和科学地解释现代劳动者为什么比古代劳动者和原始劳动者所获的收入高、所过的生活好。

1.3 生产物质产品的劳动和生产服务产品的劳动

亚当·斯密曾将劳动区别于两种形式：第一种劳动会生产商品，第二种劳动不生产任何商品，并分别以制造业工人的劳动和侍仆的劳动为例加以说明。实际上，制造业工人的劳动和侍仆的劳动之间的区别，不在于是否生产商品，而在于是否生产有形的物质产品。制造业工人的劳动最终会物质化、固定在一个有形的物质产品之中，因此，应称之为生产物质产品的劳动。相反，侍仆的劳动提供的只是一种服务，不会物质化，也不会固定在一个有形的物质产品之中，因此，应当称之为生产服务产品的劳动。

西方经济学根据产业结构演变的趋势，将产业部门划分为三次产业。第一次产业包括农业、畜牧业、林业、渔业，采矿与原材料业，煤与核燃料业，石油和天然气开采业；第二次产业包括制造业、建筑业、电力、煤气和供水业；第三次产业包括销售业、旅馆业、餐馆业和修理业，运输和仓储业，邮政和电信业，金融、中介、不动产租赁和商业、物业管理、公共行政、国际和社会保障，教育、卫生和社会服务，其他服务，等等。如果说第一、第二次产业劳动者的劳动主要是生产有形的物质产品的劳动，那么第三次产业劳动者的劳动则主要是生产无形的服务产品的劳动。

长期以来，人们总是将服务排除在商品之外，认为服务业劳动者的劳动不生产商品，也不创造价值，在统计一国国民收入时轻率地将服务业排除在外，并认为这是马克思的主张。实际上，这是一个历史误会，也是一个历史误解。真正将服务排除在商品之外的是斯密，恰恰是马克思批判了亚当·斯密的这一观点。他指出："关于劳动的物质化等等，是不能像亚当·斯密理解这个问题的时候那样，用一个苏格兰人的方法去理解的。当我们在商品交换价值的意义上把商品当作劳动的体化物来说时，它本身不过是商品的一个想象的，也就是单纯社会的存在方式，和它的物质的现实性无关，它被认为是一定量的社会劳动或货币。商品当作结果的具体劳动，在商品上面可以不留下任何痕迹。"① 并强调"只要资本家还是商品的生产者，收入也就必须和那种只有用资本来生产和售卖的商品相交换，或和那种劳动相交换，那种劳动被人购买，和那些商品一样，是为了消费的目的，为了它的物质性质，为了它的使用价值，也就是为了它凭它的物质而对它的购买者和消费者提供的服务。对这种服务的生产者来说，所提供的服务就是商品"②。他还举例说明："例如，一个演员，甚至一个滑稽表演家，如果他劳动是为一个资本家（企业家）服务，会超出他在工资形式上从资本家手里得到的劳动，把更多的劳动还给资本家，他就是一个生产劳动者。"③

事实上，在现实的经济生活中，服务业早已成为一个具有商品或市场属性的行业，服务也早就成了商品，不能也不应当将生产服务产品的劳动，排除在生产商品的创造价值的劳动之外。服务也是商品，服务劳动也能创造价值，生产服务产品的劳动也是生产商品的劳动。

1.4 重复劳动和创新劳动

现实生活中的大部分劳动，往往是周而复始采取同样的手段

---

① 马克思：《剩余价值学说史》第 1 卷，人民出版社 1975 年版，第 165 页。
② 马克思：《剩余价值学说史》第 1 卷，人民出版社 1975 年版，第 149 页。
③ 马克思：《剩余价值学说史》第 1 卷，人民出版社 1975 年版，第 148 页。

和方法，作用于同样的对象，凝结于同样的产品之中，这样的劳动，我们称之为重复劳动。这种劳动之所以存在，一方面在于社会分工体系的固化，劳动者长期限制在某一行业、某一职业或某一岗位上工作，如车工、铣工、钳工、电工等，使他们的劳动在一定程度上具有了重复性。另一方面在于社会需求变动中的稳定性。社会需求从长远来说是变动的，但在一定的时限内又是稳定的，为满足这种需求而耗费的劳动具有相对稳定性，并表现为重复劳动，车工长年累月加工同样的产品，农民年复一年耕作农田，诸如此类，均是重复劳动的典型形式。

创新劳动则是这样一种劳动，要么采取了新的手段和方法，或者作用于新的对象抑或凝结于新的产品之中。创新劳动是在重复劳动的基础上产生的。首先，是重复劳动经验积累产生质的飞跃。人们长年累月从事重复劳动，随着经验的积累，熟能生巧，会发现新的方法，发明新的手段，如车床和农作工具及其使用方式的改进等。其次，是资源有限的驱使。任何一种经济资源都是稀缺的，任何一种劳动所作用的对象都是有限的，并最终会供不应求，这就驱使人们去寻求新的劳动对象，开发新的劳动资源。从人力→畜力→水力→电力→太阳能→风能等，明显勾画出了劳动对象创新的历史轨迹。最后，社会需求变动的推进。人的欲望是无止境的，社会需求是不断变动的，原有的需求满足了，又会产生新的需求，这是人类进步和社会前进的动力，满足新的需求就要有新的产品，就要运用新的手段和方法，就要付出创新劳动。

熊彼特对创新有过研究，他认为所谓"创新"，就是"建立一种新的生产函数，也就是说，把一种从来没有过的关于生产要素和生产条件的'新组合'引入生产体系"①。同时，他还将创新区别为五种情况：（1）引进新产品；（2）引进新技术即新的生产方法；（3）开辟新市场；（4）控制原材料的新供应来源；（5）实现企业的新组织。并认为，所谓经济发展，就是不断地实现这种新组合即"创新"。可惜的是，他将"创新"视为企业家独有的职能和"专利"，使"创新"局限在相对狭窄的范围之内。实际上，创新是劳动的形式，也是劳动的结果，如果说企业家在创新中确有独到的作用，也恰恰在于他付出了创新劳动。

当然，重复劳动和创新劳动的区别是相对的，两者既区别又联系，创新劳动以重复劳动为基础，源于重复劳动，是重复劳动的质的飞跃；另一方面创新劳动一旦扩散并定型化也会沦为重复劳动。

1.5 生产性劳动和非生产性劳动

从经济研究角度来看，不管哪种形式的劳动，归根到底要看它是否具有生产性，是否是生产性劳动，只有生产性劳动才具有经济意义和经济价值。而对生产劳动的认识，历来众说纷纭、莫衷一是。马克思的《剩余价值学说史》详细考察过关于生产劳动和非生产劳动的学说。在重商主义者看来，只有那些生产出口产品，以至和它所费的货币相比将带来更多货币的劳动，才是生产劳动；重农主义则认为，只有农业劳动才会创造剩余价值，才是生产劳动；斯密对生产劳动的认识，虽然前进了一大步，即从特殊部门的劳动发展为一般的劳动，但他总是把生产劳动等同于生产物质商品的劳动，以至于认为，只有生产物质商品，如机械工业的劳动，才是生产劳动，而不生产物质商品即服务的劳动不是

---

① 熊彼特：《经济发展理论》，商务印书馆1990年版，第 iii 页。

生产劳动。实际上，劳动的物质性质，进而劳动产品的物质性质，就它本身来说，与生产劳动和非生产劳动的这个区别无关。从资本主义生产方式来看，生产劳动和非生产劳动的区别关键在于它能否给资本家创造剩余价值。这是马克思有关生产劳动所得出的最基本的结论。

生产劳动是一个历史范畴，在不同的历史阶段有不同的经济内含，反映着不同的经济关系。在自然经济中，劳动是为了满足劳动者自己的需要，生产劳动就是能生产满足自己需要的产品或服务的劳动。在简单商品经济或一般商品经济中，劳动是为了生产能交换的产品或服务，并通过交换更好地满足自己的需要，这时的生产劳动，则是能够生产满足他人需要的商品并能创造价值的劳动。在资本主义经济中，劳动力已经出卖给资本家，劳动是为资本家劳动，因此只有能给资本家生产剩余价值的劳动，才是生产劳动。

对生产劳动的认识，关键是从哪个层次来考察，从哪个角度来分析。如果我们仅仅从一般商品经济的层次和角度来分析问题，而不管这种商品经济姓"社"还是姓"资"，那么，这种情况下的生产劳动就是能够生产满足市场需要的商品并能创造价值的劳动。生产满足市场需要的商品是劳动成为生产劳动的前提，能够创造价值则是生产劳动的内在本质。

1.6　总体劳动和个体劳动

商品生产者的劳动从其内部结构和组织形式的历史发展和现实情况来考量，还可以区分为总体劳动和个体劳动两种形式。在原始社会末期，氏族和氏族以及部落和部落之间已经出现了商品交换，因此，在氏族或部落内部也就在一定程度上存在了商品生产。这种商品生产是通过氏族或部落成员的共同劳动完成的，在这种共同劳动中，单个成员的劳动是个体劳动，这些成员个体劳动共同协作相互联结形成的整体就成为总体劳动。随着社会分工、商品生产和商品交换的发展，一部分社会成员独立出来成为个体商品生产者，他既是经营者，也是劳动者；既是生产者，也是交换者；既是老板，也是员工。在这里，个体劳动就是总体劳动，总体劳动就是个体劳动。资本主义生产方式是市场经济发展的新阶段，它实际上"是在同一个资本同时雇佣较多工人，因而劳动过程扩大了自己的规模并提供了较大量的产品的时候才开始的"。"较多的工人在同一时间、同一空间（或者说同一劳动场所），为了生产同种商品，在同一资本家的指挥下工作，这在历史上和逻辑上都是资本主义生产的起点。"① 正是劳动的这种资本主义形式发展了个体劳动和总体劳动的矛盾。一方面，商品和价值是由总体劳动直接生产和创造的，作为总体劳动构成要素的个体劳动虽然是总体劳动的一个部分、一个阶段、一个环节，但它本身并不直接生产商品和创造价值；另一方面，生产商品和创造价值的总体劳动，又由许多个体劳动即单个工人的劳动共同协作和相互联系来构成，并始终离不开个体劳动。现代经济生活中的厂商或企业实质上就是个体劳动和总体劳动的有机整体。

现在的问题是，为什么单个劳动者的个体劳动要结合起来进行共同劳动？个体劳动为什么不直接生产商品、不直接创造价值，而要借助总体劳动这种方式来生产商品和价值呢？其经济动因和经济理由是什么呢？

首先，个体劳动结合为总体劳动创造了集体生产力。马克思

---

① 《马克思恩格斯全集》第 23 卷，人民出版社 1972 年版，第 358 页。

曾举例说明："一个骑兵连的进攻力量或一个步兵团的抵抗力量，与单个骑兵分散展开的进攻力量的总和或单个步兵分散展开的抵抗力量的总和有本质的差别，同样单个劳动者的力量的机械总和，与许多人手同时共同完成同一不可分割的操作（如举重、转绞车、清除道路上的障碍物）所发挥的社会力量有本质的差别。"① 一吨重的东西，一个人举不起来，十个人必须竭尽全力才能举起来，而一百个人只要每个人用一只手就能举起来。这就是因为包括协作生产力、规模生产力、分工生产力在内的集体力。

其次，个体劳动结合为总体劳动节约了生产资料。"即使劳动方式不变，同时使用较多工人，也会在劳动过程的物质条件上引起革命。"② 这种"革命"是在个体劳动结合为总体劳动过程中通过共同消费生产资源实现的。"20 个织布工人用 20 台织机劳动的房间必然比一个独立织布者带两个帮工做工的房间大得多。但是，建造一座容纳 20 个人的作坊比建造 10 座容纳两个人的作坊所耗费的劳动要少。"③ 或者说，容纳许多人做工的厂房、储藏原料等的仓库、供许多人同时使用或交替使用的容器、工具、器具等，比许多人分别独立做工使用的厂房、仓库、容器、工具、器具的总和肯定要小。主要是共同使用减少了这些生产资料的闲置，提高了这些生产资料的使用效率。

最后，个体劳动结合为社会劳动推进了科技创新。许多工人在同一劳动过程中结合起来共同劳动，不仅形成了集体生产力，而且使结合成总体劳动力的单个个体劳动者有了相对固定的劳动

① 《马克思恩格斯全集》第 23 卷，人民出版社 1972 年版，第 262 页。
② 《马克思恩格斯全集》第 23 卷，人民出版社 1972 年版，第 360 页。
③ 《马克思恩格斯全集》第 23 卷，人民出版社 1972 年版，第 361 页。

岗位，不论这个岗位是总体劳动力的一个部分、一个环节，还是一个阶段，仅仅是结合本身就激发了个人的竞争心理、集中了他们的注意力和精力，加快了他们劳动经验的积累、劳动技能的培养和创新能力的提高。不仅如此，许多人在一起共同劳动也为总体劳动内部分工创造了条件、提供了机会，"各种操作不再由同一手工业者按照时间的先后顺序完成，而是分离开来，孤立起来，在空间上并列在一起，每一种操作分配给一个手工业者，全部操作由协作工人同时进行。"① 分工不仅创造了比协作更高的生产力，而且形成了专业技术和专业工具。正如马克思所言："工场手工业时期通过劳动工具适合于局部工人的专门的特殊职能，使劳动工具简化、改进和多样化。这样，工场手工业时期也就同时创造了机器的物质条件之一，因为机器就是由许多简单工具结合而成的。"② 可见，个体劳动结合为总体劳动，推进了劳动创新、技术创新，也推进了工具创新，从简单协作到工场手工业再到机器大生产的发展，都是在这种创新中实现的。

2. 劳动变动的价值效应

劳动变动包括劳动数量变动、劳动效率变动和劳动配置变动三种情形，分析劳动变动的价值效应或劳动变动对价值量的影响，也应当分别从这三个角度展开。

---

① 《马克思恩格斯全集》第 23 卷，人民出版社 1972 年版，第 374 页。
② 《马克思恩格斯全集》第 23 卷，人民出版社 1972 年版，第 379 页。

2.1　绝对价值及其经济边界

在现代市场经济中，一家企业可以有许多员工，一个厂商可以雇用许多工人，单个商品生产者的劳动大多是由许多劳动者的个体劳动相结合形成的总体劳动。对于他们来说，增加劳动数量即增加劳动时间可选择两种方式：一是构成单个商品生产者的每个劳动者劳动时间的延长。如某企业现有劳动者人数为 100 人，原来每个劳动者每天的劳动时间为 8 小时，则该企业每天的个别劳动时间为 800 小时。在劳动者人数不变的情况下，如果每个劳动者每天的劳动时间由 8 小时增至 10 小时，则该企业每天的个别劳动时间由 800 小时增至 1000 小时。延长劳动者的劳动时间是增加劳动数量最基本，也是最原始的方法。中国古代就有日出而作、日落而息的习惯，早期的资本主义也把绝对延长工人的劳动时间作为榨取剩余价值的基本方法。二是单个商品生产者增加所支配的劳动者的人数。如某企业原有劳动 100 人，每个工人的劳动时间为 8 小时，则该企业的个别劳动时间为 800 小时。现在如果假定每个工人的劳动时间不变，而劳动者的人数由 100 增至 200，则该企业的个别劳动时间就可以由 800 小时增至 1600 小时。在现代市场经济中，每个工人的劳动天数以及每天的劳动时间，都有了强制的法律规定，增加个别劳动时间的办法更多和更为普通的是第二种方式。

在其他条件具备的前提下，劳动数量增加可以对应地增加价值量。这里所谓具备其他条件，一是指有增加劳动时间所需的生产资料，包括机器、厂房、工具、原料、燃料和辅助材料等。生产资料是从事劳动的手段、对象和条件等，现实的劳动不论是体力劳动还是脑力劳动，都是以一定的生产资料为前提，离开生产资料的劳动无异于对着空气打拳，是不可能生产商品，也不可能创造价值的。

二是指这种劳动是社会必要劳动。一方面它始终具有社会平均性质，即这种劳动是使用社会正常生产资料、具有社会平均的熟练程度和强度的劳动。另一方面，这种劳动是社会必要的劳动，生产的商品符合社会需求、得到市场认可。因此，这种劳动的价值率即社会必要劳动时间和个别劳动时间的比率为1，并始终不变。

在价值率为1的前提下，价值量与个别劳动耗费成正比例，即个别劳动数量增加，价值量将按同样比例增加。由劳动数量绝对增加而增加的价值，我们可以称之为绝对价值。

如果以社会必要的时间即价值量 Au 为横轴，以个别劳动时间 a 为纵轴，以 Au' 为价值率，我们可以得到劳动时间增加价值的几何图像，见图3-1。

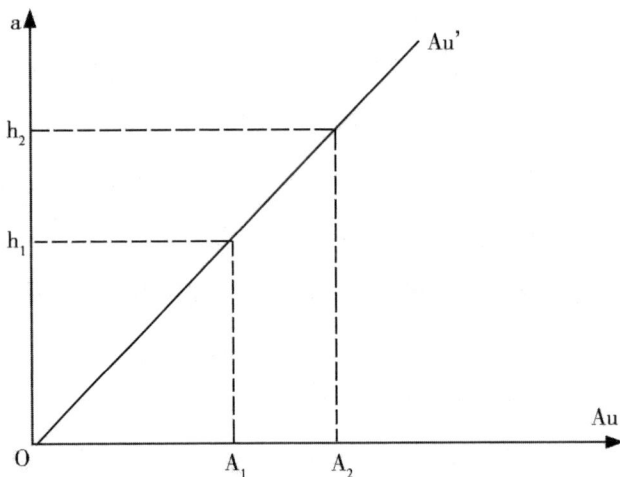

图3-1

图中的 Au' 是一条从原点出发，成45°夹角向右倾斜向上的直线，说明价值率为1，$h_1 h_2$ 是增加的劳动时间，$A_1 A_2$ 是劳动时间增加后增加的价值量，两者相等说明价值的增加与个别劳动时间的增加成正比例。如果上述条件始终不变，价值量始终随劳动时间的增加而按同一比例增加，价值最大化的约束就是劳动时间的约束。

但是，价值率始终为 1 的假设并不现实。首先，任何一个商品生产者所能够占有、使用的生产资料数量都是有限的。随着劳动数量的增加，追加劳动所能使用的生产资料越来越少，追加个别劳动使用的生产资料数量将低于社会正常的数量，追加劳动的个别效率趋于下降，单位商品耗费的个别劳动时间超过社会必要劳动时间，价值率将趋于下降，价值增加的幅度将越来越小于个别劳动增加的幅度。当边际劳动所能使用的生产资料为零时，再增加劳动，除了增加消耗外，将一无所获。其次，随着劳动数量的增加，特别是劳动人数的增加和生产规模的扩大，劳动协作、分工和管理的难度也会增大，如果由此引起劳动组织和工艺混乱，以至于引起个别劳动效率边际递减，甚至低于社会平均劳动生产率，那么，它的价值率就会递减甚至小于 1。最后，单个商品生产者的个别劳动也不会总是具有社会平均性质、总是社会必要劳动、总符合社会需求和总得到社会认可。由于劳动者主观素质不同，个别劳动的熟练程度也好，强度也好，都有可能高于或低于社会平均的熟练程度和强度。在一定经济条件和经济发展水平上，社会对每种商品的需求总是一定的，如果个别商品生产者无限制地增加劳动数量，不仅有可能导致边际效率下降，而且有可能引起生产过剩、供过于求，从而降低价值率。

既然价值率是可变的，价值率线就不可能总是一条与纵横两轴成 45°夹角的直线，图 3-2 描绘了价值率递减情况下的价值率线以及由此决定的个别劳动投入量的价值产出效应。

图中的 Au'_1 是原来的价值率线，Au'_2 是生产资料数量不变时追

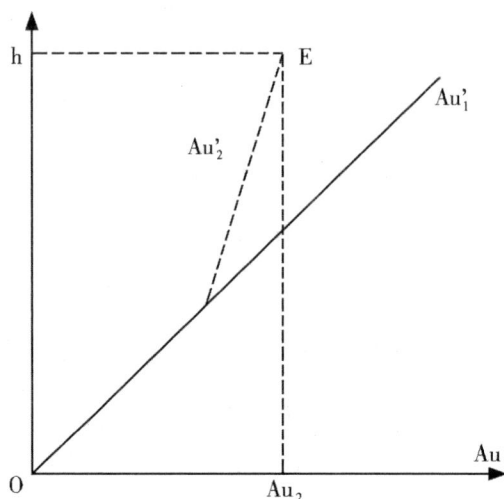

图3-2

加劳动的价值率线，其形状是一条渐渐偏离原价值率线向上弯曲并最终与纵轴并行的曲线，曲线向上弯曲偏离价值率线，说明价值率下降，弯曲说明边际价值率下降，最后与纵轴平行，说明边际价值率等于零，由曲线转为与纵轴平行线的拐点 E 的垂直点 Au'_2，是价值创造的最大点，与 E 相对应的 h 点，是劳动数量增加的极点，超过这一点，增加劳动不能增加任何价值。劳动增量的价值效应说明，价值与社会必要劳动时间成正比，不等于价值量与个别劳动时间成正比，个别劳动投入增加最终会受有限生产资料的约束，而降低其价值率并趋向于零。因此，劳动增量的价值效应是递减的。

据此，可以得出如下结论：

第一，价值量与社会必要劳动时间成正比，不等于价值量与个别劳动时间成正比。价值量要与个别劳动时间成正比，只有在个别劳动时间等于社会必要劳动时间即价值率为1的前提下才有可能。

第二，个别商品生产者受所支配的生产资料数量有限制约，即使他原来生产某种商品的个别劳动时间等于社会必要劳动时间，但随着个别劳动数量的增加，个别劳动所能使用的生产资料越来越少，生产单位商品所耗费的个别劳动时间将越来越多，其价值率将趋于下降并小于1。

第三，单个商品生产者个别劳动时间的价值率下降，必然导致增加个别劳动数量所带来的价值增量减少，当个别劳动增量带来的价值增量趋向于零时，增加个别劳动数量不可能增加价值，价值量不可能与个别劳动时间成正比。

可见，价值量与个别劳动时间成正比是有条件、受制约的。这也正是现实的商品生产者并不总是把增加劳动数量作为增加价值量的方法，有时甚至减少用工人员、缩短劳动者的劳动时间的根本原因所在。

2.2 相对价值及其实现条件

既然价值率是可变的，劳动数量增加带来的价值增量即绝对价值是有限的，以价值最大化为目的的商品生产者必然选择新的价值增量方法，提高劳动效率就是办法之一。

在劳动数量不变的前提下，商品生产者可以通过改善个别劳动条件、提高个别技术水平和个别劳动生产率，从而通过降低生产单位商品的个别劳动时间、提高个别劳动的价值率来增加价值量。由于这一价值增量是在个别劳动时间不变的前提下，通过提高个别劳动生产率，从而提高个别劳动的价值率，使同量个别劳动能够生产相对较多的价值产生的，故这种价值可以称之为相对价值。这一点我们可以用一个假设的例子来说明：假定社会生产一辆某种品牌汽车的价值或社会必要劳动时间为1000小时，原来某商品生产者生产一辆这种品牌的汽车所耗的个别劳动也是1000

小时，则价值率为 1。现在他提高了个别劳动生产率，生产一辆这种品牌的汽车只需个别劳动 800 小时，则其价值率 = 1000 小时社会必要劳动/800 小时个别劳动 = 1.25。也就是说，他只需耗费 800 小时个别劳动，就能生产相当于 1000 小时社会必要劳动的价值，即 800 小时个别劳动时间 × 1.25 价值率 = 1000 小时社会必要劳动。或者说，他耗费 1000 小时个别劳动，就能生产相当于 1250 小时社会必要劳动的价值，即 1000 小时个别劳动 × 1.25 价值率 = 1250 小时社会必要劳动的价值。

单个商品生产者提高个别劳动生产率和价值率，从而减少生产单位商品所耗费的个别劳动时间，不管其结果是使个别劳动时间等于、高于或低于社会必要劳动时间，对它来说，都是价值率的提高和价值量的增加，都创造了相对价值，见图 3 - 3。图中的

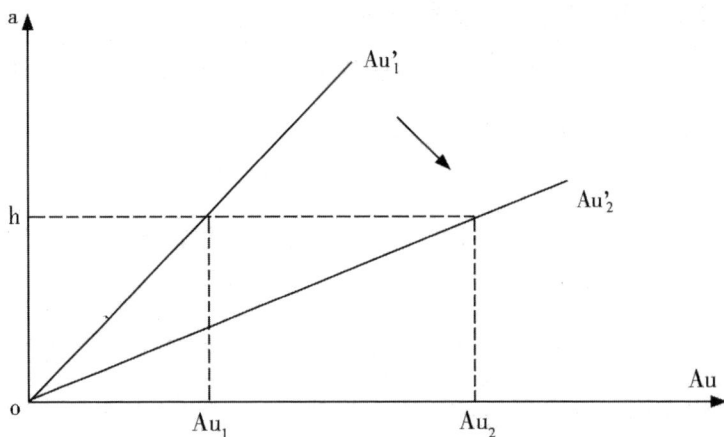

图3-3

Au'_1 是原来的价值率，Au'_2 是劳动生产率提高后的价值率，Oh 是不变的劳动时间，OAu_1 是劳动生产率提高前的价值量，Au_1、Au_2 是增加的价值量。

如果它原来生产 1 单位商品的个别劳动时间小于社会必要劳动

时间，价值率大于 1，劳动生产率提高后，必然进一步扩大个别劳动时间低于社会必要劳动时间的差距，进一步提高价值率，从而获得更多的相对价值，见图 3 - 4。

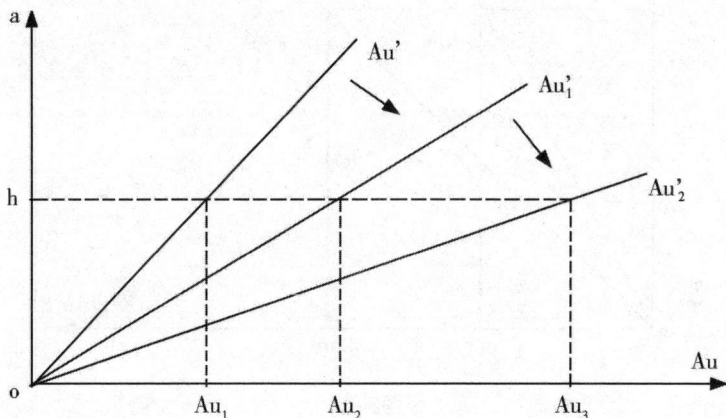

图3-4

图中的 Au' 为正常的价值率线，Au'$_1$ 是该商品生产者原来的价值率线，Au'$_2$ 是劳动生产率提高后的价值率线，Au$_1$、Au$_2$ 是该商品生产原来可获得的相对价值，Au$_2$、Au$_3$ 是劳动生产率提高后获得的相对价值。

如果它原来生产 1 单位商品的个别劳动时间大于社会必要劳动时间，价值创造率小于 1，劳动生产率提高必然缩小个别劳动时间高于社会必要劳动时间的差距，提高价值率，即使提高后的价值率仍然小于 1，在劳动时间不变的条件下，也可以增加价值。见图 3 - 5。图中的 Au'$_1$ 代表原来的价值率线，Au'$_2$ 代表现在的价值率线，Au$_1$、Au$_2$ 代表劳动生产率提高从而价值率提高增加的价值。

由此可见，从单个商品生产者来看，价值量不仅不会与个别劳动生产率成反比，而且会成正比，那些有利于提高个别劳动生产率的因素，也就是提高个别劳动价值率的因素，就是增加其劳

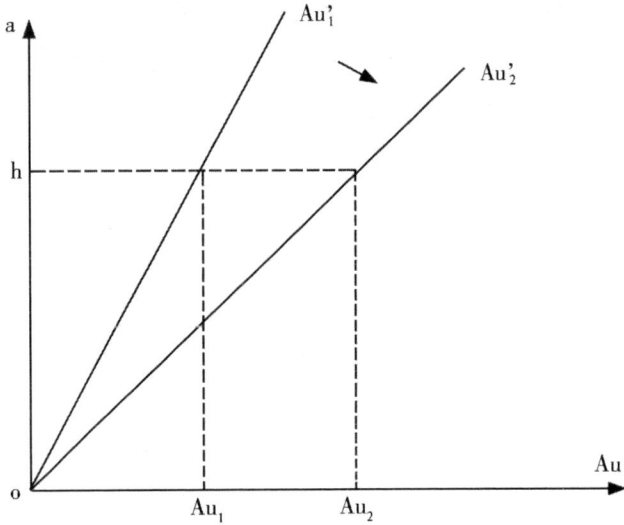

图3-5

动所能创造的价值量的因素。这些因素包括构成总体劳动的每个工人的劳动强度、熟练程度，劳动经验、劳动技巧；总体劳动过程的分工协作、社会结合、组织形式；科学技术及其在工艺上的应用；生产资料的规模和效能；以及自然条件等。因此，对于单个商品生产者来说，价值量也间接地是生产资料和科学技术的函数。

但是，提高劳动效率增加价值的分析，隐含着一个前提，即在个别劳动生产率提高的同时，社会劳动生产率不变。正因为如此，个别劳动生产率提高，能降低个别劳动时间、提高价值率。这样即使劳动数量不变也能增加价值量。实际上，正如个别劳动生产率可以提高一样，社会劳动生产率也可以提高，社会生产单位商品平均必要的劳动时间也会变短。在这种情况下，如果个别劳动生产率与社会劳动生产率同时按同一比例提高，价值率不变，相对价值不能形成；只有当个别劳动生产率提高的幅度高于社会劳动生产率提高的幅度时，价值率才会提高，相对价值才会产生。

2.3　配置价值的产生及路径

我们在分析绝对价值和相对价值时，一直假定单个商品生产者总是生产某种产品，如汽车或上衣。因此，他在生产汽车或上衣的过程中无论是增加劳动时间、还是提高劳动效率，总会受到诸多因素限制，有时生产要素供应紧张或价格上涨；有时规模扩大，管理难度增大或成本上升；有时社会需求发生变化，这种商品的市场需求萎缩，产品供过于求。凡此种种，都有可能使这种劳动变化带来的价值增量边际递减，甚至趋向于零。也就是说，在这种情况下，不论是增加劳动数量，还是提高劳动效率，都不能增加价值。

当然，始终以价值最大化为目的的商品生产者不会作茧自缚、吊死在一棵树上，不断寻求新的增值和获利机会是每个商品生产者的本能和天性。

实际上，商品生产者的生产可能性，不会是一个固定不变的点，而是由一系列产品和产品组合构成的生产可能性曲线。生产汽车的机器厂房设备甚至原料、燃料、辅助材料等，未必只能生产汽车，稍加改造完全有可能用来生产其他机械产品，即使只能生产汽车，也可以用来生产不同款式、不同品牌和不同品种的汽车。同样，汽车工人的劳动也有很强的适应性，既有岗位调整的可能，也有工种调整的可能。同样的生产要素可以生产不同的产品，同样的产品可以由不同的生产要素生产，决定了商品生产者生产的多种可能性。

商品生产者有多种生产可能性，他可以而且能够生产各种不同产品，但他生产不同产品的价值率受主观条件和客观因素影响有高低之分。一方面，受社会客观条件制约，他所生产的不同商品会有不同的社会必要劳动时间，从而会有不同的价值量；另一方面，受他自己的主观条件限制，他生产不同商品所耗费的个别劳动时间也不相同。因此，他生产不同商品的社会必要劳动时间和个别劳动时间的比率也不相同，用同量劳动生产不同产品可能有不同价值收益，或者说，生产同量价值要耗费不同的个别劳动量。例如，我们假定某商品生产者有生产汽车、拖拉机和机床三种可能性，其中汽车的价值即社会必要劳动时间为 10000 小时、个别劳动时间为 12000 小时，拖拉机的价值即社会必要劳动时间为 4000 小时、个别劳动时间为 3200 小时，机床的价值即社会必要劳动时间为 2000 小时、个别劳动时间为 2000 小时，则生产汽车的价值率 = 10000/12000 ≈ 0.83，生产拖拉机的价值率 = 4000/3200 = 1.25，生产机床的价值率 = 2000/2000 = 1。

因此，商品生产者可以在生产可能性曲线上，通过放弃生产价值率低的产品，选择生产价值率高的产品，而增加价值。由于这种价值增加是在劳动时间、劳动效率不变的条件下，通过劳动的优化配置实现的，故可称之为配置价值，见图 3 - 6。

图中的 Au'_1、Au'_2、Au'_3 是某商品生产者可以生产的三种产品的价值率线，h 是不变的劳动时间，OAu_1、OAu_2、OAu_3 是它用同量的劳动生产不同产品，所能创造的价值的三种可能性，当该商品生产者放弃 Au'_1 产品，生产 Au'_2 产品时，同量劳动可以创造的价值增加 Au_1、当它又放弃 Au'_2 产品生产 Au'_3 产品时，同量劳动又可增加 Au_2。

显然，商品生产者在自己的生产可能性曲面内，放弃价值率低的产品，选择价值率高的产品，就有可能实现个别劳动创造价

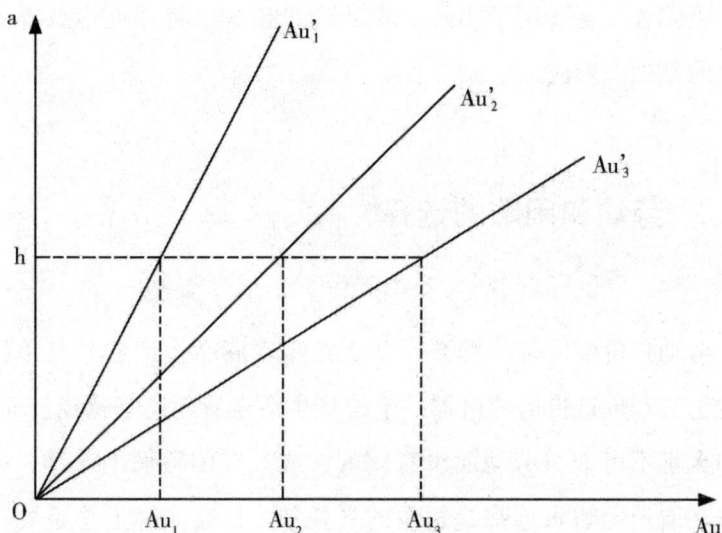

图3-6

值的最大化。不仅如此，由于单个商品生产者为了获得同量价值可以有多种产品选择，且生产不同产品所消耗的个别劳动量又不一致，因此，他也可以通过放弃那些个别劳动消耗高的产品，选择那些个别劳动消耗低的产品，而在价值效果不变的前提下，降低成本，提高经济效益。在这里，我们实际上看到了企业内部决策、协调、管理等的价值效应。

综上所述，从单个商品生产者的价值生产来看，价值量不仅是个别劳动量的函数，而且是个别劳动效率和个别劳动配置的函数。在其他条件具备的情况下，增加劳动量、提高劳动效率、优化劳动配置，可以增加价值量。当然不管是绝对价值，还是相对价值和配置价值，本质上都是以劳动为源泉的，它们都是劳动创造价值的不同方法。尤其值得注意的是，我们对劳动创造价值上述方式的研究及其结论，始终蕴含了一系列假设条件，尽管这些假设对分析问题、追索规律必不可少，但由此得出的结论未免抽

85

象。更完善、更适用于实际操作的理论模式，将在逐步放弃这些假设的基础上形成。

3. 劳动和闲暇的选择

劳动是价值的唯一源泉，并不意味着商品生产者只是单纯劳动的工具和创造价值的机器，不论从生活来看，还是就经济而言，任何人都不可能只劳动而没有闲暇，或只有闲暇而不劳动，终结工作和取消闲暇永远都是想象的乌托邦。社会实际上总是处在劳动和闲暇的矛盾运动之中，不是要么劳动、要么闲暇两个极端的选择，而是在劳动和闲暇之间孰多孰少如何配置的权衡。

3.1 闲暇的含义和特点

从纯粹语义学意义上说，闲暇是指人们不需要工作和没有事情要做、可以悠然消闲的时间过程。但人们没有"必须做的事情"的时间，并不是"不做事情"的时间。准确地说，闲暇是人们在参加或完成了社会规定的劳动和一定的家务劳动之外完全由个人自由支配的空闲时间，是不被生产劳动吸收而用于娱乐和休息，是为劳动者的自由活动和发展开辟广阔天地的空余时间，是劳动者用于消费产品和用于从事自由活动的时间。也就是说，人们在闲暇时间中所从事的一切自由活动，就是闲暇活动。杜马泽德曾给闲暇下了一个定义："所谓闲暇，就是当个人从工作岗位、家庭、社会所赋予的义务中解放出来的时候，为了休息，为了散心，或者为了培养并无利害关系的知识和能力，自发地投身社会，发挥自由的创造力而完全随意进行的活动的总体，是个人没有必须做的事情因而最感到自由和最能表现个性特点的时间。"① 根据以上对闲暇含义的界定,我们可以发现闲暇自由性、个人性、情感性三个基本特性。

闲暇是与劳动相对应的社会经济范畴。劳动不论是社会劳动,还是家庭劳动,都是社会分工和家庭分工的结果,都具有一定的社会他律性和强制性,都不是那么自由的。马克思、恩格斯指出:"当分工一出现之后,每个人就有了自己一定的特殊的活动范围,这个范围是强加于他的,他不能超过这个范围:他是一个猎人、渔夫或牧人,或者是一个批判的批判者,只要他不想失去生活资料,他就始终应该是这样的人。"② "社会活动的这种固定化,我们本身的产物聚合为一种统治我们的、不受我们控制的、与我们愿望背道而驰的并且把我们的打算化为乌有的物质力量,这是过去历史发展的主要因素之一。"③ 而闲暇则使人们从社会和家庭所赋予的义务和责任中解脱出来,不再需要扮演老板与员工、领导与群众、厂商与顾客等社会角色和妻子与丈夫、父母与子女、长辈和晚辈等家庭角色,也不再需要承担相应的义务和责任。在闲暇时间里,人们的思想是自由的、行为是自主的、活动是自发的、心态是自在的,天性可以得到自由的发散和挥洒,个性可以得到最大程度的释放和张扬,身心可以得到最好的补偿和休养,使人们在劳动生产过程中消耗的体力和脑力得到恢复和补偿,其自由

---

① 参见日本荫山庄司:《现代青年心理学》,上海翻译出版公司 1986 年版,第 93 页。

② 《马克思恩格斯全集》第 26 卷,第三分册,人民出版社 1973 年版,第 280 页。

③ 《马克思恩格斯全集》第 26 卷,第三分册,人民出版社 1973 年版,第 281 页。

性是家庭劳动和社会劳动所不能比拟的。

　　分工是劳动、工作社会化的结果。在社会劳动中，人们的劳动总是处于一定分工系统中的不同个人的劳动，这种劳动构成了一个相互联系、相互制约、相互影响的社会共同活动整体，是社会总体劳动的构成因子。在家庭劳动中，人们作为家庭的一员，其劳动也是家庭劳动这个集合体中不可分割的组成部分。因此，人们在社会和家庭中的劳动都是一种集体性的活动、社会性的行为。在这种集体性的劳动和社会性的行为中，个体都必须超出纯私人性的愿望和意志，遵循群体活动所形成和约定的纪律、程序和规则，保持与群体规范的一致性、统一性，即自觉遵守国法、厂纪、家规。在这里，个人性必须服从集体性和社会性。相反，闲暇则为个体对社会劳动和家庭劳动所要求的集体性、社会性规约的反叛和从中解放出来提供了可能。闲暇具有鲜明的个体性和私人性的特点，正如荫山庄司在分析杜马泽德的闲暇定义时所说的，闲暇具有"个人自觉地积极地花费的主体时间"的意义。在闲暇时间里，个人不但是自己闲暇活动的参与者，它的价值的承受者、消费者，而且是它的设计者和它的结果的评判者。因此，在闲暇时间里，人相对地脱离了集体和社会，成了不受约束的"自由人"，并因此而最充分自觉地体验到、认识到自己是自己的主人。当然，闲暇的个人性不能理解为绝对的自由和纯粹的个性。闲暇的主体并非没有星期五的鲁宾逊，他不可能游离社会，也不可能摆脱家庭，寂寞嫦娥只生活在想象的月宫之中。闲暇离不开伙伴，鲁宾逊和嫦娥也有星期五和吴刚相伴，只不过这些伙伴的组合更具自由选择的性质而已。

　　人是有感情的动物。人在社会劳动和家庭劳动中总伴随着友情、亲情、爱情，有些社会角色和家庭角色甚至具有鲜明的情感色彩，如慈善、公益、社工等。但从总体上看，人的社会分工和职业角色更主要的是蕴含和体现了一种客观的社会性的要求，它更多地涉及人的理性、义务和责任，更多地具有一种他律和强迫的性质。因此，这种情感实际上是理性的情感、职业的情感、角色的情感，或者说是一种社会性情感，而不是人的自由的、个性化的情感。严格地说，人们在社会劳动和家庭劳动中所要求和所应当体现和实现的情感，往往是对个人情感的抑制和扬弃。而在闲暇生活中，人们的情感需求有可能挣脱社会的羁绊、道德的枷锁和伦理的束缚，获得最大程度的释放，得到最大程度的满足。人们可以按照自己的兴趣、爱好和需要，脱下理性的厚靴，步入情感的伊甸园。在情感的伊甸园里，精神自由、洒脱、放松，彰显着自然的皈依、生命的意义、健康的活力、幸福的价值和创造的机会，这恰恰是劳动的本真，或者说，是劳动的最终归宿和生命母体，也是人自身全面发展的条件和路径。

3.2 闲暇的经济价值

有关闲暇意义和价值的论述，我们可以追索到久远的历史、丰富的文献。在西方，亚里士多德《政治学》就把闲暇视为重要的，甚至高尚的概念，它的含义并不是无所事事，纯粹玩乐，而是一种自由的、有意义的活动。在中国，也有人把敬德修业与休闲游乐结合起来，主张"藏、修、息、游"，强调"读万卷书，行万里路"。这些思想实际上都可视为近代启蒙主义思想家洛克、斯宾塞等的"闲暇教育论"的思想来源。但闲暇的意义和价值绝不仅仅是社会学和教育学上的，更重要的是经济学上的。马克思历来认为，经济就是节约。节约从广义上来说，既是物质资料的节约，更是活劳动时间的节约，归根到底都是劳动时间的节约。而节约劳动时间等于增加闲暇时间或自由时间。正是闲暇时间和自由时间的增加，才使个人得到充分发展的时间，而个人的充分发展又作为最大的生产力反作用于劳动生产率。在这里，马克思把自由时间的增加、人的充分发展和劳动生产率的发展密切联系起来，揭示了闲暇时间对人和社会发展的意义、对劳动生产率和经济发展的意义。不仅如此，马克思还肯定"财富就是可以自由支配的时间"是一个"精彩的命题"①，并断言"自由时间，可以支配的时间，就是财富本身"②。归纳上述观点，我们不难领悟，闲暇至少有如下价值：

第一，闲暇是劳动创造价值的必要条件。劳动是劳动力的消费和使用，作为价值唯一源泉的劳动要永不枯竭，就要持续地再生产出劳动力。劳动力或劳动能力，只是作为活的个体的能力而存在，每当人生产某种使用价值时就运用的体力和智力的总和。因此，劳动力的生产要以活的个体的存在为前提，并以这个个体本身的再生产或维持为基础。活的个体要维持自己，需要有一定量的生活资料，以补偿劳动力的消耗，使劳动者能恢复自己的体力和脑力，使劳动者像任何活的个体一样，依靠繁殖使自己永远延续下去。不仅如此，劳动力的再生产和维持还要改变一般的人的本性，即要通过教育或训练使其获得一定劳动部门的技能和技巧，成为发达的和专门的劳

---

① 《马克思恩格斯全集》第 26 卷，第三分册，人民出版社 1973 年版，第 281 页。

② 《马克思恩格斯全集》第 26 卷，第三分册，人民出版社 1973 年版，第 282 页。

动力也要有一定的休息时间，以恢复体力和劳动能力。机器的金属材料和零构件在交变载荷重复作用下受循环应力或循环应变影响尚且会出现疲劳破坏，作为活的有机体的人的劳动力如果无休止地耗费更会出现"过劳死"。显然，劳动者消除疲劳和恢复体力、脑力，不仅要消耗一定的生活资料，而且要有闲暇时间。这也是通过绝对延长劳动时间创造的绝对价值总是有限、通过提高劳动生产力在不增加甚至减少劳动时间的情况下创造相对价值愈益重要的原因之一。

第二，闲暇是提高劳动价值率的重要手段。劳动是价值的唯一源泉并不意味着价值量总能与单个劳动者劳动时间的延长成正比例。即使进行劳动所需的物质条件都具备，个别劳动的效率也会随劳动时间延长而出现边际递减趋势。边际生产效率递减是德国经济学家杜能首先提出、美国经济学家克拉克加以发展的经济学范畴。这一范畴揭示了如下规律：当劳动量不变而资本（生产资料）相继增加时，每增加一个单位资本所生产的产量或价值依次递减，即资本的边际生产率递减；同样，当资本不变而劳动量相继增加时，每增加一个单位劳动所生产的产量或价值也会依次递减，即劳动的边际生产率递减。从客观因素看，导致劳动边际生产率下降的原因，在于单个劳动者所能支配和使用的生产资料是有限的，随着劳动时间延长，他所能支配和使用的生产资料会越来越少，劳动的生产率也就会越来越低。从主观方面看，在于单个劳动者劳动效率与劳动者劳动的兴趣、热情、精力密切相关。一般来说，劳动时间越短，劳动者的劳动兴趣越大、热情越高、精力越旺盛，劳动的生产效率就会越高；相反，劳动时间越长，劳动者的劳动兴趣则越小、热情越低、精力越衰退，劳动的生产效率就会越低。从这个意义上说,适当增加单个劳动者的闲暇时间,相应缩短其劳动时间,可以保持其劳动精力、提高其劳动兴趣、激发其劳动热情,提高其单位劳动时间的生产效率。而提高个别劳动生产率在其他情况不变的条件下将提高个别劳动的价值率,进而提高单位劳动时间创造的价值量。

第三,闲暇是人类财富的特殊形态。闲暇并非只是为了更好地劳动,闲暇的价值也不是单纯体现在它对劳动生产力发展所具有的促进作用上。从更深层次和更广范围来看,闲暇就是财富,闲暇是衡量经济价值的重要标尺。马克思认为"偷窃他人的劳动时间"对于我们的财富计算而言是一个蹩脚的依据,我们应该用闲暇时间而不是工作时间来测算财富。他根据当时的一些资料,认为"一个国家只有在劳动6小时而不是12小时的时候,才是真正富裕的"①。原因之一在于,闲暇时间的增加,往往是以劳动效率的提高,从而单位劳动时间所创造的物质财富和使用价值增加为前提的。正因为如此,一个国家为生产满足社会需要的物质财富的劳动时间的缩短和闲暇时间的增加,既是社会劳动生产率提高的结果,也是同量劳动相较过去而言所创造的物质财富增加的表现。或者说,一个真正富裕的国家和社会,是以较少的社会劳动时间生产较多满足社会需要的物质财富的国家和社会,从而也是拥有更多闲暇时间的国家和社会。原因之二在于,正是由于社会闲暇时间的增加,与闲暇相适应的产业、企业和业态也兴旺发达起来,这就创造出了与物质财富既相联系又有区别的闲暇财富。

---

① 《马克思恩格斯全集》第26卷,第三分册,人民出版社1973年版,第276~282页。

英国利物浦大学社会学教授、曾任世界休闲研究委员会主席和国际社会学协会休闲研究委员会主席的肯·罗伯茨，通过《休闲产业》这部专著对休闲产业所涉及的各个方面进行了相当详细的和深入的讨论，既展示了以人们的休闲需求为目标，以旅游业、娱乐业、服务业、健身产业和文化传播产业为主体而形成的休闲产业在现代产业结构中的特殊地位和广阔前景，也凸显了闲暇财富的巨大价值。美国休闲科学研究院的格兰代尔 1992 年就指出，1990 年美国休闲产业的直接就业人员占到全部就业机会的 1/4，间接就业甚至占到了 1/2。根据美国杰弗瑞·戈比教授的预测，未来休闲的中心地位将进一步加强，休闲产业的从业人员将占全社会劳动力的 80%～85%。1990 年全美国消费者在娱乐性商品和服务方面总共花掉了 2800 亿美元，占全部消费开支的 7%，但这只是全部休闲消费的一小部分。据一些专家估计，实际上用于交通运输方面的 4580 亿美元中，有三分之一以上花在了休闲旅行上；在机动车运行里程数上，也有三分之一的行程是休闲的产物；在飞机上有 60% 的乘客是在做休闲旅行；用在住房、服装、餐饮和教育方面的消费开支中，也会有相当可观的一部分可以划入休闲开支。如果把上述开支加起来，用于休闲的花销会轻松地超过 10000 亿美元，大约占美国人当时全部消费支出的三分之一。显然，休闲已成为美国第一位的经济活动。尽管闲暇并不完全等同于休闲，闲暇就是财富的含义也并非就是指休闲产业成为了现代支柱产业，但正是由于人们需要闲暇和休闲消费，休闲产业才有存在的价值和意义。正如本杰明·迪斯雷利所言："日益增长的财富与日益增长的安逸为人类带来文明。""财富的增长和闲暇的增加是人类文明的两大杠杆。"

3.3　劳动和闲暇的均衡

闲暇与劳动是一枚硬币的两面。劳动是神圣的，劳动创造价值；闲暇是宝贵的，闲暇就是财富。闲暇是劳动的条件，劳动是闲暇的基础。现实经济生活的抉择，实际上是在劳动和闲暇之间寻求最佳均衡点以实现两者最优配置的抉择。

西方微观经济学通常用劳动闲暇模型解决劳动和闲暇的抉择问题。他们认为劳动的报酬是工资，而工资又是闲暇的机会成本。当工资上升时，人们一方面会倾向于增加劳动供给，用劳动来代替闲暇，这是高工资给人们的激励，被称为替代效应；另一方面，工资上涨，人们每小时所得的劳动报酬就会相应增加，同样的劳动时间人们有了更多的钱，又会倾向于减少劳动供给去享受更多的闲暇，被称为收入效应。人们就是在这两种效应的博弈中实现着劳动和闲暇的抉择和最优配置。

这一看起来颇有几分道理的模型，仔细分析起来还是存在几处问题。从决策主体来看，究竟是劳动者、还是厂商，界定不是很清楚，而不同主体在决策过程中需要考虑和会考虑的因素并不完全一致，最终作出的决策也会大相径庭。例如，劳动者也许会随工资变动调整劳动和闲暇的构成比例，而资本所有者面对工资变动的反应则是调整资本和劳动的构成比例。从决策的依据来看，单纯考虑工资在劳动和闲暇中的作用，即使仅仅从经济的角度而言也是不完全的，劳动者选择劳动还是闲暇，除了工资因素外，职级升迁、个人成长等往往也是重要的决策考量，何况工资是劳动力价值的货币表现，有实际工资和名义工资之分，很容易产生货币幻觉。从决策的方法看，即使排除货币幻觉，仅以工资作为唯一考虑因素，我们需要进一步解决的也不只是工资变动对劳动和闲暇的影响，而是什么样的工资水平才能使劳动者的劳动和闲暇处于均衡状态，以及如何才能实现劳动和闲暇的最优配置。

基于这样的考虑，我们暂且假定劳动和闲暇的决策主体均为生产财富的价值收益全部归自己所有的劳动者，排除资本所有者的影响和干扰，而从事劳动的直接目的是创造尽可能多的价值收益，且价值收益直接表现为凝结在商品中的社会必要劳动时间，以消除工资带来的货币幻觉和物价变动带来的影响。这样，劳动者在劳动和闲暇之间的抉择和配置，也就可以以劳动和闲暇为自变量，价值收益为因变量，分析三者之间的函数关系及变动趋势，从中确立最优配置准则。

价值是劳动的产物，价值也是劳动的凝结。在其他因素不变的情况下，价值收益与劳动量成正比例，即劳动量增加，价值收益量增加；劳动量减少，价值收益量减少。而闲暇是劳动的反面，人的时间有限，增一分劳动，少一分闲暇；增一分闲暇，少一分劳动。因此，一般来说，价值收益同劳动成正比，而与闲暇成反比。但如果进一步考虑劳动和闲暇的相互作用，上述结论必须修正。

首先，假定劳动者的所有时间均为劳动时间，休闲时间为零。在这种情况下，劳动者的绝对劳动时间增加了，似乎其创造的价值和获得的收入也应当相应增加。但实际情况是，劳动者全部时间都用于劳动并不必然增加其劳动所创造的价值收益。相反，因其所有时间都成为了劳动时间，就会缺乏必要的休闲时间和休息时间。一方面，任何一个劳动者只劳动无闲暇，将无法恢复其体力和智力，从而无法弥补劳动力的消耗、维持劳动力的再生产、实现劳动的可持续性，甚至会突破劳动者的生理极限，让劳动者付出生命的代价。另一方面，任何一个劳动者如果只劳动、无闲暇，最终也会出现边际劳动生产率递减趋势。如果新增劳动的效率越来越低，创造的价值越来越少，最后为零甚至为负，这些劳动就会成为多余劳动、无效劳动、负效劳动。这种劳动的不经济性和不可持续性，会迫使劳动者将其全部时间的一部分转化为休闲时间或休息时间。

其次，假定劳动者的全部时间均为休闲时间，劳动时间为零。在这种情况下，劳动者只是纯粹的休闲者，也是纯粹的消费者，他不创造价值，不带来价值收益，当然也不生产消费资料。这样，他既不能满足自身的生存需要，实现自身的再生产，也缺乏使自己的全部时间都变为休闲时间的条件。从这个意义上说，终结劳动和取消休闲的乌托邦只存在于抽象的理论假设之中，正如不可能将劳动者的全部时间都用于劳动一样，也不可能将劳动者的全部时间都用于休闲。劳动者现实的休闲时间，只能是劳动者为实现劳动力再生产和满足自身生存发展享受需要所必需消耗的劳动时间之后的时间。这一时间与劳动者为实现劳动力再生产和满足自身生存发展享受需要所必需消耗的劳动时间成反比，与劳动生产力成正比。也就是说，劳动者为满足劳动力再生产和自身生存发展享受需要所需的生活资料的品种数量越多、质量越高，所需付出的劳动时间越多，休闲时间就会越少；相反，劳动生产力越高，生产同样品种数量和质量生活资料所需耗费的劳动时间越少，劳动者用于休闲的时间就会越多，消除那些艰苦、乏味和令人不快的劳动时间与增加那些劳动者可以自由支配的闲暇时间的可能性也就会越大。这正是马克思反复强调的技术和科学在现代经济中的关键性作用的根本原因。

最后，综合上述两个方面的分析，我们可以得出两个规律性的结论。一是从劳动者劳动的角度说，劳动者的劳动时间应以边际劳动等于边际价值为均衡点。也就是说，如果劳动者增加劳动时间所创造的价值量大于劳动的消耗量，即社会必要劳动时间大于个别劳动时间，说明个别劳动生产率高于社会劳动生产率，那么，增加劳动时间是有效率的或是经济的，从而劳动者应当增加劳动时间，减少闲暇时间；如果劳动者增加劳动时间所创造的价值量小于劳动的消耗量，即社会必要劳动时间小于个别劳动时间，那么增加劳动时间不足以弥补劳动消耗，是低效率的、无效率的、不经济的，从而劳动者应该增加闲暇时间，减少劳动时间；如果劳动者增加劳动时间所创造的价值量刚好等于劳动的消耗量，个别劳动生产率等于社会劳动生产率，个别劳动时间等于社会必要劳动时间，则增加劳动会降低效率，减少劳动会减少收入，这时，应当以劳动时间和闲暇时间均不增不减为好。二是从劳动者闲暇的角度说，劳动者的闲暇时间应以边际闲暇时间等于边际价值收益为均衡点。一方面，当增加闲暇时间能提高劳动生产率，以至于由增加闲暇时间、减少劳动时间所带来的价值损失完全可以由提高劳动生产率所增加的价值弥补时，这种闲暇是经济的、有效率的、合算的；反之，当增加闲暇时间不能提高劳动生产率，或者由增加闲暇时间、减少劳动时间所带来的价值损失不能通过提高劳动生产率所增加的价值弥补时，这种闲暇是不经济、无效率和不合算的。另一方面，劳动者的闲暇时间，也不能突破劳动力再生产的限制。只有当闲暇时间的增加，不至于使劳动时间减少到无法生产维持劳动力再生产所需要的生活资料的程度时，才是可接受的。也就是说，闲暇时间的增加，要足以保证有足够的劳动时间，不断生产出劳动者生存、发展和享受所需的生活资料，不断创造出维持劳动力再生产所需的价值，从而使劳动者能够获得维持其生存、发展和享受需要所必要的报酬和收入。只闲暇、不劳动虽然美好且诱人，但只是水中月、镜中花，是想象的乌托邦，是乌有之乡。如果说"自由王国只是在由必需和外在目的规定要做的劳动终止的地方才开始"① 的话，那么，至少到目前为止，自由王国远未到来，工作远没有终结，闲暇也相当有限。

---

① 《马克思恩格斯全集》第25卷，人民出版社1972年版，第926页。

第4章

生产资料的价值功能及其效应

> 生产资料不仅是劳动创造价值的条件，也是影响劳动创造价值的重要因素。
>
> ——作者

　　劳动是价值的唯一源泉，只有劳动才能创造价值。但创造价值的抽象劳动始终是以创造使用价值的具体劳动形态存在的，任何形式的具体劳动都离不开劳动对象和劳动手段，创造价值的抽象劳动也离不开生产资料。严格地说，生产资料不仅是劳动创造价值的条件，也是影响劳动创造价值的重要因素。本章的研究任务就是探讨生产资料的价值功能，分析生产资料的价值效应，追索生产资料价值效应的经济边界和条件。

1. 生产资料的历史演变及其原因

在影响劳动创造价值的诸多因素中，生产资料是最直观、最现实、也是最重要的因素。农民离不开土地、耕牛、农具、种子、化肥和农药，工人也需要机器、厂房、设备、原料、燃料、辅助材料，即使是最原始、最古老的劳动，也依赖经过简单打磨的石器工具。生产资料从最一般、最抽象的意义上分析，无非是劳动资料和劳动对象的组合。现实的劳动过程就是劳动通过劳动工具借助劳动资料作用于劳动对象使其发生性质、形态、位置变化以满足人们的物质文化生活需要的过程。生产资料和劳动的历史一样悠久，生产资料的形态和劳动的形态一样古老。

1.1 劳动资料演变的形态

广义的劳动资料泛指劳动过程中除劳动对象以外所必需的一切物质条件。其中包括直接把劳动传导到劳动对象上去的劳动工具或工具机和间接为劳动发挥作用创造条件的其他物质资料，如土地、道路、管道、生产建筑物等。在人类社会漫长的历史进程中，各种经济时代的区别，不在于生产什么，而在于怎样生产，用什么劳动资料生产。劳动资料不仅是人类劳动力发展的测量器，而且是劳动借以进行的社会关系的指示器。在劳动资料中，机械性的劳动资料比那些只是充当劳动对象容器的劳动资料（如管、桶、篮、罐等）更能显示一个社会生产时代的具有决定意义的特征，前者是经济活动依以进行的手段，后者是经济活动得以开展的条件，两者缺一不可。在现代化经济活动中，道路、供水供汽供风的管道、仓库等基础设施，往往成为"兵马"未动的先行"粮草"。

人类社会的发展过程，从生产工具演变的形态来看，大体可概括为"自然产生的生产工具"①、加工而成的生产工具、有机组合的生产工具和自动控制的生产工具。

人类最初的生产工具是"自然产生的生产工具"。那时，人类刚刚从自然界走来，还生活在大自然的襁褓之中，还没有切断与自然界的脐带，其生产活动是最自然、最简单的生产活动，他们不仅直接享受自然的恩惠，而且完全依托于人的自然天赋。这也就是马克思所说的劳动"首先是人和自然之间的过程，是人以自身的活动来引起调整和控制人和自然之间的物质变换的过程。人自身作为一种自然力与自然物质相对立"②。正因为如此，马克思把人类早期的生产工具称为"自然产生的生产工具"，如自然的石块、自然的树枝等。在这种情况下，每个人都受自然界支配，财产（地产）也表现为直接的、自然产生的统治，从而具有纯粹"自然"的性质。

人类最具标志意义的生产工具，是改造和加工自然产生的生产工具，即加工而成的生产工具。人类在发展和成长中既依赖自然，也改造自然，加工而成的生产工具包括石器工具、铜器工具、铁器工具等，这是人类依赖和改造自然的结果，也是人类真正开始走出自然、成为独立自在的经济主体的标志。从此，人类有了真正打上自身烙印的东西，并通过它逐渐改变着自然的本来面目，

---

① 《马克思恩格斯选集》第 1 卷，人民出版社 1972 年版，第 71 页。
② 《马克思恩格斯全集》第 23 卷，人民出版社 1972 年版，第 201~202 页。

也改变了人本身。产业革命以前，劳动资料是以手工工具（石木工具或金属工具）为主的。

人类最具创新意义的生产工具，是有机组合的生产工具，即机器。产业革命以来，劳动资料以机器为主体。所有发达的机器不是工具的堆积和简单相加，而是由三个本质上不同的部分组成：发动机、传动机、工具机或工作机。这种有机组合，不仅能够完成人工无法完成的作业，也打破了由人直接使用和操作的限制，"同一工作机同时使用的工具的数量，一开始就摆脱了工人的生产工具所受的器官的限制。"① 而发动机和传动装置的出现，则进一步取得了独立的、完全摆脱人力限制的形式。在这里，生产工具才真正可以说不再是自然的恩惠和天赋，而成为人的独特创造。

人类最值得自豪的生产工具，是自动控制的生产工具，即自动化生产和无人工厂。第二次世界大战以后，一些发达国家出现了由各种机械、精密仪表、电子计算机、人工智能、传动装置等有机组成的自动生产系统。这种自动控制的生产工具形成的自动生产系统也叫自动化工厂或无人工厂，是指全部生产活动由电子计算机进行控制，生产命令和原料从工厂一端输进，最后从工厂另一端输出产品，所有工作都由计算机控制的机器人、数控机床、无人运输小车和自动化仓库来实现，人不直接参加工作。特别是随着信息化的发展和互联网、物联网、云计算、大数据时代的来临，生产过程的能源动力系统、自动控制系统、整个社会的运输系统和信息传递系统的整合互动日趋强化，使生产工具更充分地展示了人类的智慧和力量。

---

① 《马克思恩格斯全集》第23卷，人民出版社1972年版，第411页。

1.2　劳动对象演变的趋势

劳动对象是人们在物质资料生产过程中利用劳动资料将劳动加于其上的一切东西，是形成生产力不可缺少的因素，现实生产力是劳动者、劳动资料和劳动对象三者交互作用的产物。劳动对象和劳动资料，是按照它们在劳动过程中所处的地位和所起的作用来区分的，两者可以在一定条件下相互转化。有的东西，在一种场合是劳动资料，在另一种场合是劳动对象。如牛在耕地时是劳动资料，而当它在屠宰场被宰杀时便成了劳动对象。生产力的发展过程，是劳动和生产资料的发展过程，也是劳动资料和劳动对象的发展过程。劳动对象的发展过程概括起来说是从地表的劳动对象到采掘的劳动对象、从采掘的劳动对象到加工的劳动对象、再从加工的劳动对象到合成的劳动对象的过程。

最初的人类劳动首先面对和接触到的劳动对象，是地球表面那些人们看得见、摸得着、感觉得到的东西，这些东西包括人们要依靠双手采集的野生植物（如野菜、果实、根茎）和动物（如水域中的鱼虾及森林中禽兽）。与此相适应，那些能够成为劳动工具的劳动对象也是地球表面现存的石块和树枝等，这就有了所谓采集经济、渔猎经济和旧石器时代、新石器时代，等等。随着石器工具的进步及其种类的增多，骨制鱼叉和投矛器的制造，特别是弓箭的发明，采集经济和渔猎经济逐渐为原始农业和畜牧业所取代，刀耕火种的土地、森林，长期筛选获得的适宜耕种的稻、粱、菽、麦、黍、稷，经过驯化和圈养的马、牛、羊、鸡、犬、豕，开始成为新的劳动对象。尽管这种劳动对象已经有了人化的特征和属性，但就其外观形状和生物特征而言，仍是地球表面的动物和植物。而采掘业的出现使劳动对象由地表的动物植物转向地下的金属和非金属矿藏，如煤炭、铁矿、石油与天然气、化学矿物等各种原料、燃料，尽管这些成为劳动对象的矿物仍是自然界的天然物质，但它已经不再是那些地表上看得见、摸得着、感觉得到的东西，而是经过采掘才能得到的东西。不仅如此，严格地说，由此形成的产业也由农业、畜牧业开始向工业迈进。这是劳动对象发展的一个重大转变。

由采掘的劳动对象转变到加工的劳动对象是劳动对象的根本转变。这种转变的结果是没有经过人类劳动加工的自然界现存的劳动对象（如水域中的鱼类、原始森林中的树木、地下的矿石等）被人类劳动加工过的劳动对象所取代（如铜、铁、锡等金属物品，橡胶、纤维等非金属物品）。一方面，它们虽然是通过对自然物品冶炼加工的产物，从而具有自然的天性，但从外观形状和物理化学属性来看，是自然界不能或者很难直接找到的东西；另一方面，冶炼和加工的发展本身就意味着工业的崛起，标志着第一产业发展到第二产业。当然，这种转变经历了一个漫长的历史过程，只有当手工工业真正被现代机器大生产所取代，采掘的劳动对象被加工的劳动对象所取代才最终完成。

劳动对象的演变不仅是一个由表及里、由少到多的发展过程，也是一个无中生有的过程。加工的劳动对象已经具有了农业、畜牧业和采掘业劳动对象完全不同的外观形状，前者是自然界已有和既存的东西，后者则是对自然界已有东西冶炼、加工的结果，从而是改变了的自然的东西。随着现代科学技术的发展，人们不仅在改变自然，也在创造自然。合成材料和新材料产业的发展给人们提供了全新的劳动对象。合成材料又称人造材料，是人为地把不同物质经化学方法或聚合作用加工而成的材料，如化肥、化纤、农药、塑料、合金（部分合金）等。塑料、合成纤维和合成橡胶号称 20 世纪三大有机合成材料。当代新材料革命和生物工程的兴起，使人们有了更多、更新、更广泛的新型劳动对象。例如，用工程塑料代替某些金属制造许多产品、用新的陶瓷材料制造发动机、用单晶硅片生产的电子产品、用生物遗传工程培养优良物种、用生物技术制作医药保健产品等。人工合成等新材料的出现，不仅改变了自然原料的外观形状，而且具有与自然原料完全不同的化学属性和结构，是自然界根本不存在而完全由人创造出来的，这是劳动对象的革命性飞跃。

1.3　生产资料演变的原因

生产资料是由人来使用的，最终是用来满足人的需要的。人的需求包括生存需要、享受需要、发展需要，具有多样性和无限性，并随人口增长和经济发展而发展。

从人口增长情况看，据甲骨文记载，我国商王朝已开始实行人口登记制度。但真正详细的人口调查起源于战国初期，根据当时各国兵力及资料推算，估计在战国后期的公元前 230 年，中原各国人口总计 3000 万人，到汉武帝征和二年（即公元前 91 年）只有 3200 万人。之后昭宣中兴的休养生息使得人口开始恢复增长，到汉平帝元始二年时（2 年）根据《汉书》记载，有 57,671,401 人。公元 1300 年的元朝实际人口大约有 1 亿人，1600 年明朝人口峰值实际人口有大约 1.6 亿人，1901 年我国人口到了 4.5 亿人。1953 年 6 月 30 日，全国人口 601,912,371 人；1964 年 7 月 1 日，全国人口 694,580,000 人；1982 年 7 月 1 日，全国人口 10.0818 亿人；1989 年 7 月 1 日，全国人口 11.3368 亿人；2000 年 7 月 1 日，全国人口 12.426 亿人；2010 年 11 月 1 日，全国人口 13.397 亿人。

与此同时世界人口也在不断增加。公元前 8000 年全世界有人口 500 万人；估计公元前 1000 年时的世界人口有 5000 万，公元前 500 年时的世界人口达到 1.0 亿，公元前 400 年时的世界人口有 1.62 亿，公元前 200 年时的世界人口有 1.905 亿，公元元年（1 年）的世界人口为 2.723 亿，世界人口在 950~1200 年从 2.5 亿增加到 4.04 亿，世界人口从 1830 年的 10 亿、1930 年 20 亿、1960 年 30 亿、1974 年 40 亿、1988 年 50 亿、2000 年 60 亿、到 2011 年 10 月 31 日已经达到 70 亿。

一方面，随着人口的增长，即使单个人的需求不变，人类社会的需求总量也会不断扩大，增加对自然资源和生产资料即劳动资料和劳动对象的需求；另一方面，单个人的需求会随经济发展而发展，从低级走向高级，即使人口数量不变，人们的需求也会有数量的扩大、质量的提高和种类的增加，而满足这种需求需要更多、更好的自然资源和生产资料。人口增长和经济发展不断扩大在推动人的需求扩大，同时也推动人们为满足这种需求所使用的生产资料数量扩大、质量提高、种类增加。

相对于人的需求无限性而言，资源是有限的、稀缺的、短缺的，经济资源或者说生产满足人们需要的自然资源和生产资料总是不足的。这个经济难题，随着经济社会的发展和世界人口的增加而日益凸显。地球计算时间以 10 亿年计，它花了 40 多亿年创造了树木。人类历史上，地球陆地 2/3 被森林覆盖，森林覆盖率高达 67%，总面积达 76 亿公顷。在 1960~1990 年，全球丧失了 4.5 亿公顷的热带森林。亚洲同期损失了大约 1/3 的热带森林，非洲和拉丁美洲各损失了大约 18% 的热带森林。近 15 年间，全球失去森林 1.8 亿公顷。20 世纪 80 年代，世界森林面积以每年 1150 万公顷的速度消失。进入 90 年代，更增加到每年 1700 万公顷。近 30 年来，人类消耗了地球上 1/3 的可利用资源。未来 20 年，人类从地球上开采的矿物，比人类历史上的总数都要多。到 21 世纪末，由于过度开采矿产，人类将会耗尽地球上的大部分资源。目前，12.2 公顷的地球面积只可满足一个美国人的生活需要，6.3 公顷才可满足一个中欧人的需求，非洲布隆迪人需求最少，也得 1.5 公顷面积。全球已经探明的石油储藏量大概为 1.15 万亿桶。虽然这比前两年的估计数字增长了 10%，但以目前的开采速度计算，地球上的石油储量只够满足全世界石油消费需要 41 年。美国人现在每人每天要消耗 3 加仑汽油，其石油消耗量占全世界消费的 1/4，而美国的人口只占世界的 5%。据非洲石油炼制商协会（ARA）报告，全球石油储量将于 2057 年枯竭。全球天然气储量的使用年限共计为 63.3 年；全球煤炭储量的使用年限共计为 150 年。地球水资源正在迅速减少，过去 40 年来，江河湖泊中的水量减少了一倍。到 2015 年左右，全球地表水面临枯竭，全球将近一半的人，特别是世界上人口最多的两个国家——中国和印度面临基本饮用水供应短缺的困境。2025 年前，水荒问题会影响半数人口，世界上将有 30 亿人口面临严重缺水。现在全球每天有 5000 人死于饮用水污染，10 亿人喝不到安全、卫生的饮用水。有 5 亿人口住在缺水的沙漠地带，比欧洲人口还要多。海洋覆盖了地球 3/4 的面积，世界 1/5 的人以鱼为主食。自 1950 年起，渔业捕获量增加了 5 倍，由每年 1800 万吨增至 1 亿吨，数以千计的加工渔船掏空海洋，3/4 的渔场已枯竭、废弃或者濒临废弃，大型鱼类已所剩无几，因为没有时间繁殖，我们把上苍赋予的生命循环摧毁了。

我国经济已经经历了 30 多年的快速发展，但现在也深受自然资源、能源供给和环境承受能力的严厉约束。我国人口众多，人均资源占有量较低，人均资源占有量与世界平均水平相比，水资源是1/4，石油是12%，天然气仅为4%，煤炭是55%。而与此同时，资源利用率很低，浪费比较严重，比如国内重点钢铁企业吨钢可比能耗比国际水平高40%，电力行业中火电煤耗比国际水平高30%，万元GDP的耗水量比国际水平高5倍，万元GDP的总能耗是世界平均水平的3倍。中国土地资源短缺，人均土地不及世界水平的1/3，中国石油、天然气资源短缺分别相当于世界人均水平的11%、4.5%，中国是水资源紧缺的国家，人均水资源占有量只有2200立方米。在内地600多个城市中，400多个城市存在供水不足问题，其中较严重缺水城市达110个。中国森林资源短缺，据第四次全国森林资源普查，目前中国森林面积和林木蓄积量在世界上排第6位，但人均量分别仅及世界人均值的1/6和1/8。中国森林覆盖率为13.9%，仅为世界平均值的一半。

面对需求扩张和供给有限的双重压力，人们一方面寻求和开发新的资源、能源，这就有了从地表到地下、从陆地到海洋、从地上到太空的不懈追求和努力。在这一过程中既发现和使用了新的劳动资料和劳动对象，也提高了劳动生产力。但这种追求和努力最终会遇到资源底线和环境边界的约束，且由此付出的成本会越来越高。另一方面，人们在寻求新的资源的过程中，也进一步加深了对自然物质世界本质和规律的认识，提高了改造世界的技术和本领，开始更深入更有效地利用和开发自然，创造新的劳动资料和劳动对象，包括工具、机器、无人工厂和加工材料、合成材料和现代高新材料等。正是这种外延扩张和内涵挖潜的双轮驱动，实现了生产资料的历史演进。

2. 生产资料的价值功能

现在的问题在于，生产资料的这种演进和商品的价值究竟有无联系、有多大联系？或者说，生产资料与劳动创造价值能够相融吗？长期以来，理论界对生产资料在价值形成中的功能讳莫如深，似乎劳动是价值的本质和唯一源泉，只有劳动有价值功能，才在价值形成中起作用，讲生产资料的价值功能似乎就是否认劳动价值论[①]。虽然现在有人开始强调"劳动、资本、土地等要素在价值形成中都发挥各自的作用"，但是又断言资本生产力、土地生产力和劳动生产力共同创造价值，实际上是否定劳动价值论[②]。其实，肯定生产资料在劳动创造价值中的作用，即生产资料的价值功能，并不否认劳动价值论，坚持劳动价值论，也不排斥生产资料的价值功能。马克思主义劳动价值论是价值源泉的一元性和价值影响因素多元性的统一。

2.1 马克思肯定了生产资料的价值功能

诚然，马克思认为，价值是无差别人类劳动的凝结，在价值中不包含任何使用价值的因子即任何生产资料的物质因子，只有劳动才能创造价值，生产资料只会转移价值，而不能创造价值。但是，马克思不否认生产资料在价值形成中的功能，而且充分肯定了生产资料在价值形成中的功能。

[①] 苏星：《劳动价值论一元论》，《中国社会科学》，1992 年第 6 期。
[②] 谷书堂：《新劳动价值一元论》，《中国社会科学》1993 年第 6 期。

第一，马克思主张在研究价值问题时要研究生产资料的功能。他强调："首先要并且必须说明，使用价值在怎样的范围内作为物质前提处在经济学及其形式规定之外，又在怎样的范围进入经济学。"① 他在这里所说的使用价值，从要素投入的角度说，就包括生产资料。劳动要创造价值，就必须生产商品，就必须有劳动对象和劳动手段，即生产资料，这是生产商品、从而生产使用价值和价值的前提和手段，离开劳动对象和劳动手段，劳动就无法生产商品，也无法生产使用价值和价值。从价值产出的角度说，作为劳动后果的商品，既包括使用价值也包括价值，两者互为条件和前提。一方面，作为使用价值，它是劳动通过劳动手段作用于劳动对象，使之发生性质、形态和位置变动的结果；另一方面，作为价值包括生产资料转移的价值，并始终以使用价值为物质前提，两者都离不开生产资料及其作用。

第二，马克思已经研究了生产资料在剩余价值形成中的功能。马克思在研究剩余价值的生产过程时，曾将剩余价值分为绝对剩余价值和相对剩余价值两种形式。他认为，绝对剩余价值是在必要劳动时间不变的前提下，通过绝对延长工人劳动时间实现的。绝对延长的劳动时间要形成绝对剩余价值，就必须有与之相适应的生产资料。相对剩余价值则是在工作日不变的前提下，通过缩短必要劳动时间，从而相对延长剩余劳动时间实现的。必要劳动时间的缩短，有赖于劳动生产率的提高，而劳动生产率的提高又离不开生产资料质量的提高和技术的改进。正因为如此，马克思不仅重视剩余价值生产过程中生产资料与劳动量的技术构成，而

----

① 《马克思恩格斯全集》第46卷，人民出版社1980年版，第223页。

且花了相当大的篇幅探讨技术构成变化与剩余价值的相关影响。这种影响在剩余价值生产过程中表现为资本有机构成的变化，它实质上反映了生产资料在剩余价值形成过程中的功能和效应。当然，马克思的研究是在价值生产的资本主义背景下进行的，生产资料在剩余价值形成中的功能，还表现为资本特别是不变资本在剩余价值中的功能，还不能等同于生产资料在价值形成中的功能，技术构成的变化，也表现为资本有机构成的提高，即不变资本所占比重越来越大，可变资本所占的比重越来越小。两者的关系是特殊与一般的关系。但有一点可以肯定，即便是在剩余价值的生产过程中，生产资料的功能也是不可忽视的。

第三，马克思对价值质和量的分析，已经隐含着生产资料在价值形成中的功能。根据马克思的论述，价值的本质是凝结在商品中的一般人类劳动，是"无差别的人类劳动的单纯凝结"。"一般人类劳动"也好，"无差别的人类劳动"也好，要凝结为价值，就必须有它的"物质承担者"或"物质前提"——使用价值。使用价值在这里所起的作用，实际上是价值"容器"的作用。而作为价值的"物质承担者"、"物质前提"或"容器"的使用价值，恰恰是劳动通过劳动手段作用于劳动对象，使其发生性质、形态、位置等变化的结果，是由生产资料转化而来的。使用价值充当价值容器，实质上就是生产资料充当价值容器。作为价值容器的生产资料与价值是须臾也不可分离的。虽然我们不能说，有生产资料就一定有价值。但没有生产资料，就没有价值的物质承担者和物质前提，就没有价值容器，也就没有价值本身，则是毋庸置疑的。皮之不存，毛将焉附？正因为如此，以价值为目的的商品生产者，在价值形成过程中，不仅要提供创造价值的活劳动，而且

111

要提供不创造价值的物化劳动——生产资料，并始终保持一定的技术比例，或者说技术构成。生产资料在价值形成过程中充当价值容器的功能，可称为价值容器功能。

从商品的价值量来看，商品的价值量不是由个别劳动时间决定的，而是由社会必要劳动时间决定的。社会必要劳动时间是在现有的社会正常的生产条件下，在社会平均的劳动熟练程度和劳动强度下制造某种使用价值所需要的劳动时间。其中的社会正常生产条件，至少有两层含义：一是正常数量的生产资料，例如，织布，假如现在绝大多数劳动者在8小时之内可以同时操作5台织布机，但少数人却只能同时操作3台织布机，那么，前者就是正常数量的生产资料；二是正常技术水平的生产资料，例如，现在大多数商品生产者织布使用机器，少数人却使用手工工具，那么使用织布机就是正常技术水准的生产资料。因此，社会必要劳动时间，在某种意义讲就是使用正常数量和正常技术性质的生产资料的劳动时间。如果我们进一步将社会必要时间内在的正常技术水平和正常数量的生产资料与使用它所必需的劳动时间的比例，称之为创造价值的社会技术构成，那么决定商品价值量的社会必要劳动时间就是具有社会平均技术构成的劳动时间。

因此，商品生产者的个别劳动时间在多大程度上凝结为价值，以及创造多少价值，取决于个别劳动时间与社会必要劳动时间的相对关系。这种关系，我们称之为价值率。价值率等于社会必要劳动时间和个别劳动时间的比率，即价值率＝社会必要劳动时间/个别劳动时间。在其他条件不变的前提下，个别劳动所使用的生产资料量大，所使用的生产资料质量高，个别技术构成高于社会技术构成，单位商品所花费的个别劳动时间将少于社会必要劳动时间，价值率将大于 1；反之，如果个别劳动所使用的生产资料数量小、所使用的生产资料质量差，个别技术构成低于社会技术构成，单位商品所花费的个别劳动时间将多于社会必要劳动时间，价值率将小于 1。因此，不论是增加生产资料数量，还是提高生产资料的质量，只要能提高个别劳动生产率和社会劳动生产率的相对比例，从而提高价值率，就可在其他条件不变的前提下，增加个别劳动时间所创造的价值量。这种功能可称之为生产资料在价值形成过程中的价值增量功能。

显然，按照马克思的观点，生产资料在价值形成过程中，不仅以价值形成的物质前提的身份，执行被动的价值容器功能。而且以影响个别劳动生产率和价值率为途径，执行积极主动的价值增量功能。这种功能不仅关系着劳动能否创造价值，而且直接影响劳动所能创造的价值量。

2.2 经济发展史证明了生产资料的价值功能

经济发展的历史，是人类劳动发展的历史和生产资料发展的历史的统一。动物和人之间的区别，首先是人的直立行走，并使手在行走中解放出来，能从事劳动。其次是人使用工具。劳动和工具不仅相伴成行，同时也互相促进。随着人使用的工具由石器工具到铁器工具、由手工工具到机器的发展，劳动的复杂程度不断提高，劳动的构成和组织形式由低级推向高级，所创造的物质财富日渐丰裕，所形成的商品价值也越来越多。

如果在自然经济条件下，生产资料的经济功能仅仅表现为创造物质财富，创造使用价值的功能，那么在商品经济条件下，它则同时也表现为有利于劳动能够创造更多价值的功能，即价值功能。商品的生产及其交换是伴随私有制和社会分工的产生而产生的。原始社会公有制的解体以及农业与畜牧业及手工业的分工，孕育了商品生产及其商品交换，就有了商业与农业、畜牧业和手工业的分工。但是资本主义以前的商品经济是小商品经济，是自然经济汪洋大海之中的商品经济。商品经济真正成为占统治地位的经济形式，是资本主义的贡献。马克思曾经详细地分析过资本主义经济发展的历史，并将其区分为简单协作、工场手工业、机器大生产三种形式、三个阶段。从中我们不难体会出生产资料的发展及其在价值形成中的功能。

第一，生产资料在简单协作中的价值功能。资本主义的生产首先是从简单协作开始的，许多工人在同一时间、同一空间（或者说同一劳动场所），为了生产同种商品，在同一资本家的指挥下工作，这在历史上和逻辑上都是资本主义生产的起点①。这一起点，既是劳动的集约，单个工人的独立劳动为许多工人的集体劳动所取代；也是生产资料的集约，个人使用的生产资料为集体使用的生产资料所取代。尽管就生产方式本身而言，起初只是量上的区别，因为就其所使用的生产工具和作用的劳动对象即生产资料而言，几乎没有质的变化。不过，即使劳动方式不变，同时使用较多的工人，也会在劳动过程的物质条件上引起革命。容纳许多人做工的厂房、储备原料等的仓库、供许多人同时使用或交替使用的容器、工具等。总之，一部分生产资料，现在是在劳动过程中共同消费的。生产资料的集约使用和共同消费，不仅节约了生产资料，提高了资本有机构成，使资本家相对来说可以有更高的个别劳动生产力，从而在剩余价值率不变的前提下可以以同量

① 《马克思恩格斯全集》第23卷，人民出版社1972年版，第358页。

资本获得更多的剩余价值；而且可以通过提高个别劳动生产率，从而在社会劳动生产率不变的前提下提高价值率，进而以相对较少的劳动生产相对较多的价值。

第二，生产资料在工场手工业中的价值功能。工场手工业是以分工为特征的，虽然就劳动所使用的工具而言，仍然是手工工具，但正是分工使劳动者的劳动专门化，同时也使劳动工具、劳动资料和劳动对象专门化即生产资料专门化。这种专门化是机器大生产的物质条件和技术前提，因为这种专门化造就了专门的工具、专门的人才和专门的技术。机器正是通过专门的人才和技术，将许多简单而又专门的工具结合而创造出来的。不仅如此，劳动的专门化和工具的专门化，也共同提高了劳动的生产率，在社会劳动生产率不变的前提下，就提高了个别劳动生产率和个别劳动的价值率，在劳动时间不变的前提下增加价值量，对资本家来说，也提高了剩余价值率，增加了剩余价值。

第三，生产资料在机器大生产中的价值功能。生产方式的变革，在简单协作和工场手工业中以劳动力为起点，在机器大生产中以劳动资料为起点，即以手工工具由机器所代替为起点。随着以工具机、传动装置和动力机有机结合的机器体系的形成，尤其是当用机器来生产机器时，大工业建立起了与自己相适应的技术基础。而这一点，最终又以自然力代替人力、应用自然科学代替从经验中得出成规而完成。使用机器及其体现的价值功能，在于节约了生产资料和劳动。"很明显，如果生产一台机器所费的劳动，与使用机器所节省的劳动相等，那么这只不过是劳动的变换，就是说，生产一个商品所需要的劳动总量没有减少，或者说，劳动生产率没有提高。"① 这显然是不经济的。只有当生产一台机器所费的劳动，小于使用机器所节省的劳动，才是节约的、有效率的、经济的。并且使用机器提高了劳动生产率。在社会必要劳动时间不变的情况下，个别商品生产者提高个别劳动生产率，即使劳动时间不变，也会因提高价值率而使劳动所创造的价值量增加。不仅如此，机器的使用也使同量劳动时间的强度增大，浓缩了的劳动和劳动时间，由这种劳动所创造的价值量相对较多。

可见，生产资料的发展，一方面是数量的增加，较多的生产资料取代较少的生产资料；另一方面是生产资料质量的提高，手工工具为机器所取代，表现为劳动生产力的提高和生产资料的节约。两者在一定条件下都有利于提高价值率，从而在个别劳动时间不变的前提下，增加价值量，这就是生产资料的价值增量功能。

2.3 现代知识经济离不开生产资料的价值功能

1996 年，世界经合组织发表了题为《以知识为基础的经济》的报告。该报告将知识经济定义为建立在知识的生产、分配和使用（消费）之上的经济，它表明人类发展将更加倚重自己的知识和智能。工业化、信息化和知识化是现代化发展的三个阶段。创新是知识经济发展的动力，教育、文化和研究开发是知识经济的先导产业，教育和研究开发是知识经济时代最主要的部门，知识和高素质的人力资源是最为重要的资源。知识经济本质上是以知识劳动为主体的经济，它与生产资料的价值功能并不矛盾。

第一，知识经济是劳动和生产资料共同发展的产物。知识经济理论形成于 20 世纪 80 年代初期，1983 年，美国加州大学教授

---

① 《马克思恩格斯全集》第 23 卷，人民出版社 1972 年版，第 428 页。

保罗·罗默提出了"新经济增长理论",认为知识包括知道是什么的知识、知道为什么的知识、知道怎么做的知识、知道是谁的知识,是一个重要的生产要素,它可以提高投资的收益,其主要标志是美国微软公司总裁比尔·盖茨为代表的软件知识产业的兴起。微软的主要产品是软盘及软盘中包含的知识,正是这些知识的广泛应用打开了计算机应用的大门,微软公司的产值已超过美国三大汽车公司产值的总和。这些都表明,在现代社会生产中,知识已成为生产要素中一个最重要的组成部分,也标志着知识经济已成为 21 世纪的主导型经济形态。而知识经济离不开两个必须具备的物质条件:一是电脑,它是现代一种用于高速计算的电子计算机器,可以进行数值计算,又可以进行逻辑计算,还具有存储记忆功能,是能够按照程序运行并自动、高速处理海量数据的现代化智能电子设备。这种可分为超级计算机、工业控制计算机、网络计算机、个人计算机、嵌入式计算机五类的电子设备,即使就它较先进形式如生物计算机、光子计算机、量子计算机而言,也包括硬件系统和软件系统,本质上也是人脑的延伸,是知识的存储器、处理器,是生产资料和劳动的统一。二是网络,它是用通信线路和通信设备将分布在不同地点的多台自治计算机系统互相连接起来,按照共同的网络协议,共享硬件、软件,最终实现资源共享的系统。特别是始于 1969 年美国阿帕网的互联网,将网络与网络之间串连成巨大的国际网络和网络结构,成为贯通全球、并将现实世界和虚拟世界联成一体的知识载体、信息管道和传输知识与信息的"高速公路"。互联网是生产资料发展和演变的结果,又是生产资料在现代知识经济中的集中体现。

第二,知识经济是知识劳动运用知识资本生产知识产品的经济。就知识劳动而言,在现代知识经济条件下,只有依赖知识资本,才有可能获取和处理更多的知识信息,才有可能发布和传输蕴含丰富知识的信息和指令,也才能控制现实的生产过程和经济体系。就知识产品而言,虽然越来越具有无形产品的特点,但至少从目前来看,仍然离不开一定的物质载体,不论是普通的芯片,还是纳米芯片,都不是纯粹的精神和意识,而是离开人的意识而存在的客观实在。知识资本是以各种知识形态表现的资本,是在产品和服务创造过程中所有知识性和技术性的投入。广义的知识资本量是指以人及其知识成果为载体所凝聚的知识资本总量,包括人力、管理、技术、经验及其成果等要素。狭义的知识资本量是指以人或其知识成果为载体的知识总量在工作岗位上一定期间内释放出来的现值,包括员工积累的知识和技能的应用,以及正在创造的知识及其成果等。一个企业的知识资本大体涵盖人力资产、顾客资产、知识产权资产和基础结构资产四种类型。人力资产就是企业员工所具有的技能、创造力、解决问题的能力、负责人能力、企业管理能力等一切才能;顾客资产是企业与顾客间的关系,包括品牌忠诚度、信誉度、顾客的消费习惯、顾客资料等;知识产权资产包括技能、商业秘密、商标、版权、专利和各种设计专利;基础结构资产是使企业得以运行的那些技术、工作方式和程序,其中包括企业文化、评估风险的方式、管理方法、财政结构、市场或客户数据库等。这些资本有些以知识劳动力的形式存在并发挥作用,知识劳动力的使用即知识劳动,不仅可以创造出再生产知识劳动力所需要的价值,而且可以创造超出这一价值的价值,从而具有资本增值性质;另一些则表现为客户资源、知识产权、品牌价值、企业文化之类的软资产,这些软资产虽然具有与机器、厂房、原料燃料、辅助材料等传统生产资料完全不同的外观形式，但本质上仍是生产资料，这种生产资料与知识劳动力相结合，就会形成较高的个别劳动生产率，从而使这种知识劳动创造出远比普通劳动创造的价值更高的价值。

第三，知识经济的物质产品生产过程——无人工厂，既是生产资料密集型的工厂，也是知识密集型的工厂。无人工厂又叫自动化工厂、全自动化工厂，是指全部生产活动由电子计算机控制，生产第一线配有机器人而无须配备工人的工厂。无人工厂的生产指令和原料从工厂的控制端输进，产品设计、工艺设计、生产加工和检验包装等所有工作都由计算机控制的机器人、数控机床、无人运输小车和自动化仓库来实现，最后从工厂的终端输出产品。1952 年，美国福特汽车公司在俄亥俄州的克里夫兰建造了世界上第一个生产发动机的全自动工厂，1984 年 4 月 9 日，世界上第一座实验用的"无人工厂"在日本筑波科学城建成，最有名的是日本"法那克"的一个工厂，它坐落在日本富士山附近的一片松林中，工厂里的自动机械加工中心、机器人、自动运输小车，白天和夜里均在无人看管的情况下进行生产，自动加工中心在控制中心的计算机控制下进行加工；自动运输车运送材料、搬运机器零件；自动装置在仓库周围悄悄地移动，机器人在进行产品检查包装……在 1.6 万平方米的场地上，一切工作都是由计算机按程序控制的。

虽然，在无人工厂看不到工人的劳动，一切生产似乎都是由生产资料在进行。但这里的生产资料是智能化的生产资料，是智力劳动设计、控制、推动下进行的生产，是体现智力劳动者理念、思想、意志的生产，是劳动高级化、现代化、智力化的特殊形态。

在无人工厂还只有少数企业采用的情况下，使用无人工厂的企业的个别劳动生产率高于社会平均的劳动生产率，其劳动的价值率高于社会平均的价值率，从而可以获得超额价值。在无人工厂已为大多数企业采用的情况下，使用无人工厂的企业的个别劳动生产率就是社会平均生产率，在这种情况下，它虽然不能获得超额价值，但相对过去同量劳动而言，它已经是高级化、现代化、智力化的劳动，是劳动生产率大大提高了的劳动，是相对来说可以创造更多价值的劳动。概括起来说，无人工厂没有消灭人的劳动，只是改变了人劳动的技术构成。现在的劳动，一方面使用了越来越多、越来越好的生产资料，具有越来越高的劳动技术构成；另一方面是智力化程度越来越高的劳动，是体力劳动所占比例越来越低、脑力劳动所占比例越来越高的劳动，是更具思想、理念、文化引领、控制、管理、治理性质和特色的劳动，是劳动生产率和价值率越来越高的劳动，因此，也是能创造越来越多价值的劳动。

3. 生产资料价值效应的本质和实现条件

既然生产资料在价值形成中有价值容器功能，又有价值增量功能。显然，价值量和生产资料之间存在着一种客观的函数关系：在其他情况不变的前提下，价值量会随生产资料投入和配置情况的变动而变动。那么，生产资料在价值形成中是如何发挥功能，其效应又是怎样的呢？生产资料在价值形成中的功能效应，就是指生产资料投入和配置变动对价值量的影响，它可以概括为生产资料增量、提质、配置三种效应。

3.1 生产资料增量的价值效应

增量效应是生产资料数量增加对价值量的影响。在其他条件不变的前提下，单个商品生产者的个别劳动时间创造的价值量，取决于生产资料的数量。随着生产资料量的增加，单位劳动所使用的生产资料量增加，个别技术构成提高。但就其对价值量的影响而言，个别技术构成必须区别为两种情况，一是个别实际技术构成，即单个商品生产者实际已经使用的生产资料量与它所耗劳动时间的比率；二是个别客观技术构成，即商品生产者可以并且能够使用的生产资料量与为此所消耗的劳动时间的比率。前一构成是现存的，后一构成是客观必然的。在实际的生产活动中，个别实际技术构成有可能低于个别客观技术构成，如果这种情况发生，商品生产者实际使用的生产资料少于它的劳动本来可以使用的生产资料量。生产资料短缺，劳动则虚耗，一部分劳动因缺乏价值容器，而不能凝结为价值，使劳动的实际价值率小于客观可能的价值率，实际创造的价值量少于客观可能的价值量。如果这时追加生产资料，进而提高个别实际技术构成，并使之趋近于个别客观技术构成，从而减少没有凝结为价值的虚耗劳动，将相对增加凝结为价值的"实耗劳动"，进而提高个别劳动的价值率，增加价值量。

当然，生产资料追加能增加的价值不是均匀和无限的，而是递减和有边界的。随着生产资料的不断追加，个别实际技术构成低于个别客观技术构成的差距将越来越小，并最终为零。这样，不能凝结为价值的"虚耗劳动"也将愈益减少，并最终为零。这时如果继续追加生产资料，由于缺乏凝结于其上的劳动，而不再带来价值。如果考虑到生产资料处于闲置状态，其自然损耗和无形损耗会带来价值损失，那么价值增量不仅为零，而且可能为负。

这样，我们就可以得出一个结论：在个别实际技术构成低于个别客观技术构成的前提下，即使其他因素不变，追加生产资料也可以增加价值量。但追加生产资料量增加的价值量，会随个别实际技术构成低于个别客观技术构成差距的缩小而减少。当个别实际技术构成最终等于个别客观技术构成时，追加生产资料的价值增量将为零。这一规律，可以称之为生产资料增量的价值效应边际递减规律。

3.2 生产资料提质的价值效应

提质效应，是生产资料技术性质提高对价值量的影响。在分析生产资料的增量效应时，我们不仅假定劳动因素不变，而且假定生产资料的质量不变。因此，生产资料的增加只提高个别实际技术构成，而不提高个别客观技术构成，劳动所能使用的生产资料量不变。实际上，生产资料质量的提高是必然的，这不仅来自商品生产者内在的利益冲动，而且来自外在的竞争压力。在社会必要劳动时间，从而社会劳动生产率和生产资料数量不变的前提下，任何一个以价值增量为目的的商品生产者，想要使自己不变的劳动量凝结或创造更多的价值量，就必须降低个别劳动时间，提高价值率。其中最基本和最主要的途径，就是提高生产资料的质量（包括改造原有机器设备、采用新型机器设备或采用新的原材料），因为生产资料质量提高也有增加价值量的效应。当然，生产资料提质的价值效应是有条件、并受诸多条件因素限制的。

第一，社会正常的生产资料质量。在社会正常生产条件不变的前提下，社会劳动生产率不变，生产同量商品所需的社会必要劳动时间不变，个别劳动使用较先进的生产资料，就会具有较高的个别劳动生产率，所需耗费的个别劳动时间较少，个别劳动的价值率就会较高，即使个别劳动时间不变，也可获得较多的价值量。如果个别劳动所使用的生产资料质量仅仅与社会正常的生产资料按同一速度提高，甚至提高的速度不如社会正常生产资料质量提高的速度，价值增量将为零，甚至为负。

第二，生产资料质量提高的成本。生产资料质量提高不是无条件的，而是有成本、有代价的。无论是技术改造还是采用新的技术设备和材料取代旧的设备和材料，都要有新的投入。在商品生产者的资本既定的前提下，如果不考虑其他因素，生产资料质量提高最终也会受到资金有限的制约。即使是利用银行贷款，也只有当生产资料质量提高带来的价值增量，大于银行贷款的利息才是合算的。

第三，个别客观技术构成和个别实际技术构成的相对状况。当商品生产者的个别实际技术构成高于个别客观技术构成时，劳动实际使用的生产资料超过了他能够使用的生产资料量，一部分生产资料处于闲置状态。如果这时提高生产资料质量，必将提高个别客观技术构成，使同量劳动所能使用的生产资料增加，减少闲置的生产资料，这样不仅可以避免生产资料浪费，而且可以提高个别技术构成与社会技术构成的比率，从而提高个别劳动的价值率，并在个别劳动时间不变的条件下，增加价值量。反之，如果个别实际技术构成已经等于或低于个别客观技术构成，个别劳动实际使用的生产资料量，等于或少于客观可能使用的生产资料量。这时提高生产资料质量，固然可以提高个别客观技术构成，但会不断衍生出过剩劳动或虚耗劳动，如果由劳动虚耗或闲置产生的价值损失，刚好等于由生产资料质量提高增加的价值，实际的价值增量将为零。

考虑这些情况，并从动态的过程来分析，实际生产资料质量提高的价值效应，也是一个边际效应递减的过程，也就是说，在其他条件不变的前提下，不断提高生产资料质量能够带来的价值增量是递减的。

3.3 生产资料配置的价值效应

对生产资料增量效应和提质效应的分析表明，在其他条件不变的前提下，持久地或固定地在一个生产部门生产某种产品，不论是增加生产资料的数量，还是提高生产资料的质量，能够增加的价值总是有限的。当然，商品生产者的生产可能性不是一个固定点，或一种固定不变的产品，而是由一系列产品或许多产品组合构成的生产可能性曲线。由于各种产品和产品组合的技术性质不同，所需使用的生产资料数量和技术性质也不相同，生产不同产品有不同的社会技术构成要求，商品生产者生产不同产品的个别技术构成也不一致。因此，生产不同产品的价值率也有高低之分。这样在其他条件不变的前提下，在不同产品上投入数量和质量相等的生产资料的价值效果也有大小之分，如果商品生产者能够自觉地将那些价值效应小的生产资料转移到那些价值效应大的短缺部门，或转而生产价值效应大的新产品，就有可能获得价值增量。由于这种价值增量是生产资料重新配置的结果，所以可以称之为生产资料优化配置的价值。但是，既然生产任何一种产品，追加生产资料或提高生产资料质量所能带来的价值效应都是有限的，那么生产资料重新配置的价值效应也就归根到底会达到这样一个均衡点，在这一点上，商品生产者在所有产品上追加生产资料或提高生产资料质量的价值效应完全一致。这样生产资料重新配置的价值效应为零。因此,生产资料重新配置的边际价值效应也是递减的。

3.4　生产资料价值效应的本质

对生产资料在价值形成中的功能及其效应的分析说明,无论是生产资料数量增加还是质量提高,都可以引起价值量的增加。那么,能否因此就断定生产资料也创造价值呢?我们的回答是否定的。

第一,不论是生产资料的增量效应、提质效应,还是配置效应,均是以一定数量劳动存在为前提的。追加生产资料之所以能产生价值增量效应,是因为存在着虚耗劳动,为虚耗劳动提供了凝结为价值的容器。正如要装水,必须有水的容器,但不能说容器创造了水一样。我们也不能因为生产资料为劳动创造价值提供了容器,而得出生产资料创造价值的结论。提高生产资料质量之所以能产生价值效应,是因为它提高了个别劳动生产率,在社会劳动生产率不变的前提下,提高了劳动的价值率。正如肥料增加,可以提高水稻的产量,不能说肥料创造了谷物一样,我们不能因为生产资料质量提高,提高了劳动的价值率,就断定生产资料创造了价值。至于生产资料的配置效应,不过是根据生产资料在不同产品中的不同价值效应进行新的组合产生的综合效应,正如增量效应和提质效应不能证明生产资料创造了价值一样。作为两者组合的配置效应,也不能证明生产资料创造了价值。

第二,不论是生产资料的增量效应、提质效应,还是配置效应,都是随着劳动的变动而变动的。就增量效应而言,当个别实际技术构成低于个别客观技术构成的幅度较大、虚耗劳动较多时,增量效应较大，反之则增量效应较小。这是因为由生产资料增加带来的价值增量，归根到底是为原来的虚耗劳动提供了使之凝结为价值的容器而产生的。因此，其价值增量的多少，也只能随虚耗劳动量的多少为转移。就提质效应而言，当生产资料质量提高引起的个别劳动生产率提高的比例较高时，提质效应大，反之提质效应就小，一切以其对个别劳动生产率以及个别劳动生产率与社会劳动生产率相对状况的实际影响为转移，它也只能证明价值是由劳动创造的，而不能证明生产资料也能创造价值。

第三，个别劳动生产率与价值量成正比和社会劳动生产率与价值量成反比并不矛盾。生产资料的增量效应、提质效应和配置效应都是就生产资料投入和配置对个别劳动的影响而言的，都是研究微观经济行为得出的微观结论。根据这一结论，个别劳动生产率与商品的价值量成正比，即个别劳动生产率提高，同量劳动所创造的价值增加。但如果从整个社会来说，生产资料数量的普遍增加和生产资料质量的普遍提高，就提高了整个社会生产的技术构成和整个社会的劳动生产率，如果社会劳动总量不变，则社会必要劳动总量不变，价值总量不会发生变化。也就是说，个别技术构成和个别劳动生产率变动可以影响个别劳动创造的价值量，但决定社会劳动生产率的社会技术构成的变化则与价值总量无关。这一结论既证明了商品的价值量由社会必要劳动时间决定的观点，也可证明单位商品的价值量与社会劳动生产率成反比的结论，这正是马克思劳动价值论本身所包含的结论。一些学者，用个别劳动生产率提高可以增加价值量来推导价值量与劳动生产率成正比例，实际上犯了以个别代替一般的逻辑错误。再用这种观点得出资本生产力、土地生产力也创造价值结论，更是失之毫厘，差之千里了。

总之，承认生产资料在价值形成中的功能与坚持马克思的劳动价值论并不矛盾，相反，要真正坚持马克思的劳动价值论，必须深入研究和正确把握生产资料在价值形成中的功能效应及其本质，否则就无法理解在现实经济生活中商品生产者重视生产资料数量增加、质量提高和优化配置的经济行为，就不可能彻底贯彻马克思的劳动价值论。

4. 生产资料价值转移的最大化方法

一般商品生产过程是劳动过程和价值形成过程的统一。在这个过程中，商品生产者不仅投入活劳动，产出新价值，而且消耗生产资料，转移旧价值。撇开活劳动和新价值的投入产出关系不说，仅就生产资料的价值消耗和价值转移而言，也存在一种函数关系。在这种函数关系中，生产资料价值的消耗是自变量，生产资料价值的转移是因变量，只有消耗一定的生产资料价值量，才会转移一定的生产资料价值。但是这种函数关系不是线性的，即并非消耗多少生产资料价值就一定能转移多少旧价值，这就促使我们深入研究和解决这种函数关系的复杂内容及其影响因素。为使问题不致复杂化，我们设定两个条件：一是生产资料价值的消耗和生产资料价值的投入完全一致；二是价值量直接表现为社会必要劳动时间而不需货币插手期间。

4.1 生产资料价值消耗和价值转移的差异

按理说，在商品生产过程中，商品生产者消耗的生产资料价值是转移到新产品中的旧价值的原因，两者应当完全一致，而实际情况却并非如此。先让我们来看看马克思在《资本论》中所使用的一个简明实例。在那个实例中，他假定资本家生产的产品是棉纱，生产棉纱首先要有棉花、纱锭等生产资料，而棉花和纱锭等生产资料的价值要成为棉纱产品价值的组成部分，必须具备两个条件。第一，棉花和纱锭必须实际上用来生产使用价值，在我们所举的例子中，就是从棉花和纱锭生产出棉纱。第二，假定所用的劳动时间只是一定社会生产条件下的必要劳动时间，如果纺 1 磅纱只需 1 磅棉花，那么，纺 1 磅纱就只应当消耗 1 磅棉花，纱锭也是这样①。

上述实例让我们很容易得出结论，劳动过程所消耗的生产资料价值要得以转移和保存，不仅必须形成一种新的使用价值，而且所消耗的生产资料价值必须是社会生产这种新的使用价值必须消耗的生产资料价值。这里所说的"社会生产这种新的使用价值必需消耗的生产资料价值"，正如决定价值量的社会必要劳动时间一样，也应当有两层含义，不同的只是后者指活劳动，前者指物化劳动。第一，是指在现有正常生产条件下，在社会平均的劳动熟练程度和劳动强度下，生产某种商品必需消耗的生产资料价值。第二，是指在现有的正常的平均社会生产条件下，生产社会必要的某类使用价值总量必需消耗的生产资料价值总量。

倘若商品生产者生产某种使用价值实际消耗的生产资料价值，总能符合上述条件，那么，实际消耗的生产资料价值与社会必需消耗的生产资料价值就会完全一致，实际消耗的生产资料价值也

---

① 《马克思恩格斯全集》第 23 卷，人民出版社 1972 年版，第 211～213 页。

就等于转移到新产品中去的生产资料价值。但实践是复杂的，一般寓于个别之中，必然性往往通过偶然性来表现。

首先，单个商品生产者生产某种使用价值实际消耗的生产资料价值与社会生产这种使用价值平均必需消耗的生产资料价值，是由完全不同的经济条件决定的。一般来说，单个商品生产者是独立地从事生产经营活动的，它生产某种使用价值实际消耗的生产资料价值，是由它的个别生产条件、个别劳动技术、个别管理水平和个别决策水平决定的。社会生产这种使用价值所必需消耗的生产资料价值，则取决于社会平均的生产条件、平均的劳动技术和管理水平及决策水平，而这些平均的因素，又是许多个商品生产者的个别因素通过社会过程加权平均的结果。因此，不同商品生产者生产某种使用价值实际消耗的生产资料价值是不相同的，有可能超过或少于社会生产这种使用价值平均必需消耗的生产资料价值量。当个别商品生产者的生产条件、技术水平和管理决策素质高于社会平均水平时，它生产某种使用价值所消耗的生产资料量就会低于社会必需消耗的生产资料价值量，反之，就会高于必需消耗的生产资料价值量，只有在相当特殊和非常偶然的情况下，个别商品生产者实际消耗的生产资料价值量才会等于社会必需消耗的生产资料价值量。

其次，许多个别商品生产者分别生产同类使用价值总量实际消耗的生产资料价值总量也难以与整个社会生产这类使用价值总量必需消耗的生产资料价值总量完全一致。在商品经济或市场经济条件下，某类使用价值或某种商品往往是由许多甚至无数个商品生产者分别独立地生产出来的。由无数个别商品生产者分别独立生产的使用价值总和有可能大于或小于整个社会必需生产的使用价值总量,这在现实生活中分别表现为产品供过于求或供不应求,即产品过剩或产品短缺。为此消耗的生产资料价值总量也不可能等于整个社会生产必需的使用价值总量必需消耗的生产资料价值量。当无数个别商品生产者分别独立生产的使用价值总和大于整个社会必需生产的使用价值总量时,它们所消耗的生产资料价值就会大于转移的生产资料价值,反之,则会小于转移的生产资料价值。

最后,商品生产者生产某种使用价值实际消耗的生产资料价值有可能超过或少于社会生产这种使用价值必需消耗的生产资料价值,是商品生产者劳动过程的基本矛盾,这种矛盾是私人劳动和社会劳动、具体劳动和抽象劳动的矛盾在劳动过程中的表现,只能通过市场机制的自发作用在从非均衡到均衡、再到非均衡的不断运动中才能得到解决。这种矛盾在资本主义社会表现为经济危机的周期性发生,在计划经济体制下则表现为凭票供应、排队、开后门现象的经常性出现。

4.2 价值转移率及其表现形式

从单个商品生产者的微观经济行为角度来考虑,为了实现收益的最大化,它不仅要用尽可能少的活劳动耗费形成尽可能多的新价值,而且要用尽可能少的生产资料消耗实现尽可能多的价值转移。因为当个别生产资料价值消耗大于社会必需消耗的生产资料价值时,其超过部分不能转移到新产品中去,从而也就不能通过新产品的销售获得完全的价值补偿。反之当个别生产资料价值消耗小于社会必需消耗的生产资料价值时,其价值不仅能完全转移到新产品之中,通过销售新产品获得补偿,而且可以获得超额补偿价值,即个别生产资料价值消耗低于社会必需消耗的生产资料价值的差额。这样，对单个商品生产者来说，个别生产资料价值消耗和社会必需消耗的生产资料价值的比较就成了一个必须关注和不能忽略的问题，这种比较可通过价值转移率来反映。

价值转移率就是社会必需消耗的生产资料价值，即能够转移到新产品中去的生产资料价值与单个商品生产者生产某种商品实际消耗的生产资料价值的比率。如果用 U 代表转移了的生产资料价值即社会必需消耗的生产资料价值，用 P 代表实际消耗的生产资料价值，用 Pu 代表价值转移率，则 Pu = U/P。由于价值是凝结在商品中的社会必要劳动时间，因此，价值转移率亦可以用如下公式表示：价值转移率 = 必需消耗的社会必要劳动时间/实际消耗的社会必要劳动时间。

根据这一公式，在必需消耗的生产资料价值不变的前提下，价值转移率与实际消耗的生产资料价值成反比；在实际消耗的生产资料价值不变的前提下，价值转移率与社会必需消耗的生产资料价值成正比。正因为如此，那些能影响社会必需消耗的生产资料价值量和实际消耗的生产资料价值量的那些因素和情况都能影响价值转移率。

首先，要考虑影响社会必需消耗的生产资料价值量因素的两个层次。一是社会劳动生产率的水平，涉及社会正常的生产条件、平均的劳动熟练程度和强度以及贯穿其中的社会技术和管理水平等。社会的科技和管理水平越高，平均的劳动熟练程度和强度越高，社会正常的生产条件越好，社会劳动生产率越高，社会生产单位商品所需消耗的生产资料价值量越少，在个别消耗的生产资料价值不变的前提下，价值转移率就会越低；二是社会对某种使用价值需求的变化，涉及社会消费观念、文化传统、生活习惯和收入水平的变化。当社会需求随着社会消费观念、文化传统、生产习惯和收入水平的变化而扩大时，整个社会生产某种使用价值必需消耗的生产资料价值总量必然增加，在个别实际消耗的生产资料价值总量不变的前提下，就会提高价值转移率，反之则会降低价值转移率。

其次，要关注影响个别实际消耗的生产资料价值量的因素。单个商品生产者生产某种使用价值实际消耗的生产资料价值量，是由它的个别劳动生产率决定的。在社会必需消耗的生产资料价值不变的前提下，个别劳动生产率越高，它生产某种使用价值所消耗的生产资料价值就会越少，价值转移率就会越高，反之就会越低。而决定个别劳动生产率的因素主要包括个别生产条件、个别劳动熟练程度和强度，以及贯穿其中的个别技术和管理水平。个别技术和管理水平越高，个别生产条件越好，个别劳动强度和熟练程度越高，个别劳动生产率就会越高。正因为如此，单个商品生产者改进技术和管理水平、改善生产条件、提高劳动强度和劳动熟练程度，可以提高个别劳动生产率，并最终提高价值转移率。

再次，要重视个别劳动生产率和社会劳动生产率变动的方向和速度。当个别劳动生产率和社会劳动生产率变动的方向和速度完全一致时，社会生产某种使用价值必需消耗的生产资料价值量的变动和个别实际消耗的生产资料价值量的变动完全一致，价值转移率不变。当个别劳动生产率和社会劳动生产率变动的方向或速度不一致时，价值转移率将发生变化。例如，当个别劳动生产率提高，社会劳动生产率下降时，价值转移率就会提高，当个别劳动生产率降低，而社会劳动生产率提高时，价值转移率就会降低。再如，当个别劳动生产率提高的幅度小于社会劳动生产率提高的幅度时，价值转移率就会降低，反之就会提高，一切依实际情况的具体变化而定。

生产某类商品的商品生产者的价值转移率不外乎如下三种情况：

第一，$Pu = 1$，即实际消耗的生产资料价值＝社会必需消耗的生产资料价值，或者说实际消耗的物化劳动时间＝社会必需消耗的物化劳动时间；

第二，$Pu > 1$，即实际消耗的生产资料价值＜社会必需消耗的生产资料价值，或者说实际消耗的物化劳动时间＜社会必需消耗的物化劳动时间；

第三，$Pu < 1$，即实际消耗的生产资料价值＞社会必需消耗的生产资料价值。

上述情况，可用图 4－1 直观地表现出来：

图中纵轴 P 代表实际消耗的生产资料价值，横轴 U 代表转移了的生产资料价值，从 O 点出发的三条射线，分别代表三种不同的价值转移率。Pu 射线与横轴成 45°向右上方伸展，射线上的任何一点实际消耗的生产资料价值均等于转移了的生产资料价值，故 $Pu = 1$；Pu_1 射线在 Pu 射线上方，与横轴成大于 45°向右上方延伸，射线上的任何一点，其实际消耗的生产资料价值均大于转移的生产资料价值，故 $Pu_1 < 1$；Pu_2 射线在 Pu 射线下方，与横轴成小于 45°向右上方延伸，射线上的任何一点，实际消耗的生产资料价值均小于转移的生产资料价值，故 $Pu_2 > 1$。

当然，从单个商品生产者的实际情况来看，价值转移率总是大于 1，或总是等于和小于 1，都属相当偶然的情况，现实的情况

133

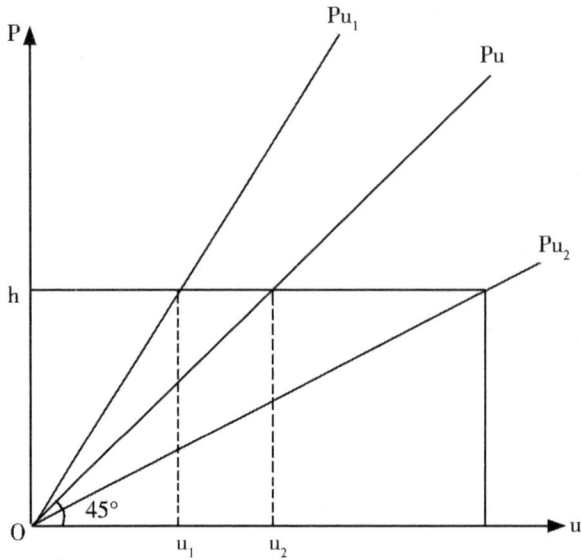

图4-1

可能是有时大于1，有时小于1，有时等于1，一切主要由商品生产者的生产条件、技术力量和管理决策水平的变动情况与社会生产这种商品的平均生产条件、技术力量和管理水平的相对状况而定。当该商品生产者的生产条件、技术力量和管理决策水平低于社会平均水平时，它实际消耗的生产资料价值就会大于转移的生产资料价值，价值转移率就会小于1，生产资料价值的消耗不能得到完全的补偿。正因为如此，就会促使商品生产者改善生产条件，提高技术素质、加强管理和决策的能力。如果由此使生产条件、技术素质和管理决策水平超过了社会平均水平，则所消耗的生产资料价值有可能小于转移的生产资料价值，价值转移率就会大于1。因此，现实的价值转移率线，有时处于 Pu 射线的上方，有时处于 Pu 射线的下方，是一个围绕 Pu 射线上下波动的曲线，见图4-2。

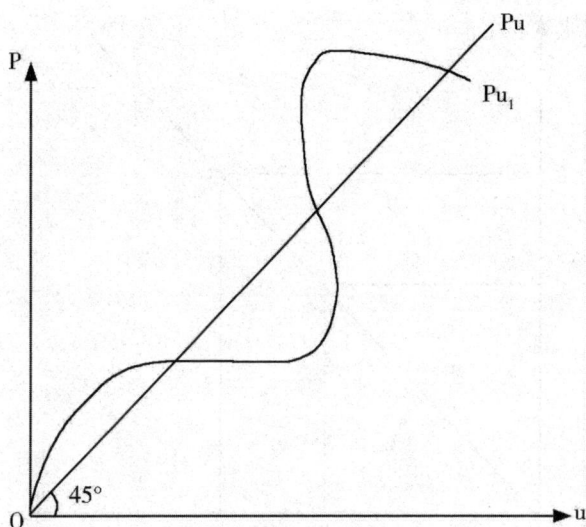

P

45°

O u

图4-2

故我们可以将 Pu 射线称之为正常的价值转移率线，将 Pu_1 射线称之为现实的价值转移率线。

4.3 价值转移最大化的条件

商品生产者要实现价值转移的最大化，在价值转移率不变的情况下，必须减少闲置的生产资料，提高现有生产资料的使用率。在其他条件不变的情况下，使用的生产资料越多，消耗的生产资料越多，转移的生产资料价值也就越多，见图 4-3。

Pu 是不变的价值转移率线，直线上的任何一点的价值转移率相等。OP_1 是原来消耗的生产资料价值，OP_2 是现在消耗的生产资料价值。P_1P_2 是新增加的生产资料价值消耗，Ou_1 是原来转移的生产资料价值，Ou_2 是现在转移的生产资料价值，生产资料价值的消耗由 OP_1 增加到 OP_2，转移的价值由 Ou_1 增加到 Ou_2。

这种在价值转移率不变的情况下，通过增加生产资料消耗增加的转移价值，我们称之为消耗增加转移的价值。

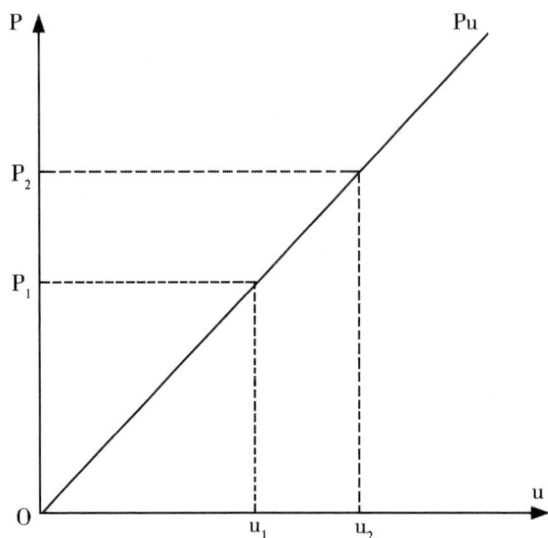

图4-3

　　但是通过消耗增加能够转移的价值是有限的，这不仅在于商品生产者占有的生产资料有限，更重要的在于商品生产者的劳动数量有限，在商品生产者的劳动数量有限的前提下，如果生产函数不变，能够使用消耗的生产资料将是有限的。即使勉为其难，虽然使用和消耗的生产资料增加，但边际生产资料的使用效率将不断下降，边际生产资料价值的转移率也将下降，这样价值转移率线不再是一条直线，而是一条逐渐向上弯曲的曲线，并最终会趋向这一点，在这一点价值转移率等于零，新增的生产资料消耗，其价值全部不能转移，这是消耗生产资料的经济极限，也是增加生产资料消耗转移价值最大化的极限，见图4-4。

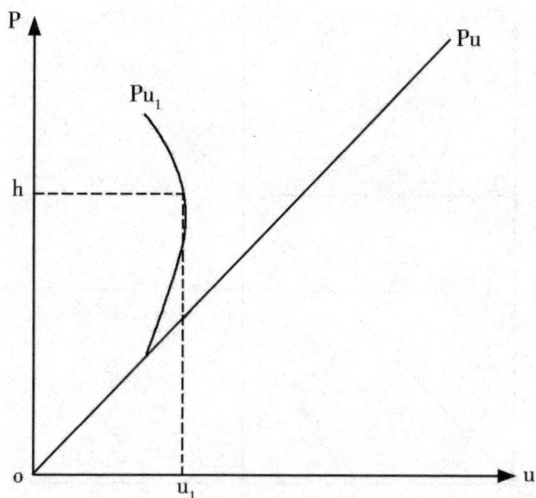

图4-4

图中 Pu 线是正常的价值转移线，Pu_1 是劳动数量和生产函数不变条件下，生产资料不断增加时的价值转移率线，该曲线的拐点是边际价值转移率等于零的点。与此相适应，纵轴上的 h 点是生产资料消耗的最大点，横轴上的 U_1 点是生产资料价值转移的最大点。

同时，任何一种使用价值的社会必需总量是有限的，社会生产这种使用价值必需总量必需消耗的生产资料价值总量也是有限的，商品生产者利用增加生产资料消耗来实现价值转移的最大化，只有当他们生产某种使用价值总量所消耗的生产资料价值总量没有超过社会必需消耗总量时才是可能的，一旦超过，增加的生产资料价值消耗就是浪费，见图 4 - 5。

图中 Pu 线仍为价值转移率线，表示不变的价值转移率，Ou 是社会生产某种使用价值必需消耗的生产资料价值总量或能够转移的生产资料价值总量，Eu_1 线即社会必需消耗的生产资料价值或能够转移的生产资料价值总量限制线，在这条限制线以内，消耗的价值可以转移，在这条限制线之外消耗的生产资料价值不能转移。

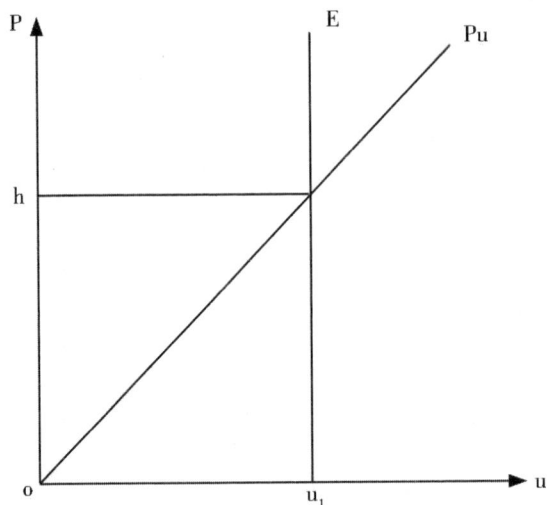

图4-5

因此，Oh 也就是生产某种使用价值的商品生产者在其他情况不变的条件下可以消耗的生产资料价值总量。

通过增加消耗来增加转移价值的论述，显然是在假定价值转移率不变的前提下进行的。但从我们的分析中不难看出，价值转移率不变的假设不是一个现实的假定，社会必需消耗的生产资料价值由社会平均的劳动生产率决定，实际消耗的生产资料价值则由个别劳动生产率决定，即使社会平均的劳动生产率不变，价值转移率也会由于个别劳动生产率的变化而变化。在生产资料消耗不变以及社会生产 1 单位使用价值必需消耗的生产资料价值不变的前提下，商品生产者可以通过提高个别劳动生产率，进而提高个别生产资料的使用效率来提高价值转移率，达到实际增加生产资料价值转移的目的。这种通过提高个别劳动生产率进而提高价值转移率而增加的生产资料价值转移，我们称之为效率提高转移的价值。

问题在于通过提高个别劳动生产率来增加价值转移，是以个别劳动生产率提高能提高价值转移率为前提的，而这又是在假定生产1单位某产品社会必需消耗的生产资料价值不变为条件的。正因为如此，提高个别劳动生产率，降低实际的生产资料消耗，可以提高价值转移率。但是社会生产效率也是可以提高的，生产1单位某产品必需消耗的生产资料价值也会下降，如果社会劳动生产率提高的幅度与个别劳动生产率提高的幅度刚好一致，那么价值转移率将不变，这样个别劳动生产率的提高将不会增加转移价值。在这里，个别商品生产者通过提高个别劳动生产率来增加转移价值，只有在个别劳动生产率的提高幅度大于社会生产这种产品的平均劳动生产率的提高幅度时，才是可能的。

另一方面，正如消耗增加和转移的价值，受社会生产这种使用价值必需消耗的生产资料价值总量的约束一样，效率提高能增加的转移价值，也受社会生产这种使用价值必须消耗的生产资料价值总量的约束。提高劳动生产率增加的转移价值，只有当它不突破生产这种使用价值总量必须消耗的生产资料价值总量时，才是现实的，否则，从一个部门来看可以增加转移价值，从整个社会来看则不能增加转移价值，见图4-6。

图中的 Oh 代表生产资料价值的耗费量，Pu_1 是原来的价值转移率，Pu_2 是劳动生产率提高后的价值转移率，Eu_2 是社会必需消耗的生产资料价值总量，也是生产该产品最多能转移的生产资料价值。当生产资料价值消耗为 Oh，价值转移率为 Pu_1 时，转移的生产资价值为 Ou_1，当生产资料消耗仍为 Oh，价值转移率为 Pu_2 时，初看起来，转移的价值将增加 u_1u_3，但实际上却只能增加 u_1u_2，原因就是 Eu_3 社会必需消耗价值线的限制。如果我们还考虑到，社会对

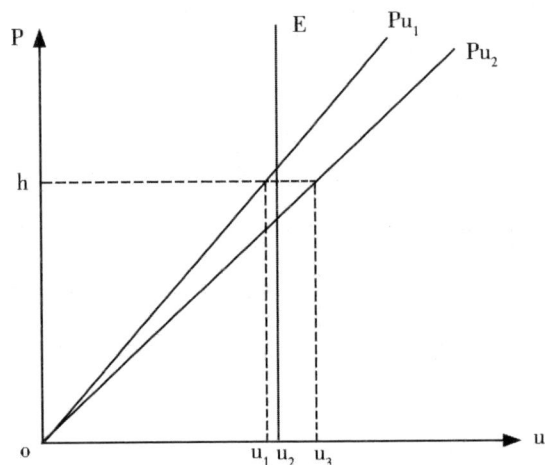

图4-6

某种使用价值的必需总量达到一定限度后可能逐渐缩小的趋势，以及社会劳动生产率提高的趋势，那么，能增加的转移价值将更加有限。严格地说，持久地固定在一个生产部门生产一种产品，不论是增加生产资料的消耗，还是提高生产效率，其价值转移率都会递减，以至于趋向于零。因此，对生产资料价值转移的约束，并不直接来自生产者所占有的能够消耗的生产资料的价值量，而是来自所耗的生产资料能否转移价值，以及价值转移率的高低。如果价值转移率已经趋向于零，不管他消耗多少生产资料，不管他如何提高生产效率，都不能转移价值。

当然，商品生产者的生产可能性不是一个固定点或一种固定的产品，而是由一系列产品和许多产品组合构成的生产可能性曲线。由于各种产品和各种产品组合，社会生产必需消耗的生产资料价值量不一致，商品生产者生产这些产品和产品组合实际消耗的生产资料价值与社会必需消耗的生产资料价值的相对关系也不一致，因此生产不同产品和不同产品组合的价值转移率有高低之分。这样，生产者可以通过放弃低价值转移率产品的生产，生产高价值转移率的产品，来增加转移价值。由于这种转移价值增加是通过生产资料的优化配置实现的，故可称之为生产资料优化配置转移的价值，见图 4-7。

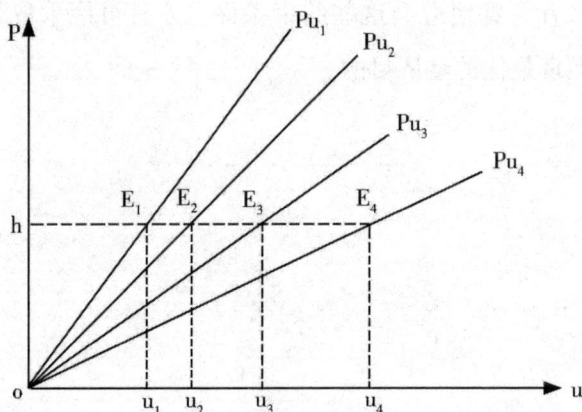

图4-7

图中 Pu_1、Pu_2、Pu_3、Pu_4 分别代表某商品生产者可以生产的四种产品的价值转移率线，Oh 是该商品生产者能够消耗的生产资料价值量，Ou_1、Ou_2、Ou_3、Ou_4 是他消耗的 Oh 量生产资料价值能够转移的生产资料价值的四种可能性。当他放弃 Pu_1 产品生产 Pu_2 产品时，能增加转移价值 u_1u_2 时，当他放弃 Pu_2 生产 Pu_3 产品时能增加转移价值 u_2u_3 量，当他放弃 Pu_3 生产 Pu_4 产品时，能增加转移价值 u_3u_4。显然，在其他情况不变的条件下，要增加转移价值必须生产价值转移率较高的产品，要实现价值转移的最大化必须生产价值转移率最高的产品。因此，在商品生产者的生产可能性的范围之内，如果还有价值转移率高的商品没有生产，或者说他的生产资料不是消耗在价值转移最高的产品之上，那么价值转移的最大化目标就还没有实现，生产资料就还有重新配置的必要和可能。

综上所述，生产资料价值转移量大化是商品生产者在劳动过程中的经济行为的目的。为了实现这一目的，不仅要提高生产资料的使用率，而且要提高生产资料的使用效率，使生产资料的配置最优化。而这一切又受一系列客观经济条件的约束。理性的商品生产者只有自觉地遵循这些约束条件，才有可能采取最优的经济行为，实现最优的经济目的。

第 5 章

科学技术的价值功能效应

> 在马克思看来，科学是一种在历史上起推动作用的、革命的力量。
>
> ——恩格斯

　　我们在分析劳动和生产资料的价值功能效应时，或多或少已经涉及了科学技术的价值效应问题，这种效应分别表现为劳动生产力和生产资料质量的提高。但没有直接研究科学技术与价值之间的函数关系，就不足以充分展示科学技术在劳动价值论中的独特地位和全部魅力。尤其值得注意的是，尽管人们在实践中已经十分深刻地感受到科学技术在现代经济增长中的非凡作用，但仍有一部分学者认为，科学技术只是影响劳动生产率的基本因素，而价值量与劳动生产率成反比，因此提高科学技术水平，不仅不会增加价值量，而且会减少价值量。如果情形果真如此的话，科学技术与劳动价值论显然是不能相容的，劳动价值论也与现代经济增长的客观实际不相符合。本章将重点论述科学技术在劳动价值论中的地位和作用，分析科学技术的价值功能效应及其形成机制。

1. 科学技术与经济发展密不可分

科学是人们对客观世界的认识，是反映客观事实和规律的知识体系，也是一项反映客观事实和规律的知识体系相关活动的事业。技术则是为某一目的而共同协作组成的各种工具和规则体系。如果说科学是发现，回答的主要是"是什么"和"为什么"的问题，那么技术则是发明，回答的主要是"做什么"和"怎样做"的问题。科学是创造知识的研究，技术是综合利用知识于实践的研究；科学提供了物化的可能，技术创造了物化的条件。

1.1 中国科技发展的历史轨迹

科学技术的发展始终是与经济的发展密不可分的。劳动创造了人本身，人类正是在运用自己的劳动在自然界进行物质资料生产的过程中，逐渐发现了自然、认识了自然、改造了自然，形成和发展了自己认识和改造自然的思想成果和途径手段，即科学技术。

我国的科技史源远流长，夏商周时期的青铜器铸造冶炼技术已经非常高超，原始瓷器也开始出现。到了春秋战国时期，炼钢技术和铸铁柔化技术开始广泛应用，使用铁器已成为普遍现象，兴建都江堰、郑国渠，确立了十进位制，测定回归年长度，初步建立中医学理论，彰显了我国古代科学技术的最初繁荣。到了秦汉时期，我国农业轮作制已经确立，《神农本草经》《伤寒杂病论》的问世对后世中医学发展产生巨大影响，《九章算术》确定了中国古代的数学体系。三国两晋南北朝时期出现的刘徽、祖冲之、张子信等科学家对数学和天文学贡献巨大，裴秀提出的制图六体创造了中国古代地图学的基础理论，贾思勰的《齐民要术》标志着农学的成熟，王叔和的《脉经》、皇甫谧的《针灸甲乙经》、陶弘景的《神农本草经集注》丰富了中医学体系，葛洪在炼丹上的研究对原始的化学做出了贡献，马钧在机械制造方面的成就代表了中国古代机械制造的水平。到隋唐时期，中国的四大发明相继问世，北宋科学家沈括撰写了笔记体巨著《梦溪笔谈》把对事物的调查研究提高到可以称之为科学探究的范畴。元朝的科学技术取得很高的成就，其中天文学、数学，甚至医学居于当时世界先进地位，元代数学家及天文学家王恂与郭守敬等制定的《授时历》不但列出了三次内插公式（"招差法"），还使用"垛垒、招差、勾股、弧矢之法"进行缜密计算，其中将穆斯林发明的弧三角法应用于割圆术获得"弧矢割圆术"。明朝出了李时珍《本草纲目》、朱载堉《律学新说》、潘季驯《河防一览》、程大位《算法统宗》、屠本畯《闽中海错疏》、徐光启《农政全书》、宋应星《天工开物》、徐霞客《徐霞客游记》、吴有性《瘟疫论》等不少有世界级水平的著作。清朝乾隆时官修的《医宗金鉴》征集了不少新的秘籍及经验良方，王锡阐著有《晓庵新法》、《五星行度解》等十几种天文学方面的著作，梅文鼎所著天文、历法、数学方面的书籍共达86种，康熙时制成的《皇舆全览图》被李约瑟《中国科学技术史》称为："不但是亚洲当时所有的地图中最好的一幅，而且比当时所有的欧洲地图都更好、更精确。"鸦片战争后，西方科学大

量传入中国，从洋务运动、戊戌变法、一直到辛亥革命，都在
"师夷长技以制夷"。民国开始，中国科学技术和世界科学技术的
发展更为系统地融合到了一起，1928 年中央研究院的诞生、1949
年中国科学院的成立，中国科技研究的发展获得了政府的财力
支持。

新中国科学技术的发展更是突飞猛进，1964 年 10 月成功爆炸
了第一枚原子弹，1967 年 6 月成功爆炸第一枚氢弹，1970 年 4 月
24 日成功发射第一颗人造地球卫星。改革开放以来先后实施的
"神舟系列"和嫦娥登月计划，标示着中国科学技术以前所未有的
速度后发赶超，中国经济随之后来居上。1978 ~ 2008 年，我国的
GDP 由 3645.2 亿元增加到 300,670.0 亿元；人均 GDP 由 381 增加
到 22,674.92 元。改革开放 30 年来，我国 GDP 总量翻了近 4 番，
我国经济对世界经济的贡献率（当年各国 GDP 增量与世界 GDP 增
量之比）也大幅提升。1978 年，我国经济对世界经济的贡献率为
2.3%，与美国相差 35 个百分点，与日本相差 15.9 个百分点，与
欧元区相差 13.6 个百分点。到 2006 年，我国经济对世界经济的贡
献率已上升到 14.5%，仅次于美国（22.8%），居第 2 位，比欧元
区高 1.4 个百分点，比日本高 6.7 个百分点。与主要发展中国家相
比更是遥遥领先。与此同时，我国经济对世界经济的拉动作用也
大幅增强。1978 年，我国经济对世界 GDP 增长的拉动只有 0.1 个
百分点，而同期美国经济对世界经济增长的拉动达到 1.64 个百分
点，占 1/3 强。到 2006 年我国经济对世界经济增长的拉动已提高
到 0.55 个百分点，仅次于美国（0.86）居第 2 位。

科学技术发展既是经济社会发展的重要标志，也是经济社会
发展的重要支撑。我国经济发展的历史进程始终伴随着科学技术

的发展，只在于在人类社会不同发展阶段上，科学技术的发展水平、地位作用不同而已。如果说在以自然经济为特征的传统农业社会，科学技术尚不发达，其作用还不突出的话，那么，在以商品经济和市场经济为特征的现代工业社会和信息社会，科学技术的作用是显而易见的。

1.2　决定世界力量格局的重要因素

科技实力和创新能力决定着世界经济力量对比的变化，也决定着各个国家、各个民族的前途和命运。

16 世纪以来，世界发生了多次科技革命，每一次都深刻影响了世界力量格局。世界大国崛起呈现"科技强国—经济强国—政治强国"的历史规律。一个国家是否强大不仅取决于经济总量、领土幅员和人口规模，更取决于它的创新能力。近代以来，世界经济中心几度转移，其中有一条清晰的脉络，就是科技一直是支撑经济中心地位转移的强大力量。如果单靠经济规模或疆土领地的扩张，而没有强大的科技创新作为支撑，一个国家是无法成为世界强国的。比如，葡萄牙、西班牙和荷兰相继掌握先进航海技术，经由地理大发现开辟了美洲航线、南亚航线和非洲航线，大量征服殖民地，成为 16、17 世纪的世界强国，但由于未能依靠科技创新建立制造业主导的经济结构，继而被其他国家超越。不同历史时期的一些国家抓住科技革命的重大机遇，实现迅速崛起，改写了当时的经济版图和世界格局。英国在第一次科技革命后，依靠完整的科技体系和持续创新能力，成为世界上第一个工业国家。德国在以内燃机和电气化为代表第二次科技革命后崛起成为欧洲工业强国。美国抓住以电子信息等为代表的第三次科技革命机遇成为世界头号强国。日本、亚洲四小龙等依靠科技创新实现赶超成为发达经济体。近代以来，我国落后挨打的根源之一就是科技落后。发生第一次世界科技革命时，我国正处于"康乾盛世"，GDP约占全世界的1/2，但当时的统治者闭关锁国，不重视发展现代科技，到第二次世界科技革命时，鸦片战争爆发，清政府被迫签订不平等条约，我国沦为半殖民地半封建国家。第三次世界科技革命，新中国刚成立不久，百废待兴，科教基础薄弱，通过集中力量实现重点突破，取得两弹一星、结晶牛胰岛素等重大科技成就。当前，我们即将迎来新一轮科技革命和产业变革，如果抓不住机遇，就有可能重蹈历史覆辙。

1.3 现代科技发展的明显趋势

20世纪50年代以来，现代科学技术突飞猛进的发展，并具有加速度发展、整体化趋势、智能化特点。

1945年研制出的计算机，在短短的几十年中，经历了电子管、半导体、集成电路、大规模和超大规模集成电路5代的发展，性能提高了100万倍。21世纪研制的光学计算机，其信息处理速度又将提高上万倍。新技术及其产品的更新速度也越来越快，据统计，大约每隔10年，工业新技术就有30%被淘汰。在电子技术领域中，这一比率更大，超过了50%。现代工程师在5年内，就有一半知识已过时，即知识的半衰期为5年。科技信息的增长速度更为惊人。有人估测，世界科技知识在19世纪是每50年增加1倍，20世纪中叶是每10年增加1倍，现在是3～5年增加1倍。1665年出版了世界第一本科技杂志，1865年增加到1000种，而到1965年已经突破了10万种。不仅是现代科技成果、科技信息以加速度发展，而且任何一项计量指标（国家科研经费投入、科学家人数、科技论文数量等）的计算，都是按指数规律发展的。从进入20世纪后的 60 年以来，世界各国用于科研经费的总和，增加了约 400 倍。到 21 世纪末，全世界科学家的人数，预计将占总人口的 20% 左右。

现代科学技术一方面高度分化，一方面又高度综合。分化实际上就是综合的表现形式和突出标志。这种既相互对立又紧密联系的辩证发展，使现代科学日益结合为一个有机联系的整体。由于科学技术各学科之间彼此渗透和相互促进，使每一学科只有在整个科学体系的相互联系中才能得到发展，导致现代科学体系结构的整体化趋势。为了适应这种趋势，不论是自然科学还是社会科学都走上综合研究的大道，也推动了边缘科学（如生物化学、天文物理学等）和综合科学（如环境科学、空间科学等）的诞生。20 世纪 40 年代以来，为了把握自然界各种事物的某些共同属性及其普通联系，迫使科学家从横的方向上对自然界进行研究，从而产生了一系列横断科学（如信息论、系统论、耗散结构理论等）。横断科学从某一特定的视角揭示了客观世界的本质联系和运动规律，不仅为现代科学技术的发展提供了新思路、新方法，同时还沟通了自然科学和社会科学的联系，使整个科学有了共同的概念、语言和方法。科学社会学、技术经济、管理科学、未来学等一系列新兴学科，就是自然科学与社会科学互相渗透、相互作用的产物。20 世纪后期，人类社会出现的重大科学技术问题、社会发展问题、经济增长问题和环境问题，都具有高度综合性和全球性。科学史告诉我们，科学理论的发展往往并不意味着新理论摧毁旧理论，而是限制和缩小旧理论的作用范围，把旧理论作为新理论的某种特例包含其中。因此，科学理论的每一进展和突破都伴随着人类知识的综合，促进科学整体化的发展。早在 19 世纪，马克思就预见到："自然科学包括人的科学，同样，人的科学也包括自然科学，这将是一门科学。"① 进入新世纪，现代科学的综合化趋势更加明显，现代大科学、大数据、大工程。"大科学"是国际科技界提出的新概念。美国科学学家普赖斯于 1962 年 6 月发表了著名的以《小科学、大科学》为题的演讲。他认为二战前的科学都属于小科学，从二战时期起，进入大科学时代。大科学时代的特点主要表现为：投资强度大、多学科交叉、需要昂贵且复杂的实验设备、研究目标宏大等。大数据或称巨量资料，指的是需要新处理模式才能具有更强的决策力、洞察力和流程优化能力的海量、高增长率和多样化的信息资产。在维克托·迈尔－舍恩伯格及肯尼斯·库克耶编写的《大数据时代》中大数据指不用随机分析法（抽样调查）这样的捷径，而采用所有数据进行分析处理，大数据具有 4V 特点：Volume（大量）、Velocity（高速）、Variety（多样）、Value（价值）。近年来我国强调实施的大科学工程，被称为"国之利器"，建设科技强国必需的标志性技术和工程，主要包括：探秘宇宙的世界最大射电望远镜 FAST；解决人类清洁能源问题的"人造太阳"核聚变装置；世界上最清晰的科技之光之一，产生了众多科研成果的上海同步辐射光源装置；在岩层深处的大亚湾中微子实验室；被称为中国植物"诺亚方舟"的云南野生植物种质资源库，等等。

智能化是指由现代通信与信息技术、计算机网络技术、行业技术、智能控制技术汇集而成的针对某一个方面的应用。从感觉到记忆再到思维这一过程称为"智慧"，智慧的结果产生了行为和

① 《马克思恩格斯全集》第 42 卷，人民出版社 1986 年版，第 128 页。

语言,将行为和语言的表达过程称为"能力",两者合称"智能"。智能是具有感知能力、记忆思维能力、学习适应能力和行为决策能力的系统。随着现代通信技术,计算机网络技术以及现场总线控制技术的飞速发展,特别是微电脑、互联网、大数据等现代技术的发展,数字化、网络化和信息化正在日益深入地融入人们的生活,也使科学、技术、生产日益结合为统一体系,突出表现是互联网+充分发挥互联网在生产要素配置中的优化和集成作用,将互联网的创新成果深度融合于经济社会各领域之中,提升实体经济的创新力和生产力,形成更广泛的以互联网为基础设施和实现工具的经济发展新形态。我国政府正在推进的互联网+行动计划将重点促进以云计算、物联网、大数据为代表的新一代信息技术与现代制造业、生产性服务业等的融合创新,发展壮大新兴业态,打造新的产业增长点,为大众创业、万众创新提供环境,为产业智能化提供支撑,增强新的经济发展动力,促进国民经济提质增效升级。

现代科技发展的趋势表明,科学技术不再只是生产推动的结果,而是走在生产的前面、为生产的发展开辟各种可能的途径,已成为现代社会生产力发展的第一要素,已成为现实的直接生产力。

2. 劳动价值论中的科学技术内含

在现代科技突飞猛进的背景之下,研究商品经济规律、特别是资本主义经济规律的劳动价值论,不可能也不应该对科学技术的作用视而不见。恰恰相反,马克思在研究劳动价值论时,不仅充分考虑和研究了科学技术的积极作用，而且实际上已将科学技术视为影响价值量的重要因素。

2.1 价值质量规定中的科学技术功能

根据马克思的论述，价值是凝结在商品中的一般人类劳动，用马克思自己的话来说，是"无差别的人类劳动的单纯凝结"。[①]"一般人类劳动"也好，"无差别的人类劳动"也好，"都是人的脑、肌肉、神经、手等的生产耗费"，[②]归纳起来无外乎两个方面，一是智力的消耗；二是体力的消耗。人脑是知识、思想、理论的加工厂，也是知识、智慧、经验和技巧的储存器，人脑的生产性消耗，实质是人的各种经验、思想、智慧、文化和方法在生产过程中的运用，是智力劳动、脑力劳动或者说科技劳动的生产性消耗。

现代经济与传统经济的显著区别不在于是否有劳动，而在于劳动之中科技劳动所占的比例。经济越发展，科技劳动所占的比重就越大，体力劳动所占的比重就越小，这不仅表现为对劳动力本身要求具有较高的科学文化水平，而且也表现为在劳动力的构成中，科技人员所占的比重越来越大。例如，"到1965年美国职业结构中，白领工人的数目在工业文明史上第一次超过了蓝领工人。从那时起，这个比率一直在稳步扩大，到1970年，白领工人与蓝领工人的比例超过了五比四"。[③]"然而最惊人的变化是专业和技术人员的增加——这一通常是要求具备大学程度的职业——其增长率是平均增长率的两倍。1940年，美国社会上的这类人员有390

---

① 《马克思恩格斯》第23卷，人民出版社1972年版，第51页。
② 《马克思恩格斯》第23卷，人民出版社1972年版，第57页。
③ 丹尼尔·贝尔：《后工业社会的来临》，商务印书馆1986年版，第23页。

万人，到 1964 年，就上升到 860 万人，据统计，到 1975 年，有
1320 万个专业与技术人员。"① 因此，在现代经济时代，价值作为
一般人类劳动的凝结，主要是科技劳动的凝结，现代经济实际上
是科技劳动主导型经济。科技劳动创造价值与价值质的规定性是
一致的、统一的。正因为如此，以价值为生产目的的商品生产者，
在价值形成过程中，不仅要有体力的消耗，更要有脑力的消耗，
不仅要重视体力劳动的投入，更要重视科技劳动的投入。

从商品的价值量来看，商品的价值量是由社会必要劳动时间
决定的。"社会必要劳动时间是在现有的社会正常的生产条件下，
在社会平均的劳动熟练程度和劳动强度下制造某种使用价值所需
要的劳动时间。"② 其中的社会正常生产条件、社会平均的熟练程
度都与科学技术有关。可以说，社会正常的生产条件，既是正常
数量的生产资料，也是正常科学技术水准的生产资料。至于劳动
的熟练程度，一是取决于劳动的经验；二是取决于劳动的科学技
术含量。关于科学技术对劳动强度的影响，马克思也有过论述，
他指出"由于社会劳动生产力的发展，劳动强度——填满劳动时
间空隙——在某一特殊生产领域，达到异常的程度并成为劳动的
完全固定的特征。以致一个强度较大的劳动小时等于一个比较松
弛的劳动小时 + X"，③ 并把它看成"为什么随着十小时工作法令
的实施，不仅在实施这一法令的英国工业部门生产效率提高了，
而且这些部门所创造的价值量也增加了"④ 的原因。因此，按照马

---

① 丹尼尔·贝尔：《后工业社会的来临》，商务印书馆 1986 年版，第 23 页。
② 《马克思恩格斯全集》第 23 卷，人民出版社 1972 年版，第 52 页。
③ 《马克思恩格斯全集》第 47 卷，人民出版社 1979 年版，第 404 页。
④ 《马克思恩格斯全集》第 47 卷，人民出版社 1979 年版，第 405 页。

克思的论述，科学技术有改善劳动条件、增加劳动强度和提高劳动熟练程度的功能，这种功能可以称之为科学技术的劳动复杂和劳动浓缩功能，同时也是使用同量劳动所创造的价值量增多的功能。

2.2　科学技术在剩余价值形成中的功能及其现代趋势

马克思在研究剩余价值生产过程时，曾将剩余价值分为绝对剩余价值和相对剩余价值两种形式。他认为，绝对剩余价值是在必要劳动时间不变的前提下，通过绝对延长工人的劳动时间实现的。必要劳动时间不变，实际上就是假定科学技术及由此决定的社会劳动生产率不变，但这一点并不排斥，绝对延长的劳动时间，既是劳动者体力的消耗，同时也是劳动者智力的消耗。前提是这种消耗的水平或程度不变而已。相对剩余价值是在工作日不变的前提下，通过缩短必要劳动时间，从而相对延长剩余劳动时间实现的。必要劳动时间缩短，有赖于社会劳动生产力的提高，因为只有这样才能降低生活资料的价值，从而降低劳动力商品的价值。而社会劳动生产力提高，必要劳动时间缩短，又是科学发展和技术进步的结果。所以，马克思在分析了相对剩余价值的本质之后，又专门探讨了相对剩余价值生产由简单协作到工场手工业再到机器大生产的发展过程，这一过程同时也是科学技术的发展过程。事实上，如果科学技术只对使用价值生产有用，而与价值形成无关，我们就无法理解，以剩余价值生产为目的的资本主义生产，为什么在追求剩余价值的同时，也促进生产力的发展，推动科学技术的进步。

人类社会经济实践发展到当代，知识经济的特征突出地显露出来。知识既包括科学知识，也包括技术知识，知识经济就是科学技术在生产过程中起主导作用的经济，是科技型经济或科技密集型经济。知识经济首先是经济的知识化，科学技术在国民生产总值增长中的贡献扩大。据统计，在发达国家 GNP 的增长中，科学技术的贡献率在 20 世纪初为 5% ~20%，20 世纪 50 年代~60 年代为 50% 左右，80 年代上升为 60% ~80%，估计在信息高速公路建成后可能上升到 90%。其次是知识的经济化，生产知识的产业即高新技术产业及其职能逐渐从传统的物质产业部门中分化出来，形成一系列新的产业群，如智能产业、教育产业、信息产业、设计产业、文化产业、创意产业、策划产业等，成为继第一产业、第二产业和第三产业之后的第四产业。最后是资本的知识化，资本逐渐成为知识资本，知识资本在整个资本中所占的比重日益提高。目前，国际经合组织内国家投入研究和开发的费用已达国内生产总值的 2.3%，在美国这个比例已达 2.45%。对研究和开发投入的增大，科技成果增多，形成的知识资本也相应增加。发达国家的一些先进企业有形资本和无形资本的比例已高达 1：2 ~3，1995 年美国许多企业的无形资本比例已达 50% ~60%，这是资本知识化和知识资本化的必然结果。马克思在研究劳动价值论时预计到了现代经济的上述趋势。

马克思分析过劳动资料特别是机器的形态演变，研究了知识在其中的作用及其对劳动的影响。从中我们可以得出这样几个结论：首先，劳动资料经过多种形态变化，最后产生了自动的机器体系。这种自动机器是由许多机器和有智力的器官组成的，是科学通过机器的构造驱使那些没有生命的机器肢体有目的地作为自动机来运转。因此，机器既是知识的结果，是知识和技能的积累，是社会智慧的一般生产力的积累,① 同时也是由知识推动的。这里实际上预计到了资本的知识化趋势。其次,自动机的出现产生了两个后果:其一,单个劳动力创造价值的力量作为无限小的量而趋于消失;其二,直接劳动则被贬低为只是生产过程的一个要素。因此,创造价值的劳动或者说作为价值源泉的劳动上升为社会整体劳动,是直接劳动和间接劳动相结合的劳动。这里所说的间接劳动实际上就是直接生产过程以外的设计、控制、组织、管理、协调等活动,也就是现在所谓的知识劳动或科技劳动。这种趋势实际上就是经济的知识化趋势。再次,一方面,直接从科学中得出的对力学规律的分析和应用,使机器能够完成以前工人完成的同样的劳动,从而节约了劳动,提高了劳动生产率。另一方面在大工业已经达到较高水平的阶段,一切科学都用来为经济服务时,发明将会成为一种职业,而科学在直接生产上的应用本身成为对科学具有决定性的推动作用的要素。这样,他不仅进一步肯定了经济的知识化趋势,而且预计到了知识的产业化趋势,因为发明将成为一种职业。最后,自动机是物化的知识的力量,或物化的知识劳动。它表明,一般社会知识,已经在多么大的程度上变成了直接的生产力,从而社会生产过程本身多么大的程度上受到一般智力的控制,并按照这种智力得到改造。这表明社会生产力已经在多么大的程度上不仅以知识的形式,而且作为社会实践的直接器官,作为实践过程的器官被生产出来,这就是知识的资本化趋势。

显然,马克思对科学技术的功能作用是有充分认识的,对科

---

① 《马克思恩格斯全集》第46卷,人民出版社1980年版,第207~210页。

学技术的功能作用日益加强的趋势是有充分估计的。那些将科学排斥在劳动价值论之外，甚至将两者对立起来的观点是错误的，也是不符合马克思的原意的。

2.3 科学技术是提高劳动生产率与增加价值量的统一

价值量与劳动生产率成反比是劳动价值论的重要命题之一。恰恰是这一命题使信奉劳动价值论的人们很少考虑科学技术的价值功能，也使一些人在肯定科学技术的功能时，放弃劳动价值论：既然价值量与劳动生产率成反比，提高科技水平作为提高劳动生产率的重要因素怎么会增加价值量呢？

这实际上是一种历史性的误会。马克思早就意识到李嘉图在这个问题上的错误。李嘉图曾经认为，随着生产力的提高，增加的只是使用价值形态的财富，而不是增加价值形态的财富。马克思指出，这是一个错误的结论，而且强调不能像李嘉图那样，说明交换价值不会由于生产力的提高而增加①。在马克思看来，提高生产力既增加使用价值，也增加价值。那么，如何解决价值量与劳动生产率成反比和科学技术价值功能的矛盾呢？我认为，关键是要深入理解价值量与劳动生产率成反比的确切含义和适用范围。

实际上，根据马克思的论述，价值量与劳动生产率成反比，是有严格前提条件和有限适用范围的。首先，它是指单位商品的价值量与劳动生产率成反比。劳动生产率提高意味着同量劳动可以生产较多的商品量，相同的劳动量均摊到较多的商品之中，每一单位商品所花费的劳动时间必然会减少，由劳动时间决定的单位商品价值量当然会减少。因此，单位商品的价值量肯定与劳动

---

① 《马克思恩格斯全集》第 46 卷，人民出版社 1980 年版，第 316 页。

生产率成反比。但不管生产力发生了什么变化，同一劳动在同样的时间内提供的价值量总是相同的。① 其次，它是指单位商品的价值量与社会劳动生产率成反比。随着社会劳动生产率提高，生产单位商品的社会必要劳动时间必然减少，因此单位商品的价值量必然减少。但如果生产同样商品的生产者有许多个，且不同的商品生产者有不同的劳动生产率，这样那些有较高个别劳动生产率的商品生产者，就可以用相同的劳动量生产较多的价值量，或者用较少的劳动量生产相同的价值量。相反，那些只有较低劳动生产率的商品生产者，在相同的劳动时间内，则只能生产较少的价值量，或者以较多的劳动量生产相同的价值量。因为个别劳动生产率高于社会劳动生产率的劳动量可以折合为较多的社会必要劳动量，个别劳动生产率低于社会劳动生产率的劳动量只能折合为较少的社会必要劳动量。所以价值量不仅不会与个别劳动生产率成反比，而且会与个别劳动生产率成正比。再次，商品的价值量与社会劳动生产率成反比，只适用于同一时期的抽象分析，不适合于不同时期的历史比较。从同一时期的抽象分析来看，随着社会劳动生产率的提高，生产单位商品所耗费的社会必要劳动时间减少，该单位商品的价值量当然也会减少。这也是单位商品的价格往往会随社会劳动生产率提高而不断下降的原因。但如果我们从不同时期的历史比较来看，情况就会发生变化。"决定商品价值量的社会必要劳动时间在一定社会是一定的。""在不同的文化时代则具有不同的性质。"② 这里所谓的不同性质是指不同国家和不

---

① 《马克思恩格斯全集》第 23 卷，人民出版社 1972 年版，第 60 页。
② 《马克思恩格斯全集》第 23 卷，人民出版社 1972 年版，第 58 页。

同时代，决定社会必要劳动时间的社会正常生产条件、平均熟练程度和平均强度有差别。过去的社会必要劳动时间，是由过去的社会正常生产条件、过去的平均劳动熟练程度和平均劳动强度决定的，现在的社会必要劳动时间则是由现在的社会正常生产条件和现在平均劳动熟练程度及强度决定的。由于科学技术的进步和社会劳动生产率提高，尽管现在生产单位商品的社会必要劳动时间缩短了，但这种缩短了的单位商品中的社会必要劳动时间，相对于过去耗费在该单位商品中的较多的社会必要劳动时间而言，在本质上是相等的，并且能创造相等的价值量。正因为如此，社会生产率提高不仅意味着单位商品现在的价格降低，同时也意味着过去生产的单位商品的贬值。因此，从不同历史时代的比较而言，单位商品的价值量与社会劳动生产率之间也不存在所谓成反比例的关系。

不仅如此，同一国家的不同时期，在社会劳动总量不变的前提下，其价值量还会与社会生产率成正比。因为随着科学技术的进步和社会劳动生产率的提高，现在的社会必要劳动总量相对于过去的同量社会必要劳动总量而言，是社会正常生产条件已经改善、平均的劳动熟练程度和强度已经提高了的社会必要劳动总量。因此，两者的关系类似简单劳动和复杂劳动的关系，现在的社会必要劳动时间是过去同量社会必要劳动时间的自乘和倍加，它所创造的价值量，是过去同量社会必要劳动时间创造的价值量的自乘和倍加。可见，同一国家的不同时期在社会劳动总量不变的前提下，价值总量不仅不会与社会劳动生产率成反比，而且会与社会劳动生产率成正比。这正是随着社会劳动生产率的不断提高，一个国家乃至整个世界的国民生产总值总能不断增加的原因。

可见，价值量与劳动生产率成反比不是一个普遍适用的原理，而是一个有严格前提条件和有限适用范围的命题。不论是单个商品生产者，还是整个社会的全体商品生产者，在劳动时间不变的前提下，提高劳动生产率只会增加价值量而不会减少价值量。正因为如此，那些有利于提高劳动生产率的因素包括协作、分工、管理、组织和科学技术等应用于生产过程，不仅可以提高劳动生产率，而且可以增加价值量。这就是资本家和资本主义国家都重视科学技术及其应用的奥秘所在，也是我们的企业和我们的国家把科学作为第一生产力，实施科教兴国战略的劳动价值论基础。

3. 科学技术在价值形成中的功能

既然科学技术在价值形成中有地位、有作用、有功能，那么其功能和作用究竟有哪些？它们是如何发挥作用的呢？对此，马克思没有细致具体的分析，根据劳动价值论的基本思想，结合现代科学技术发展的实际，科学技术在微观领域的价值功能大体上可分为如下几种类型：

3.1 科学技术的价值增量功能

虽然商品的价值量，是由社会必要劳动时间决定的，但社会必要劳动时间从来就不是孤立存在和赤裸裸地表现出来的。现实的社会必要劳动存在于无数商品生产者的个别劳动之中，表现为许多个别劳动时间。个别劳动时间与社会必要劳动时间既有联系，又有区别。就其联系而言，个别劳动时间是社会必要劳动时间存在的客观基础和前提，社会必要劳动时间是个别劳动时间的内在联系和规律。没有个别劳动时间，就没有社会必要劳动时间。就其区别而言，个别劳动时间是由单个商品生产者劳动的个别生产条件、个别强度和个别熟练程度决定的。社会必要劳动时间则是由劳动的社会正常生产条件、社会平均熟练程度和平均强度决定的。从两者与科学技术的相互关系而言，个别劳动时间是具有特殊或个别科学技术含量的劳动时间，社会必要劳动时间是具有一般或平均科学技术含量的劳动时间。个别劳动时间既有可能高于社会必要劳动时间，也有可能低于社会必要劳动时间，两者相等是相当特殊的情况。

如果假定社会平均的科学技术水平和社会必要劳动时间不变，单个商品生产者就可以在个别劳动量不变的前提下，通过提高自己的科学水平，而使自己的个别劳动量折合为较多的社会必要劳动时间，从而创造较多的价值量。例如，假定在社会正常的科技水平上，生产 1 吨大米的社会必要劳动时间为 1000 小时，而某商品生产者原来在个别技术水平较低的情况下，生产 1 吨大米的个别劳动时间为 2000 小时。因此，当他花费 2000 小时个别劳动时间生产 1 吨大米时，其 2000 小时个别劳动时间，只能凝结为 1000 小时社会必要劳动时间的价值。如果他现在的科技水平提高了 1 倍，且个别劳动时间仍为 2000 小时，则这时，他不仅可以生产 2 吨大米，而且 2000 小时个别劳动时间可以凝结为 2000 小时的社会必要劳动时间，价值量增加了 1 倍。单个商品生产者在个别科技水平低于社会科技水平，从而其个别劳动时间高于社会必要劳动时间的前提下，由于提高个别科技水平而使自己的个别劳动时间创造的价值量增加，我们称其为科学技术的价值增量功能。

3.2 科学技术的价值超额功能

在现实的经济生活中，单个商品生产者不仅可以提高科技水平使之达到社会平均的科技水平，而且有可能使自己的个别科技水平超过社会平均的科技水平。事实上，任何一个产业部门总有一些商品生产者的科技水平高于其他商品生产者的科技水平。那么，个别科技水平高于社会正常科技水平的该商品生产者不仅能使自己的个别劳动创造的价值量增加，而且可以获得超额价值。为了说明这一点，我们仍然假定在社会正常科技水平上生产 1 吨大米的社会必要劳动时间为 1000 小时，现在某商品生产者的个别科技水平比社会平均的科技水平高 1 倍，则他生产 1 吨大米的个别劳动时间只需 500 小时，那么他花费 500 小时个别劳动时间所创造的价值量就等于 1000 小时的社会必要劳动时间，从而获得了超额价值。所谓超额价值即个别劳动时间低于社会必要劳动时间的差额，在此例中，就是 500 小时个别劳动时间与 1000 小时社会必要劳动时间的差额。马克思在研究相对剩余价值理论时，曾将个别劳动时间低于社会劳动时间的差额，称为超额剩余价值。实际上，如果我们撇开商品生产和价值创造的资本形式，将这种差额称为超额价值，具有更为普遍和一般的意义，它既可存在于简单商品经济中，也可存在于社会主义商品经济之中，超额剩余价值不过是超额价值的资本形式而已。单个商品生产者不断提高科学技术水平，以至于超过社会平均的科学技术水平，而使自己的个别劳动时间低于社会必要劳动时间，获得超额价值的这种功能，我们称之为科学技术的价值超额功能。这就是以追求价值最大化为目的的商品生产者极力采用先进的科学技术，使个别劳动生产率高于社会劳动生产率的原因所在。

值得强调的是，个别劳动时间在一国范围内往往指单个商品生产者生产某种商品所耗费的劳动时间，在国际范围内，则是指一国生产某种商品所耗费的劳动时间。正因为如此，在国际上的社会必要劳动时间不变的前提下，一国可以通过采用先进的科学技术，提高本国的劳动生产率，降低生产单位商品所耗费的国别劳动时间，增加本国劳动所创造的价值量。西方发达国家之所以能在劳动总量不变，甚至减少的情况下，增加国民生产总值，主要原因在于它们采用了高于其他国家的科学技术，有较高的国别劳动生产率，从而有较高的价值率。这样，它们生产单位商品所耗费的国别劳动时间，低于国际社会必要劳动时间，其劳动总量所创造的价值总量也就相对较多。

所以，当代国际经济竞争，归根到底是科学技术的竞争，不仅是从使用价值而言的，也是从价值而言的。任何一个国家要在劳动总量不变的前提下增加国民生产总值，只有采用先进的科学技术，提高本国的劳动生产率，舍此别无他途。

3.3 科学技术的价值扩展功能

在研究科学技术价值增量功能和超额功能时，我们始终假定单个商品生产者的个别劳动总量和生产单位商品的社会必要劳动时间不变。因此，科学技术对价值的影响，仅仅通过它对单个商品生产者的个别劳动生产率的影响来实现，并假定这种影响不会提高社会劳动生产率。然而，实际情况并非如此。事实上，正是由于商品生产者的个别劳动生产率高于社会劳动生产率，生产某种商品的个别劳动时间低于社会必要劳动时间，能够给他带来超额价值，也就刺激和促使其他商品生产者纷纷效仿，采用新的科学技术，提高自己的劳动生产率。这样，也就使得科学技术的作用扩展和发散开来，推动社会劳动生产率普遍提高。而提高社会劳动生产率，又使全社会在劳动总量不变的前提下增加使用价值量和价值量，从而实现价值量的扩展，这就是科学技术价值扩展功能。实际情况也是如此，有资料表明，不仅那些首先采用先进科学技术的商品生产者能够获得超额价值，即使是从同一国家来看，它的国民生产总值也会随着科学技术的进步而增长。据西蒙·库兹涅茨提供的资料，美国 1839～1962 年的 123 年间，每隔 10 年，总产值就增长 42.5%，而人口增长仅 21.6%，人均产值增长了 17.2%。欧洲部分的俄国和前苏联，1860～1913 年的 53 年间，每隔 10 年，总产值就增长 30.2%，人口增长 13.8%，人均产值增长 14.4%。1913～1958 年的 45 年间，每隔 10 年，总产值增长 35.7%，人口增长 6.4%，人均产值增长 27.4%（上述产值增长均按不变价格计算）①。从上述资料可以看出，不论是美国，还是俄国和原苏联，总产值的增长速度都快于人口的增长速度，正因为如此，人均产值才有可能增长。如果说总产值的增长可以归因于人口增长的话，那么人均产值的增长，则显然与人口增长无关，而只能归根于社会劳动生产力的提高和科学技术的进步。科学技术的这种功能，实际上是一个国家之所以能在劳动总量不变的前提下，增加国民生产总值，而且增长速度越来越快的根源所在。

3.4 科学技术的价值独创功能

我们在分析科学技术的价值增量、超额和扩展功能时，都假定单位商品生产者总是生产一种产品，并且这种产品始终符合社

---

① 西蒙·库兹涅茨：《现代经济增长》，北京经济出版社 1989 年版，第 55～57 页。

会需要。因此，提高科学技术会提高个别劳动生产率，降低单位商品的个别劳动时间，提高个别劳动的价值率，从而在个别劳动量不变的前提下增加价值量，以至于获得超额价值，并进而促使整个社会劳动生产率提高，增加社会价值总量。问题在于，任何一种商品使用价值的需求总量都不是恒定不变的。一方面，随着生产的扩张和供给的扩大，这种商品使用价值的供给量有可能超过社会的需求总量。另一方面，随着收入水平和消费习惯的变迁，人们对这种使用价值的需求总量有可能减少，在这种情况下，商品生产者如果仍然只在原有商品的生产上做文章、下力气，最终必然会出现其个别劳动总量突破社会必要劳动总量的界限而表现为虚耗和浪费，甚至出现使个别劳动总量创造的价值量递减以至于为零的趋势。在这种情况下，即使继续提高原有产品生产的科学技术水平和个别劳动生产率也无能为力。当然，产生问题同时也蕴含了解决问题的办法。

实际上，科学技术的价值功能，不仅表现在它提高原有产品劳动生产率的过程之中，也表现在它能不断地开发新产品、提供新服务的过程之中。科学技术的本质是创新，科技创新一是生产方法的创新，它将提高原有产品的劳动生产率，发挥劳动的价值增量、超额和扩展功能；二是表现为产品创新，它将通过发现和发明新产品、提供新服务而发挥价值独创效应，生产独创性价值。所谓独创性价值，一是包含在新的使用价值之中的价值，这种新使用价值是其他商品生产者不能生产和没有生产过的，是独有的，也是独特的，其供给具有垄断性，需求具有扩张性；二是它的本质是创新劳动，是创新劳动形成的价值。由于创新劳动具有探索性、独创性和风险性。因此，只要这种创新劳动量所生产的使用价值适应了社会需求，刺激了社会需求，就直接转变为了社会必要劳动时间而成为现实的价值量，并因此而使自己的探索性、风险性和独创性耗费和投入得到完全的补偿。这样，相对于生产旧产品而言，能给商品生产者带来较多的价值收益。这就是科学技术的价值独创功能，也是单个商品生产者运用科学技术致力于产品创新、开发新产品的原因和理由。

对科学技术在价值形成中的功能分析说明，科学技术的发展和科技水平的提高既有价值增量功能、价值超额功能和价值扩展功能，也有价值独创功能。那么，能否因此就简单地认为科学技术也创造价值，甚至轻率地断定马克思的劳动价值论失灵了呢？显然不能。为此，必须澄清和重申以下几点。

第一，科技劳动创造价值。科技劳动有狭义和广义之分，狭义的科技劳动是指科学家和技术人员发现和发明科学技术成果的劳动，这些科学技术成果包括知识、原理、理论、方法、规则和工具等，如达尔文发现进化论，爱因斯坦发现相对论，爱迪生发明电报电话等。由于这些科学技术成果有使用价值，符合社会需要，同时又耗费了社会必要劳动时间，凝结了一般人类劳动，具有价值。因此，它们也是商品，可以用来进行交换。在现代经济生活中，知识产权与贸易的关系越来越紧密，1995年1月1日，随着 WTO 的正式成立，《与贸易有关的知识产权协议》正式开始实施，并越来越引起各国的高度重视，至1996年2月底，在 WTO 的多边贸易体制内已一共发生了23起有关知识产权的案件，占同期 WTO 体制内发生的226起案件的1/10左右[1]，这就在在实践上

————————

① 《WTO 与知识产权争端》，上海人民出版社2001年版，第2页。

肯定了科学技术成果的商品属性，也在客观上承认了科技劳动创造价值的属性。

第二，广义的科技劳动则是指运用科技成果生产普通产品的劳动。这种劳动生产的产品虽然不是科学技术本身，而是普通产品，但只要这些商品符合社会需要，具有使用价值，那么这种劳动同样也是社会所必要的，同样也能创造价值。不仅如此，正如我们前面已经分析的，运用科学技术的劳动不仅可以创造价值，而且具有价值增量功能、价值超额功能、价值扩展功能和价值独创功能。它们创造的价值量相对于普通劳动创造的价值量来说要多得多，因为这种科技劳动是使用科学技术的劳动，是脑力劳动，是复杂劳动，是创新劳动，是浓缩了的劳动，当然也是相对来说可以创造更多价值的劳动。如果我们说科学技术创造价值，仅仅是指科技劳动创造价值，无疑是正确的，也是没有争议的。

第三，科学技术本身不创造价值。实际上，人们所理解的科学技术，往往是指以知识、原理、理论、规则、工具等形式存在的科学技术，这种科学技术无论是以思想意识和观念的形式存在于人们的头脑之中，还是以书籍光盘的形式存在于有形的物体之中，都是物化了的科技劳动，是科技劳动的结晶。它们作为过去的科技劳动成果只能将自己的价值转移到新产品中去，它本身是不能直接创造价值的。科学技术的价值功能始终是以活劳动的存在为前提，也只能通过对活劳动的影响来实现。必须而且只有当科学技术的发展能够提高单个商品生产者的个别劳动生产率，从而，其个别劳动的生产条件优于社会正常的生产条件，其个别的劳动强度和个别的劳动熟练程度高于社会平均的劳动强度和劳动熟练程度时，才会使这一个别劳动有较高的价值率，并创造出较多的价值量。只有当科学技术的发展，使现在的社会必要劳动时间，无论从正常生产条件，还是平均的熟练程度和强度来说都具有不同于过去的社会必要劳动时间的性质，或者说其社会劳动生产率高于过去的社会劳动生产率，它才会推动价值总量增长。从这个意义上说，科学技术只是劳动创造价值的手段和条件，并且是必要的和越来越重要的条件，但不是价值的本质和源泉，价值的本质和源泉仍然是劳动。可见，承认科学技术在价值形成中有功能，并不等于科学技术也创造价值。价值仍然是一般人类劳动的凝结，价值量仍然是由社会必要劳动时间决定的，价值仍然是由活劳动创造的。科学技术的价值功能，是科学技术在劳动创造价值的过程中起了一种劳动"催化剂"和"放大器"的作用。

第四，劳动价值论和科学技术是辩证统一的。坚持劳动价值既要承认科学技术在劳动创造价值中的功能作用，高度重视科学技术的发展，充分发挥科学技术的功能，这是劳动价值论题中应有之义，也是马克思的劳动价值论区别于李嘉图的劳动价值论的标志之一，否则就无法解释科学技术在当代经济生活中的积极作用和贡献。同时又不能将科学技术的价值功能误认为科学技术也能创造价值，否则就会得出物化劳动也创造价值的结论，这是对劳动价值论的反动，会再落萨伊的"三位一体"公式的陷阱。这是我们研究科学技术的价值功能得出的基本结论。

第6章

制度的价值效应

> 制度是一个社会的博弈规则，或者更规范一点说，它们是一些人为设计的、型塑人们互动关系的约束。
>
> ——诺思

现代经济思想发展的突出特点之一，是新制度经济学的兴起。在其看来，制度从来不是经济增长的外生变量，而是经济增长的内在函数，近代西方世界的兴起，从表面上来看只是要素结构调整和科学技术创新的结果，但根本原因则是包括体制机制在内的制度变迁。这种见解与马克思的思想异曲同工。马克思在研究简单协作、工场手工业和机器大生产在剩余价值生产中的作用，以及私人劳动和社会劳动、具体劳动和抽象劳动、社会化大生产和私人占有之间的矛盾对价值和剩余价值生产的影响时，实际上也肯定了制度和经济增长的函数关系。本章的主要任务是以制度为自变量、价值为因变量，研究制度对价值量的影响及其规律。

1. 制度及其变迁

制度的含义纷繁复杂，制度的形式多种多样，对制度的经济效应和价值效应的分析和把握往往也因对制度本质和形式的理解和认知差异而相去甚远。有鉴于此，我们对制度价值效应的分析首先还是从制度本质和形式的研究探讨开始。

1.1 制度的本质和形式

制度通常指要求大家共同遵守的办事规程、行为准则，或指在一定历史条件下形成的法令、礼俗等规范和规则。但经济学意义上的制度似乎要比这种理解严格一些。在制度经济学家关于制度的诸多定义中，最具代表性和人们最为认同的可能是康芒斯的看法："如果我们要找出一种普遍的规则，适用于一切所谓属于'制度'的行为，我们可以把制度解释为集体行为控制个体行为"①。而集体控制个人的行为包括约定的习俗、共有的原则、行为的规则、合理的标准、合法的程序等，以此解决个人能或不能做、必须这样或必须不这样做、可以做或不可以做的事。也就是说制度无非是集体约束和规范个人行为的各种习俗、原则、规矩、标准、程序等。艾尔森纳把制度定义为"一种决策或行为规则"②、舒尔茨将制度定义为"一种行为规则"，以及诺斯将制度当作"一个社会的博弈规则"③，实际上都没有超出康芒斯的制度范畴。其

① 康芒斯：《制度经济学》，商务印书馆 1962 年版，第 87 页。
② 科斯等：《财产权利与制度变迁》，上海人民出版社 1996 年版，第 253 页。
③ 诺斯：《制度、制度变迁与经济绩效》，商务印书馆 2008 年版，第 3 页。

实，不同制度经济学者对制度的认识差异，更多的在于对约束和规范个人行为的规则有不同的侧重点和着力点，由此也就生发出制度形式的多样性。

从涉及内容来看，制度可以分为经济制度、政治制度和意识形态制度等。当制度经济学的先驱凡勃伦强调"制度实质上就是个人或社会对有关某些关系或某些作用的一般思想习惯，而生活方式所由构成的是，在某一时期或社会发展的某一阶段通行的制度的综合，因此从心理学的方面来说，可以概括地把它说成是一种流行的精神态度或一种流行的生活理论"① 时，他突出的是制度的意识形态特性。当马克思告诉我们："人们在自己生活的社会生产中发生一定的、必然的、不以他们的意志为转移的关系，即同他们的物质生产力的一定发展阶段相适合的生产关系。这些生产关系的总和构成社会的经济结构，即有法律的和政治的上层建筑竖立其上并有一定的社会意识形式与之相适应的现实基础"② 时，他实际上将制度视为与生产力相适应的生产关系、上层建筑和意识形态，即经济制度、政治制度和意识形态制度，其中经济制度是起决定性作用的制度。

从涉及领域和范围看，制度可以分为微观制度和宏观制度，马克思在研究资本主义生产过程时，具体分析简单协作、工场手工业和机器大生产的具体特点和发展过程时，他涉及的主要是单个企业内部的生产制度，即微观经济制度；而当他立足生产社会化和资本主义私人占有之间的矛盾，深入探讨资本主义积累的历

① 凡勃伦：《有闲阶级论》，商务印书馆 1964 年版，第 139～140 页。
② 《马克思恩格斯选集》第 2 卷，人民出版社 1972 年版，第 82 页。

史趋势和社会总资本再生产的实现条件和规律时，则更多的是关注宏观经济制度。这种宏观经济制度的研究和分析，彰显了马克思主义制度分析的鲜明特色和独特优势，正如道格拉斯·诺斯曾指出的："在详细描述长期变迁的各种现存理论中，马克思的分析框架是最有说服力的，这恰恰是因为它包括了新古典分析框架所遗漏的所有因素：制度、产权、国家和意识形态。"① 也正因为如此，新制度经济学的代表人物阿尔奇安和德姆塞茨不仅强调制度"帮助人们形成那种在他与别人的交易中可以合理把握的预期"，而且肯定制度要提供"解决跟资源稀缺有关的社会问题"以及相关利益冲突的方式。

从存在形态和影响方式来看，制度可以分为正式制度和非正式制度。非正式制度又称非正式约束、非正式规则，是指人们在长期社会交往过程中逐步形成，并得到社会认可的约定俗成、共同恪守的行为准则，包括价值信念、风俗习惯、文化传统、道德伦理、意识形态等。马克斯·韦伯的《新教伦理与资本主义精神》通过考察西欧中世纪社会结构如政教分离、分封体制以及城邦制度兴起等的变化，充分肯定精神因素包括社会习俗、惯例和制度尤其是价值观念对制度演化不仅有先导作用，而且是重要动力，突出的就是非正式制度的功能，这一点与凡勃伦对制度的认知不谋而合。正式制度是与国家权力或某个组织相联系的成文规定，是以某种明确形式确定，并且由行为人所在的组织进行监督和用强制力保证实施的法律、法规、政策、规章、契约等。道格拉斯·C·诺思认为正式约束与非正式约束之间，只存在程度上的差

---

① 诺斯:《制度、制度变迁与经济绩效》，商务印书馆2008年版，第68页。

异，与社会从不甚复杂的形式到复杂形式的演进过程相似，从不成文的传统，到习俗，再到成文法亦发生着漫长、波折的单向性演进，而正式规则能够补充和强化非正式约束的有效性。霍布斯在《利维坦》中，将"君主制"视为约束个人的自利行为、防止社会落入自然状态的重要手段，亚当·斯密在《国富论》中，肯定农奴制、分佃农制和长期租地权保护法"所起的促进英格兰伟大光荣的作用，也许比为商业而订立的所有各种夸大条例所起的作用还要大得多"①。

1.2 制度的变迁和类别

制度不是天赋的、上帝安排的和永恒不变的，而是客观的、历史的和不断变化的。人类社会初始阶段的制度状态和现代社会的制度设计和制度安排不可同日而语，其差异也远非非正式制度和正式制度所能概括。正是在制度与发展的持续互动中，传统社会演变并发展到了现代社会，传统经济转化并发展成为现代经济。

马克思的伟大发现和杰出贡献之一就在于，他不仅肯定人类社会的客观历史性和永恒发展性，而且将这种历史性和发展性归根为生产力、生产关系、上层建筑、意识形态之间的矛盾运动。在他看来，不论是作为生产关系的经济制度，还是作为上层建筑的政治制度，抑或是具有非正式制度特性的意识形态，都是生产力发展的要求，都是生产力发展的产物，也都是生产力发展的条件、途径和手段。或者说，制度不是抽象的观念范畴和永恒的法学概念，而是根植于物质生产条件、体现现实社会经济关系的具

---

① 亚当·斯密：《国民财富的性质和原因》，商务印书馆 1972 年版，第 357～358 页。

体的历史的社会经济范畴，人类社会的发展过程本质上是生产力和制度交互运动的客观自然历史过程。

制度变迁从程度来分，包括"历史更替"和"历史变更"两种形式，马克思曾经说过，包括"一切所有制关系"在内的社会经济制度"都经历了经常的历史更替、经常的历史变更"①。制度的"历史更替"，可称之为外延型制度变迁，即一种旧制度被另一种新制度所取代，是制度的质的飞跃和根本性变革。人类社会发展经历五种社会形态，从原始社会、奴隶社会、封建社会、资本主义社会，到社会主义社会乃至共产主义社会，是经济社会制度的历史更替。制度的"历史变更"，可称之为内含型制度变迁，即同一种制度在其根本性质稳定不变基础上出现的具体实现形式的历史变迁，是制度量的扩张或收缩，是量变。同一制度在一定历史时期，即使没有被其他制度所取代，其内部关系也处在经常变动之中，从而有不同表现方式和实现形式。资本主义生产方式从个人业主制到合伙制，再从合伙制发展到有限责任公司和股份有限公司，是内含型制度变迁；从产业资本家与商业资本家的分离，到职能资本家与借贷资本家及银行资本家的分离，同样也是内含型制度变迁。其结果不仅是生产职能和流通职能的分离，同时也是所有权职能和经营权职能的分离，而且是生产经营职能和资本经营职能的分离，这是资本主义生产方式实现形式的多样化。经济社会制度历史更替和历史变更的共同存在和交替出现，构成了现实制度运动的复杂景观和具体轨迹，也反映了制度变迁由量变到质变、由质变到量变、以及质量互变的辩证过程。我们经常讲

---

① 《马克思恩格斯选集》第 1 卷，人民出版社 1972 年版，第 265 页。

的所谓的制度革命和体制改革，实际上就是制度的"历史更替"和制度的"历史变更"另一种表达方式。

制度变迁从主体来分，包括内源自发性制度变迁和外源推动性制度变迁。内源自发性制度变迁是在外部环境和条件没有变化的情况下，由经济主体从追求自身利益最大化的要求出发，根据要素与产品相对价格的变化以及与经济增长相关联的技术手段变化做出的行为规范调整和生产方式创新。例如，改革开放前我国农村实行三级所有、队为基础的人民公社制度，农村、农业、农民一直没有从根本上解决贫困落后面貌。1978 年，安徽省凤阳县小岗村 18 位农民在一张秘密契约上按上红手印——实行包产到户，结果一年大变样：1979 年秋收，小岗村的粮食总产由 1978 年的 1.8 万公斤猛增到 6.6 万公斤。类似情形在资本主义简单协作、工场手工业和机器大生产等制度变迁中也清晰可见。外源推动性制度变迁，则是外部环境和条件变化的结果，尽管这种变化最终要通过经济主体响应、选择和对接来实现，但制度变迁的最初动机毕竟来自外部。正是因为小岗村的探索取得巨大成绩和显著效果，中央把它拿来加工提高作为全国的指导并在全国推广，搞农村家庭联产承包、废除人民公社制度的星星之火就在全国形成燎原之势，开始的时候只有三分之一的省干起来，第二年超过三分之二，第三年才差不多全部跟上。这时的农业制度变迁也就从内源自发演变为外源推动变迁了。

在外源推动性制度变迁中，政府往往扮演十分重要的角色、发挥十分重要的作用，它们通常根据自己对制度演变趋势的把握和新旧制度利弊的分析，明确制度演变的方向，并通过相应手段推动制度朝着确定方向演变。而政府推动制度演变主要以政策诱导和权力强制为特征，故可区分为诱致性制度变迁和强制性制度变迁。林毅夫曾经认为诱致性制度变迁指的是现行制度安排的变更或替代，或者是新制度安排的创造，它由个人或一群（个）人，在响应获利机会时自发倡导、组织和实行。与此相反，强制性制度变迁是由政府命令和法律引入或实行的。在这里，他实际上混淆了制度变迁主体和制度变迁手段两个不同层次的问题。其实，诱致性制度变迁和强制性制度变迁都是以政府为主体推动的制度变迁，区别在于前者以政策诱导为杠杆，后者以权力强制为手段。从这个意义上说，拉坦有关诱致性制度变迁的认识更符合逻辑，他认为"对制度变迁需求的转变是由要素与产品的相对价格的变化以及与经济增长相关联的技术变迁所引致的"。或者说"新的收入流的分割所导致的与技术变迁或制度绩效的增进相联系的效率收益，这是进行进一步的制度变迁的一个主要激励"①。而"要素与产品的相对价格的变化"和"新的收入流的分割"在政府政策作用下出现"由某种在原有制度安排下无法得到的获利机会"、"新的利润空间"或"潜在的外部利润"时，就会诱使追求潜在收益的经济主体采取新的制度安排、实现制度变迁。显然，诱致性制度变迁是通过对内生变量的影响实现的，但这种影响来自政府的利益诱导而非权力强制。

强制性制度变迁虽然是由政府命令和法律引入采取自上而下方式实行的，但强制变迁的外部推动力，最终也会影响经济体内部要素与产品的相对价格、收入流和利润空间。不过这种影响更多的不是采取新制度直接带来的收入，而是保持旧制度所面临的

---

① 科斯等：《财产权利与制度变迁》，上海人民出版社 1996 年版，第 335 页。

违纪违法风险和成本导致。因此，强制性制度变迁的实际进程是快是慢、效果是好是坏，关键还是取决于经济主体选择政府强制推行的制度的预期收益和风险成本。一般来说，选择政府强制推行的制度的预期收益愈高、风险成本愈低，经济主体接受、参与和实行新制度的积极性就会越高，制度变迁在个人理性与社会理性一致道路上加速推进的可能性就会越大。反之，如果选择政府强制推行的制度的预期收益低、风险成本高，经济主体接受、参与和实行新制度的积极性就会低，制度变迁的个人理性就会背离社会理性，加速推进的可能性就会越小。

渐进性制度变迁和激进性制度变迁。渐进式制度变迁是一种演进式的分步走的制度变迁方式，具有在时间、速度和次序选择上的渐进特征，而激进式制度变迁也被称为"休克疗法"或"震荡疗法"，是一种大爆炸式的跳跃性的制度变迁方式，在较短时间内完成大规模的整体性制度变革。严格地说，渐进和激进的区别，不是制度变迁的手段和方法问题，而是制度变迁的表现形式或形态问题。例如，我国对资本主义工商业的社会主义改造，就其手段而言采取的是和平赎买即利益诱导方式，但就其变迁的形态而言，它在很短时间内实现和完成由私有制到公有制的实质性飞跃，实际上是激进的制度变迁。同样，有些强制性制度变迁也采取渐进的形式。例如，我国农村家庭联产承包责任制最早是由小岗村自发实行的，后来得到中央肯定，并于 1982 年 1 月 1 日下发我党历史上第一个关于农村工作的一号文件，在全国推行家庭联产承包责任制，直至 1991 年 11 月，党的十三届八中全会通过《中共中央关于进一步加强农业和农村工作的决定》，进一步明确以家庭联产承包为主的责任制、统分结合的双层经营体制作为我国乡村集体经济组织的一项基本制度要长期稳定下来，并不断充实完善。
显然，我国农村实行家庭联产承包责任制，从中央自上而下全面
推广普遍实行这个角度看，具有强制性制度变迁的特点，但这种
变迁又是有序推进分步实施的，并非激进性制度变迁，而属渐进
性制度变迁。

1.3 制度变迁的原因

制度变迁不是空穴来风。制度变迁的现实之风起于需求动力
和供给条件的青萍之末。马克思曾经说过："无论哪一个社会形
态，在它们所能容纳的全部生产力发挥出来以前，是决不会灭亡
的；而新的更高的生产关系，在它存在的物质条件在旧社会的胞
胎里成熟以前，是决不会出现的。"[①] 这一被人们常常称之为"两
个决不会"的定理，揭示的正是制度变迁包括制度"更替"和制
度"变更"的现实需求动力和供给条件。

制度变迁的需求动力是什么？依马克思之意，就是当制度束
缚和阻碍生产力发展，以至于其容纳的全部生产力不能发挥出来
时，制度变迁的动力就出现了，制度变迁的需求就产生了。现在
需要进一步解决的问题是体现制度束缚和阻碍生产力发展的衡量
尺度和制度不能发挥全部生产力的判断标准究竟是什么？

概括起来说，主要包括四个标准。一是主体活力标准，即各
类生产要素所有权主体是否有积极投入生产要素的主动性和积极
性。如果掌握有生产要素所有权的经济主体不愿意投资、不愿劳
动，说明现有制度设计和制度安排不利于调动投资者和劳动者的
投资和劳动的积极性，不能充分激发投资者和劳动者的活力。例

---

① 《马克思恩格斯选集》第 2 卷，人民出版社 1972 年版，第 83 页。

如，在高度集中的计划经济条件下，搞的是平均主义，吃的是大锅饭，干与不干一个样，干多干少一个样，其结果是搭便车、磨洋工、出工不出力，这就要求制度创新和体制改革。二是要素使用标准，即构成生产力的各种要素存量使用是否充分，增量能否维持。如果生产要素存量使用不充分，或工人大量失业、或产能普遍过剩、或资本闲置，这就表明制度不能发挥全部生产力。如果生产要素增量不能维持，再生产和扩大再生产得不到保证，这就意味着现存制度束缚和阻碍生产力发展。两者也会要求制度创新和体制改革。三是要素效率标准，即所有生产要素的使用是否有效率，是否能带来实实在在的效益。生产力能否充分发挥和积极发展，不仅取决于要素主体的积极性和要素使用的充分程度，而且取决于要素使用的效率高低。要素虽然得到了充分使用，但使用效率不高，高投入、高消耗没有带来高产出、高收益，其结果是入不敷出、得不偿失，做的是亏本生意。长此以往，生产难以为继，经济发展不可持续，迟早还得在制度创新上找出路。四是要素配置标准，即各种生产要素，包括资本、土地、劳动力能不能有效配置到最需要的部门、产业、行业和企业，实现资源的最优配置，包括资源配置的渠道是否畅通、机制是否灵活、效益是否理想等。要素使用效率高不高，主要是微观组织内部的管理及其机制问题，要素配置效益好不好，主要是经济的社会分工及其协调机制问题，我国之所以由计划经济体制走向市场经济体制，既是因为高度集中的计划经济体制限制了企业的积极性，不利于提高生产要素的使用效率，也是因为政府管得太宽、太多、太死，不利于提高生产要素的配置效率。

　　制度变迁的供给条件是什么？或者说新制度产生的社会经济

物质条件有哪些？一是有新制度赖以生存发展的经济主体。制度归根到底是不同经济主体追求物质利益选择的结果。某一经济制度能否产生和形成，首先在于这一制度是否有创造、选择、欢迎和接受这一制度的经济主体，不受任何经济主体欢迎和接受的制度，是不可能被创造出来的，也是不可能被经济主体所选择的。即使强制实施或强力推行，也会因经济主体的"消极抵抗"而消解。其次在于创造、选择、欢迎和接受这一制度的经济主体在整个经济主体中所占的比重、所处的地位、所起的作用。同一制度对不同经济主体带来的经济后果并非完全一致。例如，缩短劳动时间和提高工资待遇的制度安排，对工人来说当然是"福音"，而对企业来说显然是"负担"。这种差异必然带来他们在对待这一制度安排态度上的差异。最终这一制度安排是否实施和实施的实际效果如何，往往是工人和企业共同博弈的结果，也取决于两者在博弈中的权力运作和力量对比。二是有引导和推动经济主体创新制度的动力和压力。制度创新的动力既来自内在的利益追求，也来自外在的竞争压力、行政压力、舆论压力等。经济主体不是纯粹的"经济人"，也不是单纯追求利益的经济"动物"，他们都生活在现实的社会生活之中，都会受外在环境的影响。这种影响首先来自市场竞争力。市场外部生产同类产品的不同经济主体，因为采取不同经济制度，在其他条件不变的情况下也可能会有不同的经济效果，那些因为采取较好经济制度而带来较好经济效益的经济主体，实际上就树立了一个学习榜样和示范标杆，引领其他经济主体"看齐"、跟上。其次来自政府行政推动力。在制度创新变迁过程中，政府的顶层设计和行政推动所起的作用越来越大。政府的制度偏好、制度引领、制度设计、制度安排和制度推动，往往成为经济主体制度选择的重要考量和重要依据。这不仅来自行政法规的强制力，实际上也来自企业利益权衡的抉择，违背政府意愿企业是要付出代价的，与政府保持一致也会有好处。当然，反过来，企业有时也会想方设法让政府的制度创新体现企业的意愿、主张和利益，但为此恐怕也得支付游说成本、公关费用。最终究竟是被动适用政府的制度导向和约束，还是积极出击游说政府，影响政府的制度设计，也有个权衡利弊得失的问题。最后来自社会的舆论引导力。在现代经济生活中，社会舆论的作用是任何经济主体都不会忽视的，这一点我们可以从企业愿意花那么多钱来做广告、做慈善中窥见一斑。不仅如此，任何经济主体也都会利用社会舆论工具表达自己的制度主张、制度意愿和制度影响，社会舆论的影响力归根到底是各类主体不同制度主张的博弈场，也是这些制度主张博弈的结果。三是有制度创新的物质技术条件。农业小生产和机器大生产所依以进行的物质技术条件既有数量差别，也有质量差异。正是这些差别和差异决定了两者在制度、体制和机制上的差异。马克思曾经说过："手推磨产生的是封建主的社会，蒸汽磨产生的是工业资本家的社会。"这一点在企业内部制度的选择上也同样有效。例如，简单协作和企业内部分工只需要集中一定数量的劳动力。马克思在分析资本主义协作时就认为："资本主义生产实际上是在同一个资本同时雇用较多的工人，因而劳动过程扩大了自己的规模并提供较大量的产品的时候开始的。较多的工人在同一时间、同一空间（或者说同一劳动场所），为了生产同种商品，在同一资本家的指挥下工作，这在历史上和逻辑上都是资本主义生产的起点。"而企业公司制特别是股份有限公司则往往以劳动要素和物质要素同时集中和规模巨大为基础，这正是机器大生产的必然结果。机器大生产的内部扩张和外在竞争提高了资本的有机构成，也扩大了企业对资本的需求，满足这种需求单靠个别资本的积累和积聚远水难解近渴，资本的集中、联合和合作应运而生。诚如马克思所言"积累，即由圆形运动变为螺旋形运动的再生产所引起的资本的逐渐增大，同仅仅要求改变社会资本各组成部分的量的组合的集中比较起来，是一个极其缓慢的过程。假如必须等待积累去使某些单个资本增长到能够修建铁路的程度，那么恐怕直到今天世界上还没有铁路。但是，集中通过股份公司转瞬之间就把这件事情完成了。"①

2. 制度的成本耗费

制度的形成、创新和变迁，并不像人们直接观察和单纯想象的那样仅仅是文化的使然和国家的强制，在制度选择的过程中实际上存在着一个巨大的有形或无形的市场，在这个市场中，制度供给、制度需求和制度价格交互作用，共同决定着制度的运行和从非均衡到均衡的现实趋势和客观状态。正因为如此，人们力图把"需求－供给"分析拓展到制度领域，以观察、分析和认识制度创新、演变的经济机制。林毅夫就说过，制度选择及制度变迁可以用"需求－供给"这一经典的理论构架来进行分析，这也是新制度经济学的特色和优势。其实，隐藏在制度供给与需求这种市场运行机制背后的则是人们基于制度成本和收益的考

---

① 《马克思恩格斯全集》第23卷，人民出版社1972年版，第688页。

量、比较、权衡和选择。因此，我们的分析先从制度的成本耗费入手。

2.1 制度成本的类型

制度不是无源之水、无本之木，更不是免费午餐和天上掉下的馅饼。设计、创新制度要有投入和耗费，实施和维持制度也要付出成本和代价，这正是人们在制度变迁和创新中总要三思而行甚至踌躇不前的重要原因。

制度成本是制度供给者在进行制度设计、推动制度创新、维持制度运行过程中所投入的要素、付出的代价，包括活劳动即体力劳动和脑力劳动，物化劳动即劳动对象和劳动资料耗费等。

制度成本从制度形成过程来分，大体包括制度设计成本、制度实施成本、制度维持成本三种类型。制度设计是创造新制度的首要工作。创造新制度往往是在发现原有制度存在缺陷、问题和矛盾时开始的，是为克服原有制度缺陷、问题和矛盾提供相应的解决办法和替代方案而进行的。发现问题要搜集信息、分析材料、调查研究，提出对策需要总结教训、借鉴经验、探索规律，解决问题需要看菜吃饭、量体裁衣、对症下药，都必须有一定的要素投入，这就是制度设计成本。新的制度设计出来了，就要付诸实施。实施制度是一个由点到面、由现在到将来的过程，是一个在空间上展开、时间上推进的过程，也是一个破与立的过程。破是要破除旧制度，消除对旧制度的路径依赖，拆除旧制度既得利益的藩篱；立是要立起新规矩，认识新规矩的好处，养成新规矩的习惯。两者都要有宣传、教育、发动，都要有试点、探索、推介，也要耗费人力、物力和财力，这就是制度的实施成本。制度经过一段时间的实施，取代旧制度成为相对普遍、相对稳定的制度。

这种稳定的制度要运行，还得有投入，还得花成本。这就好比我们办工厂，把厂房建起来、把机器装起来、把工人招进来，要花成本；让工人劳动起来、让机器运转起来、把工厂管理起来，也要花成本。如果说前者是实施成本，那么后者就是维持成本。尤其值得注意的是，维持成本并不仅仅指维持这种制度运行的费用，还包括防止有人违反制度甚至破坏制度的费用，如监督度量费用、宣传教育费用、奖励惩处费用等。

　　制度成本从计算方法来分，包括制度总成本、制度平均成本、制度边际成本。制度总成本，是指一个国家、企业或者个人为实施某种制度总的成本耗费，即在一定时期内为设计、实施、维持这种制度所花费的全部费用，也是总的制度固定成本和总的制度变动成本之和。制度平均成本是指一定范围和一定时期内制度成本耗费的平均水平，是平均分摊到每单位制度产品上的成本。制度的边际成本就是每一单位新增制度所带来的制度总成本的增量。一般来说，每一单位新增制度成本与制度总量有关。制度总量越少，边际制度成本越多；制度总量越多，边际制度成本越少，原因在于，随着制度总量增加，均摊到每一单位制度上的固定成本越来越少，从而出现随着制度总量增加而边际制度成本递减的趋势。刚刚尝试一项新制度时阻力很大、成本很高，但当制度普遍推开以后，实施这项制度的阻力小了、成本也会降低，这与我们所谓的边际制度成本递减是相吻合的。当然，制度产品具有一定的公用性，有所谓邻里效应和花室效应。因此，当某种制度实施久了、范围大了，边际制度成本可能出现拐点，以至于递增。这时，新一轮的制度创新又会开始了。

2.2 制度成本的影响因素

影响制度成本的因素很多，既有客观因素，也有主观因素，既有经济因素，也有政治因素，既有技术因素，也有社会因素。从制度经济学的角度来分析，最主要的因素有制度的性质和特点、制度的形式和功能、制度的领域和范围、制度的运行时间和发展阶段，以及由此引起的人力资源和物质资源的数量、质量和价格，等等。

制度按其性质和特点来分，包括作为"规则的规则"的宪法制度、约束特定行为关系的行为制度、基于伦理道德的规范制度等。宪法制度"是用以界定国家的产权和控制的基本结构"的制度，往往包括涉及生产、交换和分配基础的一整套政治、社会和法律基本规则；规范制度是以社会的文化背景、道德观念、意识形态为基础，在潜移默化中调节全体社会成员行为的制度，两者的形成、实施和维持关系全局、涉及长远，牵一发而动全身，需要耗费较多的人力、物力和财力，其设计实施和维持的成本就高。行为制度是宪法制度下界定交换关系和条件，并且以成文法、习惯法、合同法以及自愿性契约为形式的操作性制度，它涉及范围小、影响领域窄，是相对活跃、相对"革命"的因素，设计、实施和维持的成本也就低一些。

制度按其形式和功能分，包括非正式制度和正式制度。正式制度是人们自觉地、有意识地创造的，由成文的相关规定构成的规范体系，它们在组织和社会活动中具有明确的合法性，并靠组织的正式结构来实施。非正式制度是指人们在长期交往中不自觉、无意识地形成的，是以不成文方式规范和影响人们的行为，并得到社会认可的约定俗成、共同恪守的行为准则，包括价值信念、风俗习惯、文化传统、道德伦理、意识形态等。正式制度是非正式制度发展的方向和结果，非正式制度是正式制度产生的前提和基础。非正式制度是"潜规则"，正式制度是"明规则"。非正式制度是通过潜移默化方式产生影响，正式制度是以权力强制的方式发挥作用。正式制度和非正式制度的这些共性和个性也就决定了两者在设计、实施和维持过程中的成本支出和耗费上的差异。一般来说，正式制度是非正式制度发展到一定阶段、一定程度的产物，并且需要一定的组织和机构强制实施，因此其设计、实施和维持所需付出的成本和代价比较高，而非正式制度具有非正式性和非强制性，其实施成本和耗费相对来说也会较低些。当然，正是由于非正式制度的主观性、自发性，会使非正式制度的形成和转变都具有长期性和艰巨性，这样，非正式制度形成和变迁中的成本和耗费，往往看不见、摸不着，很难计量，但实际上又耗资巨大，值得高度重视，认真研究。

制度按其实施方式来说，包括自发性制度、诱导性制度和强制性制度。自发性制度是一定经济主体根据自身实现利益最大化目标和影响制度形成的内部要素相对价格的改变，即内部"收入流"的变动自发形成、采取、维持和选择的制度。在这里，"新的收入流的分割所导致的与技术变迁或制度绩效的增进相联系的效率收益，是进行进一步的制度变迁的一个主要激励"。诱致性制度是个人、企业和政府，通过外在影响，改变内在要素相对价格，或调整收入流，引导人们响应新的获利机会形成的制度。强制性制度是政府根据自己的目标函数和灵活偏好，通过行政权力和立法手段等外在强制力推进实施的制度。三者既有联系又有区别，就联系说它们都是制度实施的方式，都有成本耗费，区别之一在于实施的方式不同，自发性制度是由制度约束的主体自发形成的，诱导性制度和强制性制度则是外部利益调整或行政干预形成的；区别之二在于制度成本承担的主体不同，自发性制度的成本是由自发选择和实施这一制度的内在主体承担的，强制性制度和诱导性制度则是由实施诱导性政策和强制性手段的外在主体承担的；区别之三在于外在干预和调整的手段不同，诱导性制度借助的是利益诱导力，强制性制度凭借的是行政强制力。不同的制度形成和实施方式，会有不同的成本耗费；不同的制度成本承担主体，会对制度成本有不同的主观感觉。

制度按其适应领域和范围来说，包括全局性制度和局部性制度。全局性制度。例如，宪法制度和规范制度等，涉及范围广，牵扯的领域大，设计、实施和维持这种制度需要投入的人力、物力、财力多，其成本耗费相对来说也就比较高。局部性制度，如区域制度、企业制度、单位制度等，涉及范围窄，牵扯的领域小，设计、实施和维持这种制度需要投入的人力、物力、财力少，其成本耗费相对来说也就比较低。当然，全局和局部也好，成本高低也罢，其区别都是相对的，都是以其他因素不变为条件的，也都是就总量成本而言的。严格地说，随着制度范围和领域扩大，制度也会产生规模经济，这不仅在于制度边际不变成本会随制度范围和领域扩大而减少，从而出现边际制度成本的递减趋势，而且也在于，制度范围和领域的扩大同时也意味着制度自身的成熟进步，以及不同主体间制度示范效应、学习效应的加强，这在制度成本上也表现为边际递减。不过，制度领域和范围扩大带来的成本节约，不是绝对的，也不是无限的。一是同一制度涉及的范围和领域越宽，越容易忽略这一范围和领域不同个体的特殊性，实际实施、维持的成本就可能递增；二是制度涉及领域和范围扩大后，相应的监督、约束和管理成本也会递增。这就是经济学所谓"规模不是越大越好"，"小的也是美好的"所表达的意思。

按制度发挥作用的时间来分，包括长期制度和短期制度。制度成本不仅与规模有关，也与时间有关。短期内实施的制度，或实施时间不长的制度，设计成本和适应成本都很高，所有主体包括个人、企业、机构和政府，都要有个适应和学习过程，这种学习和适应都要花时间、耗精力、付成本；而长期内实施的制度，或实施时间较长的制度，则习惯成自然、熟能生巧，所费的实施成本就可能少得多。刚刚实施交通规则，宣传力度要大，管理要严，惩罚要重，警力要足。时间久了，人们熟悉了，习惯养成了，有几盏红绿灯也就差不多了。可惜的是，一项制度实施得太久，又没有变化，实施和维持的成本可能出现逆转，其原因有审美疲劳、"花室"效应和外部变化等。久居花室不闻其香，生产力发展变化了，与此相适应生产关系也得变化，讲的就是这个道理。

2.3　制度成本的变化趋势

综合影响制度成本的各种因素，考虑制度在设计、实施和维持过程中的阶段性特点，制度成本的变动大体可以归纳总结出这样几种趋势。

一是制度边际成本递减趋势。边际成本是指每一单位新增生产的产品（或者购买的产品）带来的总成本的增量。边际成本递减是指随着产量增加，所增加的成本将越来越小。在现代市场经济中，制度也是一种产品或商品，但它是一种特殊的产品或商品。就它是一种产品或商品而言，其生产当然会遵循边际成本递减的一般规律。这既是随着制度规模扩大制度效率提高的必然结果，也是制度不变成本随单位制度增加边际成本下降的表现。就它是一种特殊产品或特殊商品而言，其生产所遵循的边际成本递减规律有特殊的表现形式。首先，制度成本的性质有特殊性。制度从本质上说，是一种软产品、知识产品、思想产品或智慧产品，而不是物质产品。正因为如此，制度成本主要是活劳动的投入和耗费，而主要不是物化劳动的投入和耗费。其次，制度成本的构成有特殊性。尽管制度成本主要是活劳动成本，或者说主要是人力资本成本，但这种劳动主要不是操作工具或机器的体力劳动、简单劳动，而是运用思想、智慧、文化和知识的脑力劳动和复杂劳动。最后，制度成本的耗费有特殊性。制度成本主要是劳动力的耗费，特别是知识劳动力、脑力劳动力的耗费，而主要不是机器厂房、设备、原料燃料、辅助材料的耗费，即使有这些物质资料的耗费，也大多表现为电脑、网络、图书资料等知识产品的耗费。基于制度成本的这些特殊性，其边际成本递减的趋势，一方面离不开知识的积累、思想的发展和智慧的提升，另一方面也伴随着劳动力构成中脑力劳动力、知识劳动力所占比例的提高。或者说制度边际成本递减趋势本质上是知识积累、思想发展和智慧提升的结果，也是脑力劳动力、知识劳动力所占比例提高的产物。

二是制度边际成本递增趋势。边际成本递减是商品生产的共同规律和普遍趋势。但边际成本递减不是绝对的，也不是无限的。恰恰相反，商品生产边际成本递减是相对的、有限的，超过一定范围和领域、跨越一定时间和阶段，边际成本递减有可能转化为边际成本递增，这一点也同样适合制度成本。一种制度当它刚刚创新出来时，人们还没有认识它、了解它、习惯它，设计、实施、维护这种制度阻力大、成本高；经过一段时间的实践，加深了认识，积累了经验，有了切身体会，设计、实施和维护这种制度的阻力小了、技术成熟了、方法得当了，边际成本就会降下来；但当这种这种制度成为普遍常态并长期稳定之后，也可能出现邻里效应即墙外开花墙内香、花室效应即久居花室不闻其香、脚长效应即脚长大了原来的鞋子不合适了三种效应，致使制度边际成本递增。任何一种制度都有其形成、发展、衰落以至灭亡的过程，而在这个过程中，制度也有一个与经济发展相适应到不相适应，从一个有利于经济发展到不利于经济发展，甚至束缚和阻碍经济发展的过程。从这个意义上说，制度的先进性是相对的，不是绝对的。制度从来不是永恒的，也从来不存在一种永远先进的制度。制度边际成本从递减到递增的过程反映和体现了制度的相对性。

3. 制度的价值收益

经济就是节约，但经济不仅仅是节约，而且可以说最重要的不是节约。如果说经济仅仅是节约，那么，不生产就是最大的节约，就是最大的经济，这显然是有悖常理的。其实，经济最本质的含义是以尽可能少的成本和耗费获得尽可能多的价值和收益。降低成本和耗费是经济的手段和方法，提高价值和收益才是经济的目标和追求。因此，我们关注制度的设计、实施和维护，不仅要研究制度的成本和耗费问题，更重要的是要研究制度的价值和收益问题，也就是通常所谓的制度绩效和流行所谓的制度红利问题。

3.1 对制度价值收益的认识过程及其局限性

在制度市场上，制度本质上是一种可以和能够用来交换的产品，或者说是一种既有供给也有需求的商品。有供给是因为有人愿意生产和提供它，有需求是因为有人愿意购买和使用它。假定制度的供给和需求主体都是理性的经济人，那么，有人愿意生产和提供制度，或者有人愿意购买和使用制度，只能是这种制度有价值和使用价值。有价值是因为制度的提供付出了成本，你要获得它必须付出相应的代价，以补偿制度提供者的消耗；有使用价值是因为制度能够规范行为、协调运转、提高效率、增加收益、提供价值，这种价值在新制度经济学那里被称为制度变迁的经济绩效。

制度收益是使用和遵守制度的人获得的价值增量、经济利润等，或者说是制度在实施中给人们带来的各种利益、效用或好处。制度的实际功能和经济意义并不在于控制和规范个人的行为，而在于通过这种控制和规范发展社会生产力，刺激经济增长，提高经济绩效。正因为如此，制度经济学家不仅重视制度的内含和形式、制度的创新和变迁，更重视制度内涵和形式、创新和变迁产生的经济后果和经济绩效，即制度的价值收益。

马克思的《资本论》，既从微观领域研究了单个资本家通过简单协作、工场手工业和机器大生产等制度创新手段提高劳动生产率，进而增加相对剩余价值的作用，也从宏观领域考察了资本主义生产方式这种特定的社会生产制度结构阻碍和束缚社会生产力发展，并最终降低利润率、周期性产生生产相对过剩经济危机的历史积弊和长期趋势，从而敲响了资本主义制度的丧钟。

以康芒斯和凡勃伦为主要代表包括密契尔、伯利和米塞斯、缪尔达尔等在内的旧制度经济学学派，或着重于从社会心理和习俗角度去分析制度，把制度的发展看作思想习惯演进的结果；或突出法律、产权和组织对制度的影响，将制度变迁当成正式和非正式冲突解决过程的结果；或把制度研究与"商业循环"（经济周期）的统计结合起来，以作为制度演进的主要依据；或从社会和企业结构角度分析资本主义经济问题，把经济制度微观化为企业制度，具体化为权利结构；或从制度结构方面论证技术在资本主义社会中的作用，彰显技术发展和国家干预的必然性。这些制度分析是具有明显价值判断性质的规范分析，而非绩效考量的实证分析。从这个意义上说，他们看重经济学研究方法上的"规则人"假设，而不是"经济人"假设，他们是经济学的制度主义，而非制度的经济学主义，即严格意义上的制度经济学。

新制度经济学则回归新古典经济学的"经济人"假设，将制度视为影响经济绩效的内生变量，从经济绩效角度研究制度功能和变迁动力，大大扩充了经济学的研究领域，也提供了一种用经济学研究制度的全新方法。他们的主要研究成果和代表性观点可概括为行为规范论、主体激励论、问题协调论、交易费用论等。诺斯认为，在历史上，人类制度的目的是要建立社会秩序，以及降低交换中的不确定性，并为经济行为的绩效提供激励，强调了制度的行为规范和主体激励功能。类似观点不仅可以从哈耶克、米塞斯的论述中追寻到思想来源，也可以从阿尔奇安和德姆塞茨的进一步阐发中强化印象。博弈论经济学家们更加关注问题协调，他们不仅看到了"纯粹个人主义的成本收益计算可能往往伴随着欺诈、逃避责任、盗窃、袭击和谋杀"等问题，而且强调约束人们反道德和机会主义行为的制度安排，以有效解决人类行为中经常出现的各类协调问题，以及囚徒困境或其他类似的问题，他们实际上提供的是问题协调论。科斯在研究企业性质时，实际上已经把企业制度视为节约交易成本的手段，威廉姆森进一步将组织内部的等级制度、协调方式与节约交易费用联系起来，强调如果组织内部的等级制度有利于节约交易费用，那么它将成为取代市场的重要替代方式，这样就确立了交易费用在制度选择、制度变迁和制度安排中的中心地位，也提供了一种根据交易费用节约与否以及节约多少权衡制度是非得失以决定制度取舍去留的研究范式，即交易费用论。

新制度经济学的形成和发展不仅将制度纳入了经济学的研究范围，同时也为廓清各种制度产生发展演变的内在本质、运行机制、经济动因提供了严格意义上的经济学方法。遗憾的是，这种发展并没有最终落实到价值论的基础之上，更不可能从劳动价值论出发，去说明和论述制度的经济学价值。因此，制度对经济的功能和影响尽管已经涉及了经济绩效和交易费用的实质层面，但仍缺乏一个统一的价值尺度和衡量依据。有鉴于此，我们将在充分吸收新老制度经济学创新理念、合理成分、方法优势基础上，给出一个以价值为因变量、制度为自变量的研究范式，并在劳动价值论的基础上分析制度的价值效应，解说制度安排、创新和变迁的经济价值和内在机制。

3.2　制度价值收益的形式

制度的价值收益可以从不同角度来概括和提炼，根据新制度经济学的现有文献，大体可归纳为这样几种价值。

行为规范价值。不论从制度变迁的历史来观照，还是从制度思想的演进来考量，制度的经济价值首先是行为规范价值。人类社会不是鸡犬之声相闻、民至老死不相往来的寡民小国，人不是只受自己意愿支配的鲁宾逊。人们总要进行正常的社会交往，总会形成和遵循一定的规矩，即制度。人类最初的社会制度是约定俗成的，也是非正式的，往往以理念、风俗、习惯、文化、传统、道德、伦理等形式存在。中国历史上的所谓"仁义礼智信""温良恭俭让""忠孝勇恭廉"等这些被称为礼的东西，实际上就是非正式制度。非正式制度在漫长的历史进程中虽然起着举足轻重的作用，但毕竟只是无形之手，即便是无形的锁链，其规范作用和执行力度也是有限的，这也是古代社会状态混乱、冲突不断、经济落后、发展缓慢的重要原因。正因为如此，随着人类社会的发展和人际交往关系的日趋频繁和复杂，在由社会舆论、意识形态等来保障的非正式制度的基础上，开始生发和逐渐成长起由国家、法庭、军队等来保障的正式制度。非正式制度也好，正式制度也罢，都是用来规范人的行为的。正式制度和非正式制度的区别不在于是否存在行为规范功能，而在于规范执行和落实的力度。前者的特色是靠思想文化等意识形态的约束力，后者的优势是靠法庭、监狱和军队等国家机器的强制力。

新老制度经济学对制度行为规范功能的认识是基本一致的。凡勃仑强调制度实际上是人们的思想习惯，这些大多数人所共有的"固定的思维习惯"包括私有财产、价格、市场、货币、竞争、企业、政治机构以及法律等，这些决定和制约了人们的经济行为，也就具有了行为规范功能。哈耶克曾经说过，制度提供了人类在世界上行为的基础，没有这个基础，世界将充满无知和不确定性。米契尔也指出，制度使行为达到一定程度的标准化和可预见性。康芒斯则将制度视为集体组织结构的产物，是集体控制个人行为的方式和手段。而集体控制个人行为，首先就要设定个人行为的准则和规矩，就是规范个人行为。新制度经济学更关注行为规范的经济影响和经济效果，但行为规范已经作为前提包含在其研究之中。因此，诺思眼中的制度既是"社会的博弈规则"，也是"型塑人们互动关系的约束"。

制度的规范价值，一是通过规定和设置一些限制性规矩和纪律，并借助相应的惩罚性措施，使之成为各类经济主体自觉遵循的行为准则。这些行为规范和准则，可以避免和减少经济交往中因各类经济主体随意、自私的无序行为，包括失信、合谋、搭便车等引起的麻烦、摩擦和冲突，以节约劳动、降低消耗、减少经济运行的成本。美国经济学家曼柯·奥尔逊1965年发表的《集体行动的逻辑：公共利益和团体理论》一书曾分析过"搭便车"这种不付成本而坐享他人之利的现象。这种现象发生在公共财产问题上，就是某个体消费的资源超出他的公允份额，或承担的生产成本少于他应承担的公允份额；在财政学上，就是不承担任何成本而消费或使用公共物品的行为。搭便车行为源于公共物品生产和消费的非排他性和非竞争性，妨碍市场的自动调节过程，导致公共物品供应不足、资源的使用和配置无法实现帕累托最优。例如，许多轮船公司不肯兴建灯塔；享用高福利者只愿付出低税收。为了消除搭便车问题，制度经济学通常通过相应的制度创新和制度安排，限制搭便车行为，或消除搭便车的消极影响。例如，针对国防、安全、公共道路、给排水中的搭便车现象，采取政府直接向公民提供各种公共物品的方式；针对大型基础设施建设和使用中的搭便车现象，采取建设—经营—转让（BOT）的方式；对现有的公共基础设施自来水公司、供电等的使用和城市卫生管理、绿地维护、市政设施维护中的搭便车现象，采取授权委托私人公司经营的方式；对科学技术、基础研究、教育、卫生保健、住房、图书馆、博物馆等使用中存在的搭便车现象，采取政府给提供公共物品的私营机构提供补助津贴、优惠贷款、减免税收等方式。

二是在规范经济交往关系的基础上，提高经济运行确定性和预见性，增加资源配置的合理性和有效性，使人们能在复杂的市场环境下，形成相对稳定的市场预期和相对正确的市场决策，两者都能节约交易费用，即节约经济运行成本。交易成本是英国经济学家罗纳德·哈里·科斯 1937 年在其"论企业的性质"一文中提出来的。他认为交易成本是获得准确市场信息以及谈判和经常性契约的费用，包括信息搜寻成本、谈判成本、缔约成本、监督履约成本、处理违约行为成本等。在他看来，企业和市场这些经济组织和体制的交易费用为零仅仅是个不切实际的理论假设，企业本质上是通过建立一种相对稳定和持久的层级性组织关系，将劳动和资本等资源整合起来，以节约市场交易成本。当然，市场有交易费用，企业也有交易费用，现实经济生活中的生产经营活动究竟采取企业形式还是市场形式，以及在多大程度和多大规模上采取企业形式或市场形式，归根到底取决于对两者交易费用的比较和权衡。也就是说，真正合适的经济组织和经济体制是交易成本最低或经济效益最好的经济组织和经济体制。而交易费用不论采取哪种形式，本质上都是活劳动和物化劳动的消耗，节约交易成本实质就是节约劳动，就是通过节约活劳动和物化劳动，提高劳动生产率和劳动配置效率，以达到增加价值的目的。

主体激励价值。制度的规范功能是通过限制或鼓励人们的某些行为实现的，更多的是堵，而不是疏；是消极，而不是积极。制度的激励功能相对而言具有更加积极和主动的意义，它既是经济主体相互博弈的产物，又激励经济主体从自身利益出发或增加要素投入、或提高要素质量，从而提高劳动生产效率和要素配置效率，以增加价值收益或提高经济绩效。正因为如此，制度经济学不仅重视制度的规范功能，尤其重视制度的激励功能。这一点在新制度经济学的主要代表人物及其代表作中表现得更加明显。在他们看来，制度构造了人们在政治、社会或经济领域里交换的激励，真正好的制度是激励到位并且有利于提高经济绩效的制度。同样，一种制度的兴起和衰落，归根到底也取决于这种制度的激励作用是边际递增还是边际递减。

对欧洲近代历史上英国和西班牙的比较分析表明，制度在社会中具有更为基础性的作用，它们是决定长期经济绩效的根本原因。这种基础性作用实际上就是制度的激励作用。在英国，相对价格的变化曾引发了政治与经济体系的演进，导致了一系列法律制度和宪法民主制度的生成，从而解决了财政危机，并于 19 世纪在工业革命和西方世界近代兴起中成了"领头羊"。而西班牙尽管初始条件比英国更为优越，但是其内部相对价格的变化所带来的却是无法解决的财政危机、破产、资产充公以及无保障的财产制度，最后所导致的历史结果是，西班牙经济在长达三个世纪中的相对停滞。

马克思对资本主义生产方式的历史分析也包含着对资本主义激励制度的分析。尽管在他看来，资本来到世间每个毛孔都流着血和肮脏的东西，是用血与火的文字谱写的人类编年史。但是一旦"'光荣革命'把地主、资本家这些谋利者同奥伦治的威廉三世一起推上了统治地位"，他们就"开辟了一个新时代"[1]，这个时

① 《马克思恩格斯全集》第 23 卷，人民出版社 1972 年版，第 791 页。

代是资本激励的时代，也是激励资本的时代。在这个时代，"资本
如果有百分之五十的利润，它就会铤而走险，如果有百分之百的
利润，它就敢践踏人间一切法律，如果有百分之三百的利润，它
就敢犯下任何罪行，甚至冒着被绞死的危险。"① 正是通过资本激
励和激励资本，"资产阶级在它的不到一百年的阶级统治中所创造
的生产力，比过去一切世代创造的全部生产力还要多、还要大。"②
另一方面，"资产阶级生存和统治的根本条件，是财富在私人手里
的积累，是资本的形成和增殖；资本的生存条件是雇佣劳动。"③
对资本的激励和激励资本，不仅以对劳动者的剥夺为前提，也以
对劳动的剥削为条件。这种资本激励和劳动激励不对称的制度设
计或制度安排，既积累了资本，也积累了贫困；既创造了发达的
社会生产力，也打造了束缚生产力进一步发展的桎梏。"于是，随
着大工业的发展，资产阶级赖以生产和占有产品的基础本身也就
从它的脚下被挖掉了。"④

　　制度的激励作用归根到底是通过对经济利益关系的调整实现
的。马克思说过"我的研究得出这样一个结果：法的关系正像国
家的形式一样，既不能从它们本身来理解，也不能从所谓人类精
神的一般发展来理解，相反，它们根源于物质的生活关系，这种
物质的生活关系的总和。"⑤ 制度在交易中起着指导交易主体间的
利益分配和交易费用分摊的作用，换言之，制度的本质就是交易
过程中协调交易主体之间利益分配和费用分摊的协调保障机制，

① 《马克思恩格斯全集》第 23 卷，人民出版社 1972 年版，第 829 页。
② 《马克思恩格斯选集》第 1 卷，人民出版社 1972 年版，第 257 页。
③ 《马克思恩格斯选集》第 1 卷，人民出版社 1972 年版，第 263 页。
④ 《马克思恩格斯选集》第 1 卷，人民出版社 1972 年版，第 263 页。
⑤ 《马克思恩格斯选集》第 2 卷，人民出版社 1972 年版，第 82 页。

这种机制既可以是在交易中自发形成的，也可以是由占绝对利益优势的行为主体制定形成的。利益关系的调整，改变了要素价格及其结构，也就改变了各种要素所有者投入和使用各种要素的主动性和积极性。一般来说，工资收入上升将激励劳动力的所有者增加劳动投入，但会限制资本所有者的资本投入；反之资本利润增加将激励资本所有者的资本投入，而劳动者的劳动积极性则会受挫。从这个意义上说，真正好的制度，可能是能够激励资本和劳动均衡增长的经济制度。在资本要素供给充裕的前提下，激励劳动投入或有利于调动劳动积极性的制度设计，自然会增加劳动所创造的价值量。但正如劳动资源稀缺一样，资本资源的供给也是稀缺的。在资本稀缺的情况下，激励劳动无限供给的制度，不仅会受到劳动资源有限的边界制约，也会受到资本资源有限的边界制约，并最终导致劳动的边际生产率不断下降。当劳动的边际生产率为零时，制度即使能激励劳动，也不能增加价值。这时激励劳动的制度就必须创新为激励资本的制度了。

组织协调价值。人是社会关系的总和，人只有以一定的方式共同活动和相互交换其活动，才能进行生产。为了进行生产，人们相互之间便发生了一定的联系和关系；只有在这些社会联系和社会关系的范围内，才会有他们对自然界的影响，才会有生产。人们在社会生产中形成的社会关系，包括企业内部由不同工种和不同车间形成企业分工关系和企业之间形成的不同商品、不同产业、不同业态的社会分工关系。前者具有组织性，通常通过计划协调来实现企业有序运行；后者具有市场性，通常凭借供给、需求与价格的互动机制和宏观调控机制来实现整个市场经济的有序运行。两者被恩格斯称之为单个企业生产的有组织性和整个社会生产的无政府状态。其实，即使是资本主义生产方式，至少就它的现代形态而言，始终是有政府宏观调控的，市场机制的协调作用更是无处不在。

马克思曾经说过，资本主义生产实际上是同一个资本同时雇用许多的工人，因而劳动过程扩大了自己的规模并提供了较大量的产品的时候才开始的。或者说较多的工人在同一时间、同一空间（或者说同一劳动场所），为了生产同种商品，在同一资本家的指挥下工作，这在历史上和逻辑上都是资本主义生产的起点。"随着许多雇佣工人的协作，资本的指挥就发展成为劳动过程本身进行所必要的条件，成为实际的生产条件，现在，在生产场所不能缺少资本的命令，就像在战场上不能缺乏将军的命令一样。"① 不仅如此，即使抛开生产的资本主义形式，一切发达的企业生产和商品生产，也都是以较多的工人在同一时间、同一空间（或者说同一劳动场所），生产同种商品为前提的，从而也是与企业内部生产的组织协调即指挥密不可分的。正如马克思所言："一切规模较大的直接社会劳动或共同劳动，都或多或少地需要指挥，以协调个人的活动，并执行生产总体的运动所产生的各种一般职能。"② 至于这种指挥是否以资本的名义进行其实是无关紧要的。或者说，以劳动过程组织、协调、监督为内容的指挥，归根到底是企业集体劳动、协作劳动、分工劳动的必然产物和客观要求。

而由指挥包括组织、协调和监督形成的制度及其机制包括简单协作、分工和工场手工业、机器和大工业以及现代企业的法人

---

① 《马克思恩格斯全集》第 23 卷，人民出版社 1972 年版，第 367 页。
② 《马克思恩格斯全集》第 23 卷，人民出版社 1972 年版，第 367 页。

治理结构等,一方面造就了一种新的不同于个人生产力的集体生产力、协作生产力或企业生产力。这种生产力不是构成企业劳动的许多个人生产力的机械总和,而是有本质差别的、个人劳动根本不可能达到的 $1+1>2$。不仅如此,人是天生的社会动物,在协作劳动中产生的社会接触,就会引起竞争心和特有的精力振奋,从而提高每个人的个人的工作效率。集体协作劳动还可以通过把不同的操作分给不同的人,即通过分工缩短制造总产品所必要的劳动时间;通过劳动者的集结、不同劳动过程的靠拢和生产资料的积聚,实现劳动力、生产资料及其相互间的优化配置、合理使用,降低非生产费用和物质消耗,节约活劳动和物化劳动。这样,也就在生产单位商品的社会必要劳动时间不变,从而单位商品价值量不变的情况下,通过降低生产单位商品的个别劳动时间,提高个别劳动生产率,增加同量劳动创造的价值量。用新制度经济学的话语体系来说,集体协作劳动中的组织、协调、监督,实际上形成和凭借着一系列协调机制,并以一定形式的执行力规范各类交易主体,消除信息不对称,抑制隐瞒、欺诈、偷懒及搭便车等机会主义行为,节约交易成本,提高经济绩效。

3.3　制度价值收益的本质和影响因素

每一项制度安排之所以能带来预期收益,归根到底在于这种制度能够节约劳动、提高劳动生产力。从这个意义上说,制度的价值收益本质上是生产力提高以后的劳动的凝结,包括物化劳动转移的价值和活劳动创造的新价值。

就物化劳动转移的价值而言,由于采取了新的制度,如企业内部分工或工场手工业,劳动者相对固定地使用某些劳动资料和劳动对象,他就能更充分有效地使用这些生产资料,节约原料燃料和其他辅助材料，降低机器设备和其他工具的自然损耗和使用损耗。在社会必要的物化劳动损耗不变的前提下，降低个别的物化劳动损耗，提高其价值转移率。假定某企业原有职工 10 人，在没有进行内部分工前，职责不明，管理混乱，生产无序，每天耗费的生产资料约 10000 元，大体相当于社会平均的必要耗费。因此，其转移到新产品中的价值也为每天 10000 元，其价值转移率即能够转移到新产品中去的生产资料价值与单个商品生产者生产某种商品实际消耗的生产资料价值的比率为 1。现在如果进一步假定社会平均的必要耗费不变，但这个企业采取严格的内部分工制度，每天生产同样产品耗费的生产资料由 10000 元降低到 8000 元，则其价值转移率为 1.25，也就是说尽管其生产这些产品实际耗费的生产资料只有 8000 元，但由于社会必要耗费的价值是 10000 元，因此其转移到新产品中去的价值却是 10000 元。

就活劳动创造的新价值而言，由于采取了新的制度，如机器大生产，在工厂内部不仅工人之间有了明确分工，机器本身也形成了分工协作体系，而且在两者各自分工的基础上形成了复杂的工厂内部车间与车间、分厂和分厂之间的分工协作。这些分工和协作，不仅提高了生产资料的使用效率，节约了生产资料，也提高了劳动生产力，节约了个别劳动，从而在社会必要劳动时间不变的情况下提高价值率。假定某工厂原有工人 100 人，为生产一定量某种产品，每天需消耗个别劳动时间为 800 小时，且社会必要劳动时间也为 800 小时，其价值率为 1。现在进一步假定在采取新的工厂内部分工制度后，提高了个别劳动生产率，生产同等产品的个别劳动时间由 800 小时下降为 600 小时，且社会必要劳动时间不变，则其价值率提高约为 1.33，即其 600 小时个别劳动时间创造的价值，相当于 800 小时社会必要劳动时间。这就是制度价值效应的本质，也是制度经济学的劳动价值论基础。

现实的经济运动是一个复杂的系统过程，影响这个系统过程的因素，既有内部因素，也有外部因素。一个企业是否采取严格的内部分工协作制度，以及这种分工协作制度是否能给企业带来和带来多少价值收益，首先在于这种制度是否能够提高企业的个别劳动生产力。在社会必要劳动生产力不变，从而社会必要劳动时间不变的前提下，如果这种制度安排能够提高个别劳动生产力，就能够提高个别劳动价值率，从而在个别劳动时间不变的前提下增加价值收益；反之，如果这种制度安排不能提高劳动生产力，不能提高个别劳动价值率，也就不能在个别劳动时间不变的前提下增加价值收益。在这里起决定性作用的是制度创新是否能提高个别劳动生产力。但这只是在社会必要劳动生产力不变，从而社会必要劳动时间不变的前提下才是成立的。如果外在的制度条件和外在社会劳动生产力和社会必要劳动时间发生变化，则这种制度创新未必能带来价值收益。例如，当社会大多数企业都采取简单协作制度生产某种产品时，某企业采取工场手工业制度，其个别劳动生产率肯定可以高于社会劳动生产率，其价值率也会高于社会平均的价值率，从而可以获得制度价值收益。相反，如果在该企业采取工场手工业制度的同时，所有企业也都采取了工场手工业制度，则其个别劳动生产率和社会劳动生产率的相对状况并没有变化，其劳动的个别价值率就不会高于社会平均的劳动价值率，这种制度安排虽然可以避免价值损失，却不会带来价值收益。一种制度安排是否带来价值收益，不仅取决于这种制度安排是否提高内在的个别劳动生产力，而且取决于这种制度安排提高的个别劳动生产率与社会平均的劳动生产率的相对关系。或者说取决于这种制度安排是否是社会必要的制度安排，以及在多大程度上是社会必要的制度安排。制度安排和制度创新，只有当它有利于生产力发展和在社会必要范围之内才是合理和可取的。

4. 制度的均衡状态

制度的安排、变迁和维持、创新过程，是不同主体基于自身利益进行权力角逐和利益博弈的过程。在这个过程中人们所需考虑的既不是单纯的成本耗费，也不仅仅是价值收益，而是两者的综合考量。或者说制度安排、变迁和创新都是经济主体基于成本和收益权衡利弊、取舍得失的选择。而这种选择和博弈最终表现为制度供给与制度需求的现实状态。这种状况在其他因素不变的情况下，集中表现为制度供给、制度需求和制度价格的相互作用。

4.1　制度成本和制度收益的均衡

任何一项制度的安排、选择或创新都不是主观的、随意的，在经济人假设的条件下，人们总会依据成本－收益分析决定其选择的结果。当一项制度安排的成本大于收益时，人们就会放弃或改变这一制度；当一项制度安排的成本小于收益时，制度净收益就会诱使人们选择和坚持这一制度；当一项制度安排的成本和收益相等时，制度净收益为零，这种制度安排就会处于相对稳定的均衡状态，既不会放弃旧制度，也不会选择新制度。

当然，制度安排、选择和创新是一个动态的过程，制度成本总是等于制度收益的均衡态是暂时的、偶然的，最终总是会被打破。制度不变是相对的，制度创新是绝对的。制度创新和变迁的动力来源于制度净收益大于零的机会，或存在制度红利的机会。诺斯曾经说过，一项制度安排之所以被创新，之所以影响到制度变迁，主要是因为，一方面有许多外在性的变化促成了潜在利润或外部利润的形成，另一方面又由于存在对规模经济的要求，将外在性内在化的困难，以及厌恶风险、市场失败、政治压力等原因，这些潜在的外部利润无法在规定的现有制度安排结构内实现。因而，在现有制度安排下的某些人为了获取潜在利润，就会率先来克服这些制度障碍，由此导致制度创新，进而形成制度变迁。从这个意义上说，存在潜在利润或制度净收益的机会是制度创新的条件，通过制度创新使这种机会由可能变为现实是制度创新的关键。

当然，制度净收益大于零不是只有一种可能性，也不是一个孤立的点，而是多种可能性的集合体，或者说是多种可能性连结成的曲线，在这条可能性曲线上的任何一点，其制度安排的净收益均大于零。在这种情况下，人们选择的制度安排和制度结构，只能是可能性最大、收益最高的制度安排和制度结构。概而言之，一种制度安排和制度结构只要其净收益大于零，且在各种可供选择的制度安排和制度结构中净收益最大，这项制度就是最佳制度。这就是可称之为诺思定理的"一项新的制度安排只有在创新的预期收益大于预期成本时才会发生"。那么，什么样的情形会出现预期收益大于预期成本的制度安排和制度创新呢？

第一，创新收益上升。即由于市场规模扩大、生产技术进步和社会集团对自己收入预期的改变促成"制度创新"。在这种情形中，市场规模扩大、生产技术进步，使原有制度安排收益下降，以至于其收益小于成本，没有了利润空间，改变原有制度有了必要性。如果这时发现了一种新的制度,并且这种新的制度的预期收益大于原有制度,且其预期收益大于预期成本即产生预期净收益,则用新的制度安排取代旧的制度安排就有了可能性。例如,在小商品生产条件下,家庭小作坊及其师傅带徒弟的制度安排还有利润空间,所以它能够存在和延续。随着商品交换的发展,企业规模生产的比较优势凸显出来,一家一户的小作坊失去了利润空间,这就有了简单协作、工场手工业和后来的机器大生产。正如诺思所言,因为这些因素的变化,将会促使成本和收益之比发生变化,比如市场规模的变化会改变既定制度安排下的收益和费用;技术进步会使得制度创新变得有利可图;社会中各种团体对收入的预期改变会使他们对新制度安排的收益与费用作出重新评价,等等。上述各要素作用的结果会推动制度创新。

第二,创新成本的降低。即由于技术创新、信息传播、有利于创新的社会科学知识进步等创新成本的降低导致"制度创新"。在这种情形中,尽管创新的直接收益可能没有变化,但由于技术创新、信息传播和知识积累等因素的影响,使某种新制度的产生、形成和实施的成本降低,以至于改变旧制度、形成新制度的净收益大于零,同样可以推动经济主体选择和实施新的制度安排。很多时候,制度创新的阻碍不是因为这种制度创新没有净收益或净利润,而是因为改变旧制度成本太高、代价太大。如果有了降低这种成本和代价的机会和可能,也就有了创新制度的机会和可能。制度安排创新的真正原因在于,创新成本的降低可以使在新制度安排下的经济行为主体获取潜在的利润。

第三,维持收益的下降。一种制度安排能出现和存在,首先在于有制度收益,且制度净收益大于零。假定其他因素不变,某一旧制度实施和维持的收益不断下降，以至于其净收益不断减少，甚至于为零、为负。那么，这种制度在经济上就是不合理、不合算的，也是不可持续的。这样就会促使人们寻找、创造和选择一种新制度取而代之，也就有了创造新制度的必要和可能。只要这种寻找、选择和创造的成本低于由此获得的收益，则制度创新的可能性就会成为现实性。

第四，维持成本上升。即使旧制度维持的收益不变，这种旧制度也会随着维持成本的上升而发生变化。当旧制度的维持成本上升，以至于其维持成本超过维持收益，制度净收益为负，维持旧制度就失去了经济上的合理性和必要性。这种制度终究会被经济上合算和合理的制度所取代。

西方经济学所谓的帕累托最优，描述的就是制度成本和制度收益相等的均衡状态，或人们对既定制度安排和制度结构无意无力改变的一种满足状态或满意状态。因为只要存在"帕累托无效率"，即一个经济体还可能在其他人效用水平不变的情况下，通过重新配置资源和产品，使得一个或一些人的效用水平有所提高，从而有制度改进的利润空间或净收益。那么，就会有"帕累托改进"，即在存在经济无效率的情况下，进行资源重新配置，使得某些人的效用水平在其他人的效用不变的情况下有所提高，并最终推动制度创新和制度变迁达到没有进一步调整、改进和改变的理想境地。而在现实社会经济发展过程中，帕累托最优的制度均衡只是一种"偶尔"出现、不会持续存在的理想状态。影响制度收益和成本的"变量"成千上万，诱使制度变迁的潜在利润或净收益不断出现，总会促使人们进行制度创新，制度创新永远在路上。

4.2 制度供给和制度需求的均衡

制度的成本耗费和制度的价值收益及其相互关系是制度形成、实施、维持和运行的内在机制，制度供给和制度需求则是这种机制的外在形态和现实体现。

制度供给是指制度供给者在给定的主观偏好、利益结构、理性水平、制度环境、技术条件等的约束下，通过一定程序、渠道和手段进行制度创新的过程。利益及其结构是决定和影响制度供给的根本因素。制度供给主体从根本上说是利益主体，它是否供给制度、供给什么样的制度，归根到底取决于这种制度是否是有益和有效的，是否能给自己带来利益，以及能给自己带来多大的利益。一般来说，只要改变旧制度、创建新制度付出的成本，少于改变旧制度、创建新制度带来的收益，创新制度的供给就是可取的。相反，如果改变旧制度、创建新制度付出的成本，高于改变旧制度、创建新制度带来的收益，创新制度的供给就是不可取的。小岗村的农民之所以冒着挨批斗甚至坐牢的危险坚持搞包产到户，不是因为他们有多高的思想觉悟和认识水平，而是他们在实践中已经获得了包产到户有利有效的真知。同样，企业制度从独资到合资，从个体经营到合伙经营，从独资企业到公司制企业的演变，也遵循这样的规则。一切制度设计和安排、实施和维持实际上都是通过影响收入分配、利益调整实现对生产经营效率、资源配置效率的约束激励作用实现的，制度是在变化所得利益超过变化所需成本时改变的。

主体及其结构是决定和影响制度供给的关键因素。制度供给者即制度创新者包括企业、社会中介组织和政府三类主体。不同的制度供给主体在社会经济结构中所处的地位不同，所发挥的作用也不一样。企业是经济社会的细胞,也是制度供给的微观主体,它能够供给和可以供给的制度主要是协调企业内部关系的生产经营管理制度。社会中介组织是介于政府与企业、社会利益群体之间的各类社会组织,它主要具有社会服务、沟通、公证、监督、市场调节等功能,它供给的制度是与这些功能和涉及领域相适应的制度。政府是国家政权机关,是国家公共行政权力的象征、载体和主体,行使的是宪法赋予政府的权力,供给的是行政命令、行政决策、行政法规、行政司法、行政裁决、行政惩处、行政监察等制度。制度供给与这些主体的权力结构或力量对比密切相关,也与形成这种权力结构或力量对比的文化传统、价值取向和政治制度有关。西方发达国家崇尚"看不见的手""个人利益最大化"的文化传统,其制度安排和演变是由单个行为主体追求自身利益的需求引发的,一般表现为自下而上的制度变迁,是制度变迁的需求决定论模式。这种需求能否转变为新的制度安排,取决于赞同、支持和推动这种制度变迁的行为主体集合与其他利益主体的力量对比中是否处于优势地位。如果力量优势明显,则原有的制度安排和权利界定将被新的制度安排和权利界定所替代,并通过法律等形式确认这种制度安排和产权规则,从而导致制度变迁。相反,大多数发展中国家基于不发达市场经济、集权传统和对政府地位作用的偏好,更加倾向供给主导型制度变迁。在这种模式中,政府作为权力中心在一定的宪法秩序和伦理道德规范下,根据自己的目标函数和主观偏好主导和引领制度安排、制度变迁。而构成政府权力中心的各有关部门及所代表的社会利益集团的权力结构或力量对比,则直接影响和决定制度供给的方向、形式、进程及战略安排。

制度的特点和类型是决定和影响制度供给的重要因素。制度有不同的类型，不同类型的制度有不同的性质和特点。有些制度是关系全局涉及长远的根本性制度，如"用以界定国家的产权和控制的基本结构"的宪法制度，形成的成本高，变动的难度大；有些制度是根本制度的具体实现形式，或是专门部门或领域的制度，如经济制度、政治制度、文化制度、社会制度等，或是体制、机制性制度，如计划经济体制、市场经济体制等，它们涉及的领域小、变动的可能性大、形成和创新的成本相对较低；还有些制度是非正式制度或规范性准则，如伦理道德、意识形态等，虽然它们的形成、变动是一个潜移默化的漫长过程，从而其供给总是伴随着许多无形的要素投入和隐性成本，但相对来说毕竟不像宪法制度那样受军队、法庭、监狱直接保护。从这个意义上说，正式制度是硬制度，非正式制度是软制度，两者形成和变动或者说供给的难度也有高低之分。

知识积累是决定和影响制度供给的基础因素。弗农·拉坦观察和体会到制度供给依赖于知识基础。拉坦曾说，我们拥有社会科学的知识越多，我们设计和实施制度变化就会干得越好。他们认为，正如当科学和技术知识进步时，技术变迁的供给曲线会右移一样，当社会科学知识和有关的商业、计划、法律和社会服务专业的知识进步时，制度变迁的供给曲线也会右移。也就是说，社会科学和有关专业知识的进步降低了制度发展的成本，正如自然科学及工程知识的进步降低了技术变迁的成本一样[①]。其实，人们对传统制度无效率、不公平、不正义的认识和理解，以及这种

---

① 科斯等：《财产权利与制度变迁》，上海人民出版社 1996 年版，第 336 页。

认识和理解能力的提高，都是与思想发展、科学进步、知识积累密切联系在一起的。舒尔茨根据近三个世纪以来英国和其他西方经济的历史发现，一个社会中各种不同的政治经济制度安排和变动，都是由那个时期占统治地位的社会思想诱发和塑造的。一些新制度经济学家还指出，在任何国家的社会科学中，都没有像经济学在提供新的知识以有助于降低社会变迁的经济与人的成本方面那么成功。不仅如此，对新制度的设计和实施，不论就其方向选择而言，还是就其水平高低而论，抑或就其最终效果来看，也是与思想认识水平、知识积累程度、科技进步档次密切相关的。

制度需求者是在实际的经济运行过程中需要和愿意接受制度创新和变迁的主体。按照现有制度安排，无法获得潜在的利益（或外在利润）或者说制度红利，这就有了对新制度的需求。正如人们对商品的需求是因为商品能够给人们带来"效用"或"满足"一样，人们对新的制度安排的需求，也在于这种新的制度安排能给他们带来利益。或者说，推动制度变迁能够使他们获得在原有制度下得不到的利益。一切制度安排、制度变迁、制度创新都有可能影响收入分配和资源配置，从而影响生产效率和价值收益，制度创新需求就是当事人追求自身利益最大化的结果，这就是我们通常所谓的制度变化需求引致模型。T. W. 舒尔茨在其《制度与人的经济价值的不断提高》一文中曾经说过：人的经济价值的提高产生了对制度的新的需求，一些政治和法律制度就是用来满足这些需求的。在此基础上，他进一步指出，制度是对劳动力的市场价格提高的反应，是对人力资本投资的报酬率提高的反应，是对消费者可支配收入增加的反应。道格拉斯·C. 诺思和罗伯特·保罗·托马斯的《西方世界的兴起》一书则把公元 900 ~ 1500 年欧洲封建制度的起源归结为以军人提供保护和公正换取农民提供劳役和其他实物支付的结果。按照他们的思想，制度变迁是对劳动力－土地价格率变化的反应，正是这种变化使新的制度安排能够带来新的价值收益，从而有了对新制度安排的需求。影响制度需求的因素，也就是使改变制度安排所产生的预期净利益发生变化，从而改变对制度变化的需求的因素。

产品和要素相对价格的变化改变了人们之间的激励结构，同时也改变了人们讨价还价的能力，是制度变迁的源泉。要素相对价格的变化不仅影响制度变迁，而且也影响技术变化。约翰·希克斯在其《工资理论》中提出，技术变化是因相对要素价格变动引起的。某种生产要素价格一上涨，厂商就在现有技术范围内以价格低一些的生产要素取代此时价格高一些的生产要素。适应相对要素价格的变动趋势，厂商会集中力量寻找能使他们实现以日益廉价的要素取代昂贵的要素的新技术或新方法，实际工资的提高即可视为引致一系列节省劳力技术的动力。道格拉斯·诺思把希克斯的这套分析思路引入制度变迁分析，提出了人口变化这一制度变量。认为，历史上存在着两个重要的人口变化即人和资源比例的转折点，与此同时，就形成了第 1 次和第 2 次经济革命。[①] 人口变化将引起劳动力－土地价格比率的变化。如人多地少，土地价值上升，就会使制度变迁的"砝码"倾向于土地产权制度；反之，人少地多，劳动力价值上升，就会使制度变迁的"砝码"倾向于人的财产制度的变迁。

---

① 道格拉斯·C. 诺思：《经济史中的结构与变迁》，上海人民出版社 1991 年版，第 15 页。

　　宪法秩序的变化是政权运行基本规则的变化，它能影响创立新制度安排的预期成本和利益，因而也会深刻影响对新的制度安排的需求。美国历史学家查尔斯·比尔德在《美国宪法的经济观》一书中，用"经济利益"与"经济利益之间的冲突"来解释美国宪法形成的历史过程，认为"关于宪法的争执主要是由于经济利益的冲突，这种经济利益的差别多少带有地理的或区域的性质"，代表着各州各种利益集团利益的人们通过长期的争论、讨论（甚至讨价还价），最后找到了走出混乱走向和平稳定的道路，找出了一套以后在遇到矛盾冲突的时候可以遵循的调和"规则"，宪法就是一套构成基本制度的基本规则。日常各种经济社会问题解决得好或不好，都能从宪法的结构中找到原因，这就是为什么制度变革最终总会成为"宪法变革"的原因所在。

　　科学技术的变化决定制度结构及其变化。马克思在《政治经济学批判》1859 年序言中指出："社会的物质生产力发展到一定阶段，便同它们一直在其中活动的现存生产关系或财产关系（这只是生产关系的法律用语）发生矛盾。于是这些关系便由生产力的发展形式变成生产力的桎梏。那时社会革命的时代就到来了。随着经济基础的变更，全部庞大的上层建筑也或慢或快地发生变革。"[①] 技术进步可以降低交易费用，并使得原先不起作用的某些制度安排起作用。例如，收费电视取代免费电视，离不开两个条件，一是现代网络技术的发展，使排除免费观看电视有了技术上的可能；二是数字技术的发展，提高了收费电视的频道数、节目量和清晰度，增加了对收费电视的需求量。技术进步能降低产权

---

　　① 《马克思恩格斯选集》第 2 卷，人民出版社 1972 年版，第 82 页。

的排他性费用，从而使私有产权制度成为可能。技术进步还可以改变要素的相对价格，从而产生对相对价格上涨要素有利的制度需求，任何制度需求都不能离开技术这个因素。

亚当·斯密还分析过分工发展与市场规模的关系，认为市场规模越大，社会分工也就越细，并进而影响对制度的需求。因为市场规模扩大，固定成本即可以通过很多的交易、而不是相对很少的几笔交易收回，固定成本的这种节约也就进一步扫清了制度创新的障碍。市场规模的扩大也有利于与规模经济相适应的制度创新，如股份公司制度、跨国公司制度等。

制度供给和制度需求背后的这些因素共同作用，形成了制度供给和制度需求的现实状况，反映了制度成本和制度收益的实际变化。正是在制度供给和制度需求的双向互动之中，制度成本和制度收益的相互影响得以实现，并决定着制度从均衡到非均衡再到均衡循环往复以至无穷的现实轨迹。

4.3 制度失衡及其原因

现实的制度状态，在其他因素不变的情况下，关键取决于制度供给、制度需求和制度价格的相互关系。这种状况大体可归纳为制度短缺、制度过剩、制度均衡三种情形。

制度供给不足或制度短缺，原因往往是多方面的。对新制度的需求总是先于该制度的实际供给，从而造成制度供给不足，这是制度供给的"时滞"问题；诱致性制度变迁因外部效果、"搭便车"等问题而出现制度供给不足，这是制度供给的外部性问题；在强制性制度变迁中由于既得利益集团矛盾冲突导致制度供给不足，这是制度供给的利益集团障碍问题；在权力高度集中的体制中由于政府垄断制度导致制度供给不足，这是制度供给的垄断性问题；由于缺乏自由竞争和自由选择致使制度需求者不能在众多制度供给方案中择优选用，这是制度供给的示范失效问题。制度供给不足，预期的制度红利、潜在利润、净收益不能实现，这是不经济的。在这种情况下，追求利益最大化的经济主体肯定愿意付出更高代价拉动制度供给，例如使用方式游说、支付租金、奖励等将推动制度供需趋向均衡。

制度供给过剩是指相对于社会对制度的需求而言有些制度是多余的，或者是一些过时的制度以及一些无效的制度仍然在发挥作用。在权力高度集中的体制中，制度供给方向、形式、进程及战略安排往往由政府主导、体现政府意愿，而与其他非政府组织、企业和居民的制度需求可能不一致。政府提供的制度未必是非政府组织、企业和居民需要的制度，非政府组织、企业和居民需要的制度，政府又未必提供。如果政府提供的制度中有一部分恰恰是非政府组织、企业和居民不愿意接受和遵守的制度，也就会形成制度过剩或制度多余。制度过剩或多余不仅浪费制度设计成本和制度实施成本，而且带来制度障碍和制度摩擦，增加微观经营的生产成本和交易成本，产生制度损失和制度亏损。在制度过剩状态中，制度需求小于制度供给，制度供过于求，这时制度价格就会下跌，下跌的制度价格一方面将拉动制度需求，另一方面将抑制制度供给，最终推动制度供需走向均衡。不过，这时的制度创新不是增加制度供给，而是减少制度供给，即通过取消多余的制度、消除无效或负效的制度来实现。近年来，我国大力推进行政体制改革特别是行政审批制度改革，其目的就是消除制度过剩，提高经济发展效益。

值得强调指出的是，制度是一种特殊的商品，它具有特殊的使用价值,是直接影响生产成本和收益且具有生产要素性质的商品。同时,制度具有公用商品属性,有邻居效应、花室效应、外部效应,没有严格的排他性,经常存在搭便车的问题。加上制度又是具有很强意识形态属性的商品,社会文化政治因素的干预更为频繁。诺思指出:"国家的存在是经济增长的关键,然而国家又是人为经济的根源。这一悖论使国家成为经济史研究的核心,在任何关于长期变迁的分析中,国家模型都将占据显要的一席。"①凡此种种,使制度变迁中的供求关系远比其它商品供求关系复杂得多。如果说,在其它一般商品供求关系中,只要市场上形成了对某一商品的需求,且存在自由竞争和灵敏的价格机制,就必然有厂商提供商品的供给。那么,制度变迁中的供求关系,则因为有更多政治、文化和社会因素的干扰,而更容易出现甚至长期保持失衡状况。这就是人类历史上的一些制度安排,尽管社会利益为负,却被长期保持;而有些制度创新,虽有明显社会利益,却并未被采用的根本原因。

---

① 诺思:《经济史中的结构与变迁》,上海人民出版社 1994 年版,第 20 页。

第7章

劳动创造价值的方法选择及其准则

世界上没有免费的午餐。

——米尔顿·弗里德曼

单个商品生产者的经济行为属微观经济行为，微观主体的经济行为过程既是创造价值并追求价值最大化的过程，也是一个投入产出过程。在这个过程中，商品生产者投入的是经济要素，产出的是商品价值，前者是价值的生产成本，后者是价值的生产收益。本章的研究主题是在分析形成和创造价值的成本和收益的内涵、外延及其变动趋势的基础上，廓清单个商品生产者实现价值最大化的途径和条件，最终选择实现价值最大化的最优方法。

1. 价值的成本和收益

商品价值是各种要素投入的结果,既包括生产资料转移的旧价值,也包括活劳动创造的新价值。这种投入产出要有经济效益,就能尽可能少的成本耗费获得尽可能多的价值收益。在分析了影响价值的单个因素后,现在我们来综合分析价值成本和价值收益的关系。为分析简便起见,我们设定如下两个条件:一是假定要素投入与要素消耗完全一致,因此要素投入量与价值成本相等;二是成本和收益均用劳动量即劳动时间表示,以避免货币幻觉和价格扭曲。

1.1 价值成本及其影响因素

价值的生产成本是商品生产者创造价值的耗费或付出的代价,在价值收益一定的情况下,商品生产者要获得最大收益,必须尽可能地降低成本、减少耗费。

对生产成本的认识,人们大多只限于生产资料的消耗和购买劳动力的支出,它大体上相当于资本家在生产剩余价值时所消耗的资本价值,前者是不变资本的消耗,后者是可变资本的消耗。严格地说,它仅仅是生产成本的资本主义形式,是剩余价值的生产成本,并且掩盖了实际的成本耗费。马克思早就指出:“商品所费于资本家的东西和生产商品本身所费的东西,实际是两个完全不同的量。”① 商品价值的生产成本是按照劳动的耗费来计算的,

---

① 《马克思恩格斯全集》第25卷,人民出版社1972年版,第6页。

为了生产一件商品，创造一定价值，不仅要耗费各种生产资料即物化劳动，而且要耗费工人的活劳动。因此，商品价值的生产成本应当包括物化劳动和活劳动耗费两个部分，是生产商品全部劳动时间的耗费。我们所谓的价值生产成本正是在上述意义上使用的，只有这样才能反映成本的实际内容，避免成本的资本主义形式。

价值的生产成本从计算的角度可分为总成本、平均成本和边际成本。总成本是指企业在生产某种产品或提供某种劳务过程中所发生的总耗费，即在一定时期内生产和销售所有产品而花费的全部费用，是总固定成本和总变动成本之和。平均成本是指在一定范围内和一定时期内成本耗费的平均水平，是总成本平均分摊到每单位产品中的成本，是平均固定成本和平均可变成本之和。边际成本指的是每一单位新增生产的产品带来的总成本增量，是企业厂商每增加一单位产品所增加的成本。从三者的相互关系看，一方面平均成本是总成本除以商品数量的结果，另一方面总成本又是平均成本乘商品数量之积，而平均成本又与边际成本变动的趋势相联系，边际成本递增，平均成本必然上升，边际成本递减，平均成本必然下降。因此，边际成本也对总成本有影响。严格地说，边际成本实际上是总成本的变动情况。这些问题西方微观经济学已有深入的分析和研究，劳动价值论可以而且也应当大胆借鉴。

当然。我们从单个商品生产者的角度所考察的成本，不是指生产价值的一般耗费，而是指单个商品生产者具体的实际的耗费。单个商品生产者生产商品、创造价值实际消耗的物化劳动和活劳动，本质上是个别劳动，是个别物化劳动和个别活劳动的总和。

这种生产成本是由单个商品生产者个别生产条件、技术水平、劳动强度和熟练程度决定的。生产条件较好,技术水平较高,劳动强度较大,生产一定量商品,创造一定量价值,所耗费的物化劳动和活劳动就较少,否则就会较高。因此,影响价值生产成本的因素主要有以下几方面。

第一,管理。现代企业的生产,是在许多劳动者同时在同一工厂内共同使用许多生产资料开始的。一个乐队要有一个指挥,一个军队要有一个将军,一个企业离不开管理者。管理是对生产过程计划、决策、组织、指挥、协调、监督等的总称,目的是实现劳动、劳动资料、劳动对象的合理配置和有效使用,提高劳动生产率。在其他条件不变的情况下,单个商品生产者的管理水平越高,劳动生产力越高,从而可以减少生产资料的浪费,节约活劳动,降低活劳动和物化劳动消耗,降低价值的生产成本。因此,一般来说,价值的生产成本与单个商品生产者的管理水平成反比。当然,管理并非免费午餐。管理也是一种劳动,管理也有物的消耗,或者说管理本身也是有投入、要成本的。如果考虑这一因素,价值的生产成本与管理水平成反比,只有在管理成本低于管理节约的成本的条件下才能成立,当管理成本高于管理节约的成本时,管理不仅不会与价值的生产成本成反比,而且可能成正比。

第二,技术。技术是制作的智慧,是为某一目的共同协作组成的各种工具和规则体系,既包括表现为工具的"硬件",也包括以规则为内容的"软件"。技术是影响成本的重要因素,在其他条件不变的情况下,单个商品生产者采用先进技术,可以提高劳动生产率,降低生产资料消耗,节约活劳动和物化劳动。从这个意义上说,价值的生产成本与科学技术成反比,科学技术越低,成本越高；科学技术越高，成本越低。同样，现代科学技术的发展，不仅节约了工业产品的成本，也节约了农业产品的成本。这正是工业产品和农业产品价格不断下降的原因之一，而且是最重要的原因之一。现代发达国家不断提高对技术开发的投入、创新劳动总是获得收益最高的劳动、各国越来越重视知识产权的创造和保护等现象，既是科学技术提高价值收益的表现，也是科学技术降低成本的表现。当然，科学技术是有代价的手段，生产含有新技术的机器或工具需要耗费劳动，提高劳动者的技术素质、增加劳动的技术含量也要付出成本。因此，只有当使用新技术节约的劳动高于形成新技术本身所耗费的劳动时，采用新技术才有经济上的合理性。

第三，产量。管理和科学技术对价值的生产成本的影响，主要是通过对单位商品生产成本的影响实现的，如果假定管理和科学技术的水平不变，从而生产单位商品所费的生产成本不变，价值生产成本的变化则会随商品数量的变动而变动。因为价值生产成本＝单位成本×产量。随着产量的增加，需要投入的活劳动和物化劳动也会发生变化，一般来说，产量高，需要投入的物化劳动和活劳动越多，反之则越少。因此，价值的生产成本与产量成正比。但产品成本包括不变成本和可变成本，其中不变成本不会随产量增加而增加，其单位不变成本会随产量增加边际递减。因此，生产成本可能会随产量增加而出现边际递减趋势。从这个意义上说，价值的生产成本，既是管理和技术的函数，也是产量的函数，它不仅会随管理和科学技术水平的变化而变化，而且会随产量的变化而变化。

1.2　价值收益及其影响因素

投入是为了产出，花费成本是为了获得收益。如果说商品生产者在收益一定的情况下，应当尽可能降低价值的生产成本；那么在成本一定的情况下，则应当尽可能地提高价值的生产收益。

价值的生产收益简称价值收益，是一个容易产生歧义的范畴。对于相当一部分人来说，价值收益仅仅是商品价值扣除生产资料消耗的价值和补偿劳动力价值之后的余额，即价值收益＝商品价值－生产资料消耗的价值－劳动力价值，这种余额马克思称之为剩余价值。剩余价值是价值收益的资本主义形式，是资本的价值收益。用这种收益形式取代价值收益，从方法论来看，犯了以个别代替一般，以具体代替抽象的错误。从内容来看，则否认了补偿劳动力价值的价值的收益性质，并且将生产资料转移的价值也从价值收益中扣除出来。究其原因，在于人们在认识和把握价值收益范畴时，仍然局限在资本家的眼光之内。

但当我们从资本家狭隘的认识圈子中跳出来，进入更加一般和更加广阔的认知视野时，我们就会发现事情并非如此。首先，补偿劳动力价值的价值，或者说为维持劳动力再生产的价值，是劳动者的活劳动所创造的新价值的一部分，是凝结在新产品中的新价值。对劳动者和代表劳动者利益的商品生产者来说，不管是补偿劳动力价值的价值，还是扣除补偿价值之后剩余的价值，都是自己的劳动成果，都是自己的劳动收获，都是自己的价值收益。这种收益固然以作为成本的活劳动为基础，但它与活劳动在质和量两个方面不可同日而语。作为成本的劳动是个别的活劳动，作为收益的劳动是凝结在新产品中的社会必要劳动。其次，生产资料转移的价值，也有收益性质。生产资料转移的价值，已经不是凝结在生产资料中的价值，而是转移到新产品中的价值。从过程来看，它不是投入，而是产出；从性质来看，它不是成本，而是收益；从量上来看，它不等于作为投入的生产资料价值消耗。生产资料转移的价值和生产资料消耗的价值是有区别的，生产资料的价值消耗，是单个商品生产者在创造价值过程中实际消耗的价值，它由个别生产条件决定；生产资料转移的价值是实际消耗的价值中最终转移到新产品中去的价值，它由社会平均的生产条件决定，不能也不应当将两者混淆起来。

因此，我们所谓的价值收益是要素投入或消耗最终产出的价值成果，是生产资料转移的价值和活劳动创造的新价值的总和。与成本一样，价值收益也可分为总收益、平均收益和边际收益。要实现价值收益的最大化，就必须实现生产资料转移价值的最大化和活劳动创造新价值的最大化，也必须利用收益分析的这些工具。

初看起来，价值收益最大化的实现，只需尽可能多地消耗生产资料和活劳动就足够了，因为旧价值的转移和新价值的创造是生产资料消耗和活劳动消耗的结果。如果果真如此的话，岂不是生产资料和劳动消耗得越多越好？事情当然不会这样简单。正如马克思曾经指出的：决定商品价值量的不是个别劳动时间而是社会必要劳动时间，同样决定生产资料价值转移量的，也不是个别消耗的生产资料价值，而是社会必需消耗的生产资料价值，或社会必需消耗的物化劳动。如果产品不符合社会需要，花费的活劳动不能形成新价值，消耗的物化劳动也不能转移旧价值。如果消耗的活劳动量和物化劳动量超过社会必需的限度，则其超出部分就是虚耗，既不能创造也不能转移价值。只有当消耗的活劳动量和物化劳动量等于或少于社会必需的消耗量时，价值收益才会等于或高于消耗的活劳动量和物化劳动量。商品生产者才能实现价值生产和价值转移的最大化，才能实现价值收益的最大化。

而社会必要劳动时间是在现有的社会正常生产条件下，在社会平均的劳动熟练程度和劳动强度下制造某种使用价值所需要的劳动时间。依此类推，社会必需消耗的生产资料价值量也就是在现有的社会正常的生产条件下，在社会平均的劳动熟练程度和劳功强度下制造某种使用价值所需要的物化劳动量。因此，影响单个商品生产者价值转移量和价值生产量的因素，至少包括如下几个方面：

第一，社会的技术水平和管理水平。在其他因素不变的前提下，社会的技术和管理水平越高，劳动的熟练程度和劳动强度越大，生产某种使用价值转移的价值量和新价值量也就越少，反之则越大。这就是我们通常所说的价值量与社会劳动生产率成反比的规律。不过，在这里我们已将价值量扩充为包括活劳动创造的新价值量和物化劳动转移的旧价值量，因此它是指价值收益与社会劳动生产率成反比。当然，这一结论只有从整个社会目前情况来看，并就单位商品的价值量而言才是正确的。

第二，个别的技术水平和管理水平。其实，商品生产者的价值收益不仅不会与个别劳动生产率成反比，而且可能与个别劳动生产率成正比。理由很简单，在社会劳动生产率不变的前提下，生产单位商品的社会必要劳动时间不变，从而单位商品的价值量不变。但在个别劳动量不变的前提下，提高个别劳动生产率，一是可以使同量个别劳动折合为较多的社会必要劳动时间，从而创造较多的新价值；二是可以使消耗的个别物化劳动时间折合为较多社会必需的物化劳动时间，从而转移较多的旧价值。这就是单个商品生产者提高劳动生产率的内在动力。而个别劳动生产率的提高不过是个别技术水平和管理水平改进和提高的结果。因此，提高个别技术水平和管理水平可以增加单个商品生产者的价值收益。不仅如此，如果个别商品生产者的技术水平和管理水平高于社会正常的技术水平和管理水平，个别劳动消耗量低于社会必需的消耗量，还可以获得超额价值收益。

第三，产量。在单位产品的价值收益不变的情况下，商品生产者获得的价值收益与产品数量成正比，即：价值收益 = 单位产品的价值收益×产品数量，产品数量越多，价值收益越大。但这必须具备两个条件：首先，产品数量的增加不会使这种产品的社会总量超过社会必需的总量；其次，边际收益始终等于平均收益。如果边际收益高于平均收益，则价值收益的增长幅度将大于产品的增长幅度；如果边际收益低于平均收益，则价值收益的增长幅度将小于产品数量的增长幅度；只有当边际收益等于平均收益时，价值收益的增长幅度才会等于产品数量的增长幅度。这一条件的内含假设是，随着产量的增加个别劳动生产率不变，如果放弃这一假设，情况就会发生变化。

1.3 价值收益率

消耗成本是为了获得收益，获得收益必须付出成本，商品生产者总是在这种两难选择中做出决策。因此，仅仅考虑成本，或者单纯追求收益显然是不够的，必须将成本和收益综合起来进行分析和比较，为此，我们将使用价值收益率的概念。

价值收益率是价值收益与价值成本的比率，即价值收益率 = 价值收益量/价值成本量，用以反映单个商品生产者所支付的成本带来收益的程度。根据这一公式，价值收益率在价值成本量一定的情况下，与价值收益量成正比；在价值收益量一定的情况下，与价值成本量成反比。一般来说，价值收益率大于1，价值收益量大于价值成本量，该商品生产者获得了超额收益，经济效益高；价值收益率小于1，价值收益量小于价值成本量，该商品生产者的物化劳动和活劳动未能得到全部补偿，经济效益低；价值收益率等于1，价值收益量等于价值成本量，该商品生产者的物化劳动和活劳动全部得到了补偿，但没有获得超额价值收益，因此，经济效益居中。

由于价值收益等于生产资料转移的价值与活劳动创造的新价值之和，价值成本等于个别物化劳动消耗量与个别活劳动之和。因此，价值收益率的计算公式也可转化为价值收益率＝转移的价值量＋新价值量/个别物化劳动消耗量＋个别活劳动量。

如前所述，价值转移量实际上由两个主要因素共同决定：一是生产资料消耗的价值量或消耗的物化劳动量；二是价值转移率。所谓价值转移率，是在社会正常生产条件下，生产某种商品必需耗费的生产资料价值量与单个商品生产者生产某种商品实际消耗的生产资料价值量的比率。即价值转移率＝社会必需消耗的生产资料价值量/个别实际消耗的生产资料价值量＝社会必需消耗的物化劳动量/个别实际消耗的物化劳动量。价值转移率反映了生产资料价值转移的程度，而价值转移量则是生产资料消耗的价值量与价值转移率的乘积，即价值转移量＝生产资料消耗的价值量×价值转移率＝实际消耗的物化劳动量×价值转移率。

同样，新价值量也不是由生产某种商品实际耗费的个别活劳动量决定的，而是由生产商品所耗费的社会必要劳动时间决定的。

个别劳动能否形成价值，以及个别劳动时间究竟能创造多少价值，既取决于这些劳动是否凝结在社会必需的使用价值之中，也取决于这些劳动在多大程度上形成为社会必要劳动时间。如果用价值率反映个别劳动形成为价值的程度的话，单个商品生产者创造的新价值量就等于个别劳动量与价值率的乘积，即价值量＝个别劳动量×价值率。而所谓价值率则是生产单位商品所耗费的社会必要劳动时间与个别劳动时间的比率，即价值率＝社会必要劳动时间/个别劳动时间。

这样，价值收益率既与价值率有关，也与价值转移率相联系，并与价值率和价值转移率成正相关。即提高价值率和价值转移率都有利于提高价值收益率。用公式表示即价值收益率＝（物化劳动消耗量×价值转移率＋活劳动量×价值率）/个别物化劳动＋个别活劳动量。尤其值得注意的是，价值转移率和价值率都与社会劳动生产率和个别劳动生产率的相对状况有关。就价值转移率而言，在社会必需消耗的生产资料价值不变的前提下，价值转移率与个别的生产资料价值消耗量成反比，生产单位商品的个别物化劳动消耗量越高，价值转移率越低。而生产单位商品消耗的物化劳动量是由该商品生产者的个别技术水平和个别劳动熟练程度及劳动强度决定的，个别技术条件越差，个别劳动强度和熟练程度越低，个别劳动生产率越低，所花费的物化劳动也就越高，价值转移率就越低。在个别物化劳动消耗量不变的前提下，价值转移率与社会必需消耗的物化劳动量成正比，社会正常的生产条件越好，社会平均的劳动熟练程度和劳动强度越高，社会劳动生产率越高，则生产某种商品必需耗费的物化劳动量越少，价值转移率就越低。就价值率而言，在生产某种商品的社会必要劳动时间不变的前提下，价值率与个别劳动时间成反比，商品生产者的个别技术条件越好，个别劳动熟练程度和劳动强度越高，个别劳动生产率越高，则生产单位商品的个别劳动时间越少，价值率就会越高，在个别劳动时间不变的前提下，价值率与社会必要劳动时间成正比。社会正常生产条件越好，社会劳动生产率越高，生产单位商品社会必要劳动时间越少，价值率越低。

由此可见，价值率也好，价值转移率也好，在个别劳动生产率不变的前提下，都与社会劳动生产率成反比。社会劳动生产率越高，价值转移率和价值形成率越低。在社会劳动生产率不变的前提下，都与个别劳动生产率成正比，个别劳动生产率越高，价值率和价值转移率越高；只有当社会劳动生产率和个别劳动生产率都不变，或社会劳动生产率和个别劳动生产率同时、同方向并按同一比例变化时，价值率和价值形成率才会不变。

当然，社会劳动生产率是无数个别商品生产者共同提高劳动生产率的结果，往往非单个商品生产者所能控制。在这种情况下，要提高价值率和价值转移率，只有改进自己的技术，加强管理，提高劳动强度和劳动熟练程度，从而提高个别劳动生产率，否则，将是徒劳无益的。由于价值转移率和价值率与价值收益率存在着正相关的关系，因此提高个别劳动生产率归根到底也是提高价值收益率的根本途径。

综上所述，单个商品生产者要实现价值收益最大化，既要在降低成本消耗上下功夫，也要在增加价值收益上下功夫，尤其要在提高价值收益率上下功夫。因为从单个商品生产者获得的价值收益总量来看，它实际上等于其消耗的个别劳动总量（包括物化劳动量和活劳动量）与价值收益率的乘积，即价值收益总量＝个别劳动总量×价值收益率。为此,必须加强企业管理、改进技术、提高劳动生产率,并使自己的产品始终符合社会需求。

2. 单一要素变动条件下的方法选择

价值量既是劳动量的函数,也是生产资料和科学技术的函数。因此,单个商品生产者要增加价值量、实现价值产出的最大化,至少面临增加劳动量和生产资料、提高科学技术几种方法可供选择。在现实经济活动中,究竟采取哪种方法,不仅取决于各种要素变动的可能性,而且取决于各种要素变动的价值效应及其成本和效益的比较分析,所谓两利相权取其重,两弊相衡择其轻,这是微观劳动创造价值的方法选择问题。

我们的分析先从单一要素的变动开始,基于如下两个理由:第一,任何事物的发展都有一个从简单到复杂、从一到多的过程,人们只有首先分析单一要素变动的价值效应及其本质和规律,才能真正廓清多因素变动的综合效应和复合规律,这是认识与实践的统一,也是历史和逻辑的统一。第二,不同要素变动的可能性和价值效应本来就不是完全一致、绝对同步的,劳动要素的变动相对容易,物质要素、科学技术以及劳动素质的改变则绝非一朝一夕之功。因此,为了获得更多的价值量,人们总是先从那些容易实现的要素变动开始,然后再涉及其他。

2.1 劳动要素变动的价值效应及其经济边界

劳动是价值的本质和唯一源泉,也是决定和影响价值量最主要和最基本的因素。因此,增加劳动量是增加价值量、实现价值收益最大化的最主要和最基本的方法。劳动量的增加，可以通过增加劳动者的人数或延长劳动者的劳动时间来实现。至于增加劳动量能否形成价值以及能创造多少价值则取决于如下两个条件：第一，生产某种使用价值实际消耗的劳动总量必须等于社会生产这种使用价值必需消耗的劳动总量。如果增加的个别劳动量，使社会生产这种使用价值的劳动总量超过了社会必需消耗的劳动总量，就不能形成价值；如果少于或等于社会必需消耗的劳动总量就能够形成价值。第二，增加的个别劳动时间必须是在社会正常的生产条件下，在社会平均的劳动熟练程度和劳动强度下，生产某种使用价值所必需消耗的劳动时间。如果这种劳动的生产条件、熟练程度和强度低于社会正常的平均水平，其价值率就会小于1，所形成的价值量就会较少，如果这种劳动的生产条件、熟练程度和强度高于社会正常的平均水平，价值率就会大于1，所形成的价值量就会较多。

如果撇开宏观总量问题不说，假定个别劳动量的增加不会使实际消耗的劳动总量超过社会必需消耗的劳动总量，那么问题的关键就取决于个别劳动量的生产条件、熟练程度和强度，而其中最基本的条件是生产资料。不论生产的社会形态如何，劳动和生产资料总是生产的因素，总是必须结合起来。现实商品生产过程是人力要素和物质要素互相结合的过程。

马克思在分析资本主义生产的循环过程时明确指出：$G—W{<}^A_{Pm}$不仅表现一种质的关系，一定量货币转化为互相适应的生产资料和劳动力。它还表示一种量的关系，即用在劳动力上面的货币部分和用在生产资料上的货币部分的量的关系，所购买的

生产资料的数量和范围，必须足够使这个劳动量得到充分的利用①。在其他情况不变的条件下，决定商品价值量的社会必要劳动时间，是使用正常数量生产资料的劳动时间。正常数量生产资料与劳动时间的比率，称为劳动的社会技术构成。个别数量生产资料与个别劳动时间的比率，称为个别技术构成。一般来说，当单个商品生产者劳动的个别技术构成高于社会技术构成时，个别劳动生产率就会高于社会劳动生产率，价值率就会大于1；当个别技术构成低于社会技术构成时，个别劳动生产率就会低于社会劳动生产率，生产单位商品所耗费的个别劳动时间就会高于社会必要劳动时间，价值率就会小于1。

在社会技术构成不变的前提下，如果单个商品生产者能使用的生产资料数量固定不变，他不断追加个别劳动数量必然降低个别劳动的技术构成和个别劳动生产率，从而降低价值率，也就会出现追加劳动带来的新增价值递减的趋势，这可称之为边际劳动的边际价值收益递减趋势。如果单纯考虑价值收益最大化，那么追加劳动的经济边界就是边际劳动所形成的边际价值为零。因为当边际劳动形成的边际价值等于或小于零时，再追加劳动不能带来任何价值收益，只是劳动的虚耗和浪费。

当然，经济边界的确定，只考虑收益，而不考虑成本是不合理的，权衡利弊，比较得失是经济选择最基本的内容。如果从成本和收益相统一的角度来考虑，追加劳动的经济边界只能是边际劳动等于边际价值收益，即边际个别劳动时间 = 边际社会必要劳动时间。当边际劳动小于边际价值收益时，个别劳动的技术构成

---

① 《马克思恩格斯全集》第24卷，人民出版社1972年版，第33页。

高于社会劳动的技术构成，生产单位商品所耗费的个别劳动时间少于社会必要劳动时间，价值率大于1，追加劳动不仅可以增加价值，而且能带来超额价值，具有较高的经济效益，也会促使商品生产者进一步增加劳动投入。因此，增加的价值量大于追加的个别劳动量。当边际劳动等于边际价值收益时，追加劳动与它所形成的价值收益相等，价值收益能够补偿劳动成本，追加劳动是有效益的。但如果再追加劳动，就会进入边际劳动大于边际价值收益的阶段，这时追加的劳动虽然仍可带来价值收益，但由于受生产资料有限约束，个别技术构成下降，价值率递减，将使增加的价值量小于为此追加的劳动量，收益小于成本，得不偿失。追加劳动将是没有效益的。

2.2 生产资料数量变动的价值效应及经济边界

虽然在短期内生产资料的数量尤其是固定资本的数量难以变动，甚至不变，机器设备的添置和安装、厂房车间的兴建或扩大都是需要时间的。但从长期来看，即使是固定资本也可以通过兴建厂房、购置机器设备发生变动。生产资料数量的增加，一是可以为劳动创造价值提供物质承担者、物质前提或容器，这就是生产资料在价值形成中的价值容器功能。二是能使个别劳动时间和生产资料数量的比例趋向合理，并提高劳动的生产效率和劳动的价值率，从而在劳动量不变的前提下增加价值量，这就是生产资料的价值增量功能。

当然，生产资料变动的价值增量功能效应大小，在社会技术构成不变的前提下，关键要视个别劳动技术构成的具体情况来定。个别劳动的技术构成有两种具体形式，一是个别实际技术构成，即单个商品生产者的个别劳动量与它实际使用的生产资料量的比例。二是个别客观技术构成，即单个商品生产者的个别劳动时间与它客观上可以使用的生产资料量的比例。如果商品生产者的个别实际技术构成低于个别客观技术构成，个别劳动实际使用的生产资料量，少于其本来能够使用的生产资料量，将出现劳动的虚耗和浪费，从而降低个别劳动生产率和价值率。这时如果增加生产资料，将提高个别实际技术构成，使之趋近于个别客观技术构成，同时，也使实际的个别劳动生产率提高并趋近于个别客观的劳动生产率，提高个别劳动的价值率，达到个别客观可能的价值率，以增加价值量。这一过程从本质上来说，是为原来的虚耗劳动提供凝结为价值的容器的过程，同时也是提高个别劳动生产率和价值率的过程。

但是，生产资料增加能够带来的价值增量也是递减的和有限的。在个别劳动量不变的前提下，随着生产资料量的不断增加，虚耗劳动越来越少，个别实际技术构成、个别劳动生产率和个别劳动价值率提高的程度也会越来越小，因此能够带来的价值增量也会越来越少，并出现边际生产资料量的边际价值收益效应递减趋势。不仅如此，生产资料量的不断增加，最终会使个别实际技术构成达到一个均衡点，在这一点上，个别实际技术构成等于个别客观技术构成，个别劳动实际使用的生产资料量等于其能够使用的生产资料量，个别劳动虚耗现象完全消失，再追加生产资料不仅不会带来价值增量，而且将导致生产资料闲置和浪费。因此，生产资料数量增加最宽松的经济边界是个别实际技术构成等于个别客观技术构成，或者说生产资料增加带来的边际价值为零。如果我们再进一步考虑生产资料本身是有价值的，追加生产资料是有价值的成本追加，那么生产资料追加真正严格意义上的经济边界就是边际生产资料价值等于边际价值收益。如果边际生产资料价值大于边际价值收益，新增价值不能补偿成本消耗，那么，这种追加就是不经济的，也是不必要的。

2.3　科学技术的价值效应及其经济边界

在分析劳动和生产资料数量变动的价值效应时，始终隐含着一个假设—科学技术不变，因此劳动的熟练程度、强度和生产资料的质量均不发生变化。但是现实情况表明，科学技术是不断变化的，科学技术在现代经济生活中的作用是显而易见的，科学技术也是影响价值量的重要因素。

不管是知识的积累和创新，还是工具和规则的完善和提高，科学技术的作用总是表现为劳动者素质和生产资料质量的提高。两者必然推动劳动生产率提高和技术创新，并实现科学技术的价值增量功能、价值超额功能、价值扩展功能和价值独创功能。决定单位商品价值量的社会必要劳动时间不仅是使用正常数量生产资料的劳动时间，也是使用正常质量生产资料的劳动时间，而且是具有平均熟练程度和强度的劳动时间。在其他条件不变的情况下，单个商品生产者的个别劳动能创造多少价值，取决于这种劳动的个别生产资料质量、个别的熟练程度和强度与社会正常质量的生产资料、社会平均的劳动熟练程度和强度的相对状态。如果单个商品生产者所使用的生产资料质量和个别劳动的熟练程度及强度低于社会正常质量及平均水平，个别劳动生产率必然低于社会劳动生产率，生产单位商品的个别劳动时间就会高于社会必要劳动时间，其价值率就会小于1，它所创造的价值量就会相对较少；如果单个商品生产者所使用的生产资料质量和个别劳动的熟练程度及强度高于社会正常质量和平均水平，个别劳动生产率必然高于社会劳动生产率，生产单位商品的个别劳动时间就会低于社会必要劳动时间，其价值率就会大于1，创造的价值量就会相对较多。既然如此，单个商品生产者就可以在劳动时间和生产资料数量不变的前提下，通过采用先进的科学技术，提高劳动素质和生产资料质量，进而提高个别劳动的熟练程度和强度及其生产率，达到提高价值率，增加价值量的目的。

当然，科学技术的价值增量效应，在生产资料和劳动量一定的情况下，同样不是无限的，而是存在边界的。首先，随着科学技术水平提高，个别劳动者的客观技术构成不断提高，使用同量生产资料，生产同量使用价值所需的个别劳动量越来越少，必然出现生产资料短缺和劳动者过剩的情况。在这种条件下，个别劳动的实际技术构成将愈益低于个别劳动的客观技术构成，个别劳动者的实际生产率将愈益低于个别劳动客观可能的生产率，最终就会出现科学技术提高的边际价值收益递减的趋势。如果由于劳动过剩造成的价值损失大于由于科技进步引起的价值率提高增加的价值收益，则科技进步的边际价值收益将为负。其次，科学技术是智力劳动的结果，科技水平越高，获得科技成果的难度越大，科技成果的价值越高，人们采用先进科技成果所需付出的成本就会越高。如果增加科技投入所付出的成本高于由此带来的价值收益，就会有悖商品生产者的初衷。正如马克思所言：如果生产一台机器所耗费的劳动，与使用该机器所节省的劳动相等，那么这只不过是劳动的变换①。同时，他还强调生产机器所费的劳动要少

---

① 《马克思恩格斯全集》第23卷，人民出版社1972年版，第428页。

于使用机器代替的劳动①。尽管这是对采用新技术的"硬件"而言的，但同样也适用于作为"软件"的规则等。再次，科学技术的价值增量效应也是以社会劳动生产率不变，运用科技成果只会提高个别劳动率为前提的。如果个别劳动生产率和价值率提高，引起其他商品生产者纷纷效仿，以至于整个社会劳动生产率提高，个别劳动生产率高于社会劳动生产率的优势就会逐渐消失，价值率就会趋于递减。采用科技成果增加的价值收益也会趋于递减以至于为零。因此，运用科学技术同样必须遵循边际科技价值成本＝边际价值收益的准则。

单一要素变动的价值效应分析表明，无论是劳动、生产资料、还是科学技术，它们作为经济要素都有价值增量功能。但任何一种方法的价值效应都是有经济边界的，其价值增量功能只能在这个边界内发挥作用，如果把要素变动及其增加作为价值成本，将由此产生的价值效应为价值收益，那么我们就可以抽象出一般的微观行为准则：边际价值成本＝边际价值收益。其中边际价值成本等于新增的活劳动与物化劳动之和。边际价值收益等于新转移的价值与新形成的价值之和。具体来说，也就是边际物化劳动＋边际活劳动＝边际转移价值＋边际新价值。

3. 多要素变动条件下的方法选择

我们在分析单一要素变动的价值效应时，总是假定其他要素

---

① 《马克思恩格斯全集》第23卷，人民出版社1972年版，第430页。

不变，这一假定是有局限性的。首先，任何一种要素要发挥价值效应，必须以其他要素的存在为前提，活劳动要创造价值必须有生产资料作为价值容器，生产资料变动要影响价值量，只能通过对个别劳动生产率的影响才能实现，科学技术的作用也得落实到劳动素质和生产资料质量提高的基础之上。第二，经济要素都是稀缺的，无限追加某种要素既会受到自然条件的界限，也会受经济条件的限制。就自然条件而言，劳动人数是有限的，每一个劳动者的劳动时间也是有限的。就经济条件而言，追加某种要素既会受到边际价值为零的限制，也会受到边际成本递增的限制。

在现实的经济活动中，人们为了实现价值最大化目标，不能只使用某种要素，而放弃其他要素，必须合理地配置各种要素、有效使用各种要素，适时相应地变动各种经济要素及其构成比例。因此，我们的分析从单一要素变动的分析进入多要素变动的分析。

3.1 规模变动的价值效应及其经济边界

规模变动是在要素结构和比例不变的前提下，同时按同一比例增加各种经济要素，从而使该商品生产者的生产规模扩大的方法。

在生产某种商品的社会劳动生产率不变的前提下，生产该商品的单个商品生产者扩大生产规模，在一定范围内可以提高个别劳动生产率。首先，大规模生产相对于小规模生产而言，能够更有效地实现内部分工和专业化，劳动者固定在某一岗位上，可以更快、更好地掌握该岗位所需的技能和经验。其次，可以更合理地配置经济要素，扬长避短，用其所长，使同量经济要素能生产更多的使用价值，提高个别劳动生产率，当然也就可以提高价值率，创造更多新价值，转移更多旧价值，使价值产出增量大于价值成本增量，这就是所谓规模经济。

但是，规模扩大的价值效应也是有限的，规模不是越大越好。首先，随着规模扩大，该企业在生产同类商品的社会劳动总量中所占的比重越来越大，有可能使其产出的使用价值总量超过社会必需总量，同时也使其耗费在这些使用价值中的劳动总量超过社会必需的劳动总量而不能形成价值，成为虚耗劳动。其次，规模越大，分工越细，专业化程度越高，管理的层次越多，管理的跨度越大，管理本身的成本就会越来越高，管理的效率就有可能越来越低这样，企业规模扩大就可能从规模经济阶段进入规模收益不变的阶段。所谓规模收益不变，就是价值收益的变化与规模的变化按同一比例变动，既不存在规模经济，也不存在规模不经济。当规模扩大，管理成本的增加幅度大于规模扩大所带来的价值收入增加幅度时，规模扩大就进入了规模不经济的阶段。在这一阶段，价值增加的幅度，小于规模扩大幅度，规模扩大就是没有效率的。

规模收益不变和规模不经济的产生，实际上是规模扩大提高的劳动生产率被管理难度提高引起个别劳动生产率下降相互抵消、甚至为负的结果。因此，规模扩大的经济边界就是规模扩大的边际价值成本＝边际价值收益。当边际价值成本小于边际价值收益时，扩大规模增加的价值收益大于为扩大规模增加的要素价值成本，扩大规模有利可图，反之，则无利可图。

3.2 要素构成变动的价值效应及其经济边界

在要素的价值总量不变的前提下，劳动要素和生产资料要素构成发生变化，其中某种要素减少，另一种要素增加，其价值效应如何？经济边界在哪里呢？

如果社会技术构成不变，单个商品生产者减少劳动投入、增加生产资料数量，在个别实际技术构成低于个别客观技术构成的前提下，可以提高个别技术构成和个别劳动生产率，使个别劳动生产率与社会劳动生产率之间的相对比率提高，从而提高价值率。只要由劳动量的减少引起的价值量的减少，少于由价值率提高增加的价值量，那么这种构成比例的变化就是可取的，否则就是不可取的。

同样，如果社会技术构成不变，劳动投入增加，生产资料数量减少，在个别实际技术构成高于个别客观技术构成的前提下，个别技术构成、个别劳动者生产率和价值率不变。这样，价值量就会随着劳动量的增加而按相同比例增加。如果劳动投入的增加和生产资料数量的减少，使个别实际技术构成低于个别客观技术构成，从而使个别技术构成和个别劳动生产率下降，以至于使价值率下降，那么只有当由劳动量增加引起的价值量增加大于由价值率下降减少的价值量时，这种构成比例的变化才是可取的。否则，由劳动量增加引起的价增值量小于由价值率下降减少的价值量，则该商品生产者实际取得的价值收益就会减少，就会出现要素结构变动不经济的现象。

可见，要素比例的变动在社会技术构成不变的前提下，其价值效应如何，必须依个别实际技术构成和个别客观技术构成相对关系的实际情况而定。

当个别实际技术构成高于个别客观技术构成时，单个商品生产者劳动实际使用的生产资料量高于它客观上能够使用的生产资料量，生产资料闲置，必须采用追加劳动量的方法，直至个别实际技术构成等于个别客观技术构成；反之，当个别实际技术构成低于个别客观技术构成时，单个商品生产者实际使用的生产资料量低于它客观上能够使用的生产资料量，劳动虚耗，个别劳动的实际生产率低于客观可能的生产率，必须采用追加生产资料的方法，直至个别实际技术构成提高到等于个别客观技术构成的水平。因此，个别实际技术构成等于个别客观技术构成，实际上是在社会技术构成不变的前提下，调节生产资料和劳动量的技术构成实现价值产出最大化的均衡点。

3.3 多种要素优化组合的基本规则

既然，各种经济要素的变动都有价值增量功能和效应，且不同要素的投入之间存在某种替代可能，那么最终的问题，也就归结为各种要素的最优组合问题，即什么样的要素变动和结构变化可以实现价值收益最大化？

最简单的回答就是：在收益不变的前提下，我们应当采用成本最低的要素组合，在成本不变的前提下，应采取收益最大的要素组合。这一原则可以利用等价值成本曲线、等价值收益曲线及其均衡等分析工具加以说明。为使问题不致复杂化，同时也避免货币幻觉，我们假定价值成本表现为个别劳动时间，价值收益表现为社会必要劳动时间。

所谓等价值成本曲线，是成本开支既定前提下各种经济要素组合方式的几何图形。假定个别劳动投入为 10000 小时，且只有物化劳动和活劳动两种要素，并以纵轴 P 表示物化劳动投入，横轴 L 表示活劳动投入，这样我们就可以描述出一条等成本曲线，见图 7-1。

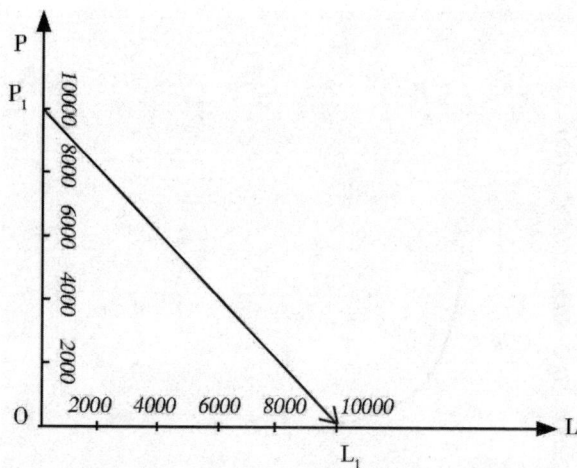

图7-1

在这条线上的各点，投入的成本相等，都是 10000 小时劳动量，但物化劳动和活劳动的构成比例不同，在点 P_1 上物化劳动量为 10000 小时，活劳动投入量为零，在点 L_1 上活劳动量投入为 10000 小时，物化劳动投入为零。而曲线上的其他点则体现着物化劳动与活劳动的不同技术构成。

等价值收益曲线是生产相同价值量的不同要素组合的几何图形。假定投入仍然只有活劳动和物化劳动两种要素，分别以横轴和纵轴表示，不同的要素组合可以生产相同的价值量包括创造和转移的价值并以坐标内的曲线表示。例如，为了获得 10000 小时社会必要劳动时间的价值量，可以有三种方法，一是个别活劳动量为 8000 小时，个别物化劳动量为 4000 小时，二是个别劳动量为 5000 小时，个别物化劳动为 5000 小时，三是个别活劳动量为 4000 小时，个别物化劳动量为 8000 小时。这样，我们就可以得到一条等价值收益曲线见图 7－2。

在这条曲线上的各点，价值量均为 10000 小时社会必要劳动时间，但对应的投入要素组合的技术构成却差异明显。这就提出了

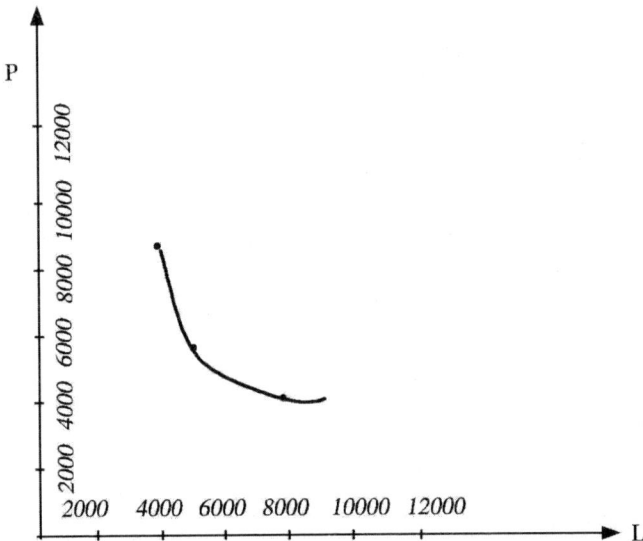

图7-2

一个问题，为什么不同的劳动投入会有相同的价值产出呢？原因
在于价值量是个别劳动量与价值率的乘积，而价值率是社会必要
劳动时间和个别劳动时间的比率，当个别劳动的技术构成低于社
会技术构成时，个别劳动生产率低于社会劳动生产率，生产单位
商品所耗费的个别劳动时间较多，价值率较低；当个别技术构成
高于社会技术构成时，个别劳动生产率较高，生产单位商品所耗
费的个别劳动时间较少，价值率较高。另一方面，如果个别实际
技术构成的提高超过个别客观技术构成，生产资料得不到充分利
用而表现为闲置，转移的旧价值就会少于实际耗费的生产资料价
值，使价值转移率下降，因此其价值产出也会下降。这样较少的
劳动量投入与较高的价值率相配合，较多的劳动量与较低的价值
率相配合就可能产生相同的价值量。因此，不同的要素投入量在
一定条件下产生相同的价值量是完全可能的。

将等价值成本曲线和等价值收益曲线结合起来，我们就可以得出要素组合的均衡点见图7－3。

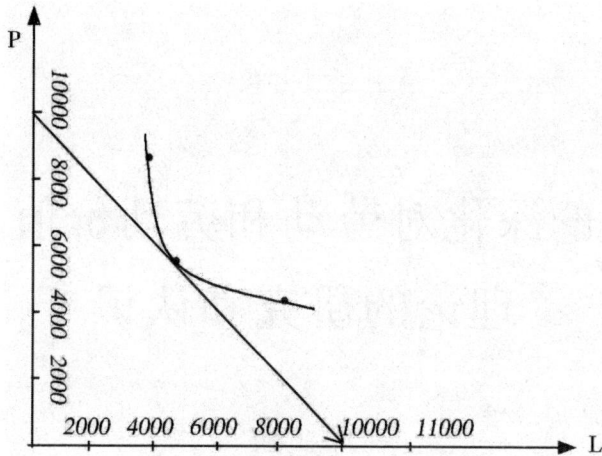

图7-3

　　在这一点上，等价值成本曲线与等价值收益曲线相切，它既是价值成本既定前提下可以创造的价值收益最大点，也是价值收益既定前提下可以实现的价值成本最低点，同时还应该是个别实际技术构成等于个别客观技术构成，个别劳动的实际生产率等于个别劳动客观生产率的均衡点。只有这样，才能真正实现商品生产者价值收益最大化的目标。

　　最后需要指出的是，研究微观劳动创造价值的方法选择问题所得出的基本结论，不仅对单个商品生产者的生产经营有直接指导意义，更重要的是，它也证明西方微观经济学的许多结论与劳动价值论并不矛盾。劳动价值论应当吸收、借鉴和大胆利用西方微观经济学的分析工具。劳动价值论与西方微观经济学之间并不存在不可逾越的鸿沟，我们所做的工作之一，就是寻找两者之间的内在联系和沟通桥梁。

附录 1

论深化对劳动和劳动价值
理论的研究和认识

谭跃湘

马克思主义经典作家研究资本主义社会劳动和劳动价值理论，为形成马克思主义政治经济学做出了巨大历史贡献。但实践在发展，理论要进步，劳动价值论也要根据实践要求不断深化、不断发展。这是实践发展的客观要求，也是理论发展的必然逻辑。

一、理论贡献和历史局限

经济学的价值就是商品的价值。古希腊思想家亚里士多德最早从商品的交换关系和形式中感受到了价值问题的存在，认识到 5 张床 = 1 间屋，无异于 5 张床 = 若干货币。但又断言这样不同种的物是不可能通约的。殊不知，不同种的物既然相等，必然包含某种共同的可以通约的东西，这就是价值。

英国古典经济学第一次将价值和劳动联系起来，首开劳动价值论之先河。但他们的劳动价值论不彻底，也存在无法解决的理论矛盾。亚当·斯密一方面肯定劳动是一切商品交换价值的真实尺度，同时又认为"工资、利润和地租是一切收入和一切可以交换的价值的三个原始源泉"。大卫·李嘉图试图将劳动价值论贯彻到底，却无力弥合劳动决定价值和资本与劳动等价交换能获得利润的矛盾，以及劳动决定价值的规律与等量资本获得等量利润的矛盾。

马克思从区分商品使用价值和价值入手，以劳动二重性学说为基础，科学地揭示和论证了价值的本质和源泉是劳动，价值量由社会必要劳动时间决定等重大命题；彻底摒弃了供求价值论、效用价值论和要素价值论等庸俗理论；从使用价值和价值的矛盾中，追索出具体劳动和抽象劳动、私人劳动和社会劳动的矛盾。这一矛盾，实质上是资本主义基本矛盾的胚芽；然后他抓住了劳动和劳动力相区别这个关键，引入不同部门资本家之间的竞争，成功地克服了古典经济学的局限性。正是在这个基础上建构起了以资本和剩余价值为中心范畴的《资本论》，实现了劳动价值理论的革命性飞跃。

但是，马克思是他所处的那个时代的产儿，他的劳动价值论是他所处的那个时代的产物，不可避免地有其历史局限性。

首先，马克思所面对和研究的是当时的资本主义生产方式。这种生产方式，一是以私人资本为基础，企业主要采取独资形式，股份制虽已初露端倪，但远未占主导地位。二是以自由竞争为特征，没有宏观调控，人们不仅迷信看不见的手，而且崇尚管得最少的政府是最好的政府。三是劳动结构以体力劳动、直接劳动和物质生产劳动为主。据安格斯·迪森的研究，1870 年英国第一、第二两产业就业比重为 65%，服务业的比重只有 35%。据库兹涅茨的研究，在英国 1851 年国民生产中，物质生产部门所占比重为55.7%，非物质生产部门的比重为 44.3%。即使到 20 世纪初，发达国家科学技术在国民经济中的贡献率也没有超过 15%。四是劳动关系紧张，资本家将绝对延长工人的劳动时间作为自己谋利的基本方式和主要手段，工人则将缩短劳动时间、反对做夜工和星期日劳动、争取提高工资作为自己斗争的主要目标。五是经济全球化刚刚起步，世界市场虽然开始形成，但还谈不上生产的全球化和资本配置的全球化。因此，马克思在研究劳动价值论时，主要关注的还是直接物质生产领域的体力劳动，而对脑力劳动、间接劳动、非物质生产领域的劳动及其在价值形成中的作用着墨不多，研究不够，估计不足；对资本和雇佣劳动关系的分析也过于抽象，资本家是人格化了的资本，雇佣工人是一无所有的无产者，他们的关系也是纯粹的剥削和被剥削的关系；对价值与劳动关系的研究，一般都局限在一国范围之内，仅仅在论及有关工资的国民差异问题时，才谈到价值规律在国际上的应用，才明确价值的计量单位是世界劳动的平均单位；对价值问题的研究角度也没有自觉的微观和宏观之分，而是将两类问题杂糅在一起，很容易导致分解谬误和合成谬误。

其次，马克思研究劳动价值理论以及以此为基础的剩余价值理论的目的是革命。即通过对资本主义剥削关系和基本矛盾的分析，揭示资本主义必然灭亡的历史趋势和现实条件，为无产阶级革命提供理论依据。他在《资本论》第一卷第一版序言中明确指出："我要在本书研究的，是资本主义生产方式以及与此相适应的生产关系和交换关系。"① "本书的最终目的就是揭示现代社会的经济运动规律。"② "就这种批判代表一个阶级而言，它所代表的只是这样一个阶级，这个阶级的历史使命就是推翻资本主义生产方式和最后消灭阶级，这个阶级就是无产阶级。"③ 这种劳动价值论严格地说是革命的劳动价值论，而非建设的劳动价值论。因此，马克思研究劳动价值论的主要精力集中在价值的本质及其源泉问题之上，重点是揭示由此体现的人与人之间的关系，为最终揭示资本和剩余价值所反映出来的剥削与被剥削的关系做准备，而对劳动怎样才能创造价值以及怎样才能创造尽可能多的价值量等价值形成问题，则没有展开研究。事实上，他无意和不可能为资本家去开列实现价值和剩余价值最大化的处方。

最后，马克思从来没有研究过社会主义社会的劳动和劳动价值理论。马克思是社会主义理论的创始人，也是社会主义运动的开拓者，但他从来没有参加过社会主义建设的实践，当然也不可能对社会主义建设做深入的理性思考。他对社会主义的有限论述，大多是在批判资本主义生产方式和分析资本主义基本矛盾运动规律时，得出一些预测性的结论。也正是囿于实践的局限，马克思拒绝对未来社会做详细具体的理论描述。尤其值得注意的是，按照马克思的理论逻辑，资本主义的终结，同时也是商品经济和市场经济的终结，他所预期的社会主义，"用公共的生产资料进行劳动，并且自觉地把他们许多个人劳动力当作一个社会劳动力来使

① 《马克思恩格斯全集》第 23 卷，人民出版社 1972 年版，第 8 页。
② 《马克思恩格斯全集》第 23 卷，人民出版社 1972 年版，第 11 页。
③ 《马克思恩格斯全集》第 23 卷，人民出版社 1972 年版，第 18 页。

用。"① "这样，劳动时间就会起双重作用，劳动时间的社会有计划的分配，调节着各种劳动职能同各种需要的适当的比例，另一方面，劳动时间又是计量生产者个人在共同劳动中所占份额的尺度，因而也是计量生产者个人在共同产品中的个人消费部分中所占份额的尺度。在那里，人们同他们的劳动和劳动产品的社会关系，无论在生产和分配上，都是简单明了的。"② 用恩格斯的话说，就是 "人们可以非常简单地处理这一切，而不需要著名的'价值'插手其间"。既然如此，当然也就不需研究和认识社会主义社会的劳动和劳动价值理论。

二、实践发展和现实要求

"理论是灰色的，生活之树常青。"随着实践的发展，不论是资本主义经济，还是社会主义经济，都出现许多新特点新情况，为此，必须深化对劳动和劳动价值理论的研究和认识。

第一，当代资本主义经济新特点的新要求。当代资本主义经济一是出现了混合所有制，私人资本向社会资本转化。以 1979 年的英国为例，国有企业的生产占英国 GDP 的 9%，其投资额和就业人数也分别占整个英国的 11.5% 和 7.3%。同时股份经济迅速发展，纯粹的私人资本企业，逐渐为股份制企业所取代。到 1996 年，在英国拥有股权的人已占成年人口的 22%，在私有企业中，90%

---

① 《马克思恩格斯全集》第 23 卷，人民出版社 1972 年版，第 95 页。
② 《马克思恩格斯全集》第 23 卷，人民出版社 1972 年版，第 96 页。

的雇佣工人已开始成为他们所在企业的股东。这样就使资本主义经济中的劳资关系更加复杂，但也趋向缓和。二是经济全球化迅猛发展。跨国公司的出现，使企业全球化成为现实。据联合国统计，现在全球跨国公司已达 6.3 万家，子公司 68.9 万家。它们控制着全球 1/3 的生产、2/3 的贸易、70％的专利与技术转让和近80％的外国直接投资，由此形成了一个庞大的全球生产和销售体系。国际资本市场的形成和发展，加速了资本配置的全球化。目前每天在全球外汇市场交流的国际资本大约为 11 万亿美元。另据国际货币基金组织的测算，目前国际游资大约在 7 万亿美元。贸易的全球化，使国际贸易已经占到世界经济总量的 15％。三是宏观调控已成为资本主义经济的重要特征。发达的资本主义国家早在20 世纪 30 年代就开始重视政府宏观调控的作用，现在已逐渐形成了以货币和财政政策为主要手段的宏观调控体系。四是经济结构发生了新的变化。就劳动力结构而言，到 1965 年美国职业结构中白领工人的数目，在工业文明史上第一次超过了蓝领工人。从那时起这个比率一直在稳定上升，到 1970 年白领工人与蓝领工人的比例超过了 5∶4。早在 1992 年英国农业的就业比率就下降到了2.2％，工业就业比重下降到了 26.2％，而服务业的就业比重上升为 71.6％，在 1992 年美国服务业的就业比重更是高达 74％。从各产业部门的贡献情况看，以 1997 年的中等收入国家为例，服务业的增加值已占 GDP 的 50％，农业和工业增加值合计只占 GDP 的50％。非物质生产部门已成为创造价值的主要部门。五是经济增长方式已由粗放型转化为集约型。劳动密集型逐渐为资本密集型所取代，并正在向知识密集型发展，到 20 世纪末，发达国家科学技术在国民经济增长中的贡献率已超过 80％。人类社会正在迎来知识经济时代，据估计 OECD 成员的知识经济在国民生产总值中已占 50% 以上，科学技术已成为名副其实的第一生产力。既然，我们现在所面临的资本主义经济，已经与马克思主义创始人所面对和研究的情况有很大的不同，我们就应当结合新的实际，深化对资本主义社会劳动和劳动价值理论的研究和认识。

第二，社会主义经济发展的新特点和新要求。从 20 世纪初开始，社会主义已由理想变为现实，由革命进入建设。经过不断的探索和艰辛的努力，社会主义中国从党的十一届三中全会开始，实现了工作重心的转移，进入了改革开放和现代化建设的新时期，完成了由计划经济体制向社会主义市场经济转变的历史性飞跃，初步建立起了社会主义市场经济体制。一方面，我国的市场经济具有与资本主义市场经济根本不同的属性，公有经济始终在国民经济占主导地位。尽管这几年我国适应生产力的发展要求，加快个体私营经济的发展，但是迄今为止，公有经济仍然在经济总量中占有 60% 以上的比重，1996 年我国非公有制经济在经济总量中占 24%，公有制经济占 76%。从湖南省来看，1996 年全省实现 GDP 总额 2647.16 亿元，公有经济实现增加值为 1816.65 亿元，占 GDP 的 68.6%，非公有制经济占 31.4%。由此也就决定了社会主义社会劳动和劳动关系属性和特征的全新性质。另一方面，也正是由于市场经济新体制的建立，这些劳动和劳动关系仍然采取市场的形式，表现为价值和价值关系。这就要求我们深化对社会主义社会劳动和劳动价值理论的认识，以反映新的时代特征和社会主义的根本属性。

第三，消除理论与实践矛盾的新要求。近年来，我国理论界围绕决定商品价值量的社会必要劳动时间究竟是一层含义，还是两层含义？价值的源泉究竟是劳动一元，还是劳动、物质资料和科学技术多元？价值究竟由劳动决定，还是由效用或边际效用决定？价值量究竟与劳动生产率成正比例，还是成反比例等诸多问题众说纷纭，莫衷一是，争论不休，集中反映了传统劳动价值理论与当代经济实践的矛盾和冲突。解决这些问题，既不能以实践出现的新情况为由，否认劳动价值论，在效用价值论、要素价值论上大做文章，否则就会重新落入西方价值理论的庸俗陷阱；但也不能拘泥于马克思已有的结论，无视客观实际，轻率地否认物质资料、科学技术在价值形成中的功能和效应，否则就会捉襟见肘，落后于实践发展的要求，甚至阻碍实践的发展。唯一正确的解决办法是，适应实践发展的要求，深化对劳动和劳动价值理论的研究，重新界定劳动的内涵和外延，正确认识和估价生产资料和科学技术在价值形成中的作用，以丰富和发展劳动价值理论，实现理论与实践，主观和客观的统一。尤其值得注意的是，马克思主义政治经济学跳出苏联模式后，一直没有形成完整的科学体系，或政策阐释，或文件图解，或默守过去的成规，或照搬西方的教条。究其原因，就在于缺乏一个富有时代特色、体现时代精神的劳动价值理论。深化对劳动价值理论的研究和认识，消除这些矛盾，可以为建构科学的社会主义市场经济学奠定基础；为理解当今世界和当代中国复杂的社会经济现象和经济关系提供理论钥匙；为进一步增强党的阶级基础和扩大党的群众基础提供理论依据。

三、理论创新和发展方向

根据实践发展的要求和理论发展的逻辑，深化对劳动和劳动价值理论的研究和认识，应在如下几个方面努力。

1. 拓宽研究范围。马克思虽然只是一般地探讨价值和劳动的内在本质联系，但对作为价值实体的劳动的范围和实现方式也或多或少有所涉及。他肯定劳动是"人的脑、肌肉、神经、手等的生产耗费"[①]，从而既包含有体力劳动，也包含有脑力劳动；他区分了简单劳动和复杂劳动，认为简单劳动"它是每个没有任何专长的普通人的机体平均具有的简单劳动力的耗费"[②]，而复杂劳动"只是自乘的或不如说多倍的简单劳动"[③]。在他看来直接劳动也好，间接劳动也好，都是总体劳动的一部分，都是生产劳动。他认为劳动有两种形式：第一种劳动会生产商品，即生产物质产品的劳动；第二种劳动不生产商品，即只提供服务的劳动或劳务，并肯定不生产任何商品的劳动同样也可以是生产劳动，也可以创造价值。可见马克思实际上已奠定了拓宽劳动价值论研究范围的基础。

但马克思对脑力劳动、复杂劳动、间接劳动和非物质生产劳动的研究毕竟有限，也过于简略。拓宽劳动价值论的研究范围，进一步将脑力劳动、复杂劳动、间接劳动和非物质生产劳动放到

---

① 《马克思恩格斯全集》第23卷，人民出版社1972年版，第57页。
② 《马克思恩格斯全集》第23卷，人民出版社1972年版，第58页。
③ 《马克思恩格斯全集》第23卷，人民出版社1972年版，第58页。

更加突出的地位和位置，并从世界范围来研究和认识作为价值实体的抽象劳动和决定价值量的社会必要劳动时间，可以正确反映劳动演变的历史趋势和客观现实、使劳动价值理论与时俱进，真正体现时代特色，适应时代要求，实现劳动价值论由传统向现代的飞跃；可以充分认识脑力劳动、间接劳动、非物质生产劳动各自在价值形成中的特殊地位和独特作用，并由此形成更为具体的劳动价值理论，如脑力劳动价值论即知识劳动价值论、间接劳动价值论，包括管理劳动价值论、制度劳动价值论和非物质生产劳动价值论即劳务价值论等，实现劳动价值论由一般到特殊，由抽象到具体的深化。

2. 充实研究主题。价值理论实际上包括价值本源和价值形成两个主题。由于马克思当时着眼于批判资本主义生产方式，因此重点放在价值本源问题上，对价值形成问题虽然也作过一些富于启发的探讨和相当深入的分析。例如他在论证劳动是价值的唯一源泉的基础上，肯定生产资料既是劳动的手段和对象，也是价值的载体或容器，在劳动和生产资料之间必然形成一定的客观的技术比例关系；他明确劳动是体力劳动与脑力劳动的结合，而脑力劳动实际上是包括科学技术的劳动，将科学技术当作使劳动浓缩或复杂程度提高的因素，并肯定复杂劳动是简单劳动的倍加；他分析了价值量与社会必要劳动时间的内在的本质的必然联系，并把生产资料和科学技术的社会正常状态和平均状态作为社会必要劳动时间的必备条件和前提；他在研究了价值本源问题之后，明确指出商品生产的一般过程是劳动过程和价值形成过程的统一，具体剖析了剩余价值的生产过程，揭示了剩余价值和剩余劳动的内在联系。但他一直将这些问题放在相对次要的位置，以至于让人们产生误解，认为劳动是价值的唯一源泉，似乎劳动就是影响价值量的唯一因素。

但是，如果我们将研究主题由价值本源扩充到价值形成过程，就会发现，劳动是价值的唯一源泉，并不排斥其他因素对价值量的影响，恰恰相反，劳动要创造价值总是以其他因素的存在为前提条件并受这些因素的影响和制约的。在肯定价值本源的劳动一元性的基础上，加强对价值形成问题的研究，不仅是社会主义由革命转向建设的客观要求，而且可以消除劳动价值理论与现实经济生活的矛盾，正确阐释科学技术和生产资料等在价值形成中的功能，更好地坚持劳动价值论，也可以更为深入地分析价值量与劳动时间、科学技术及生产资料等之间的多元经济关系，开拓出一个全新的研究领域，带来更为实用更具操作性的成果，建构起具有建设特色的劳动价值论。

3. 调整研究角度。现代经济不论是东方还是西方，社会主义还是资本主义，都是微观主体和宏观主体、微观搞活和宏观调控的结合，由此使经济理论分化为泾渭分明的两大体系，宏观经济学和微观经济学。作为经济理论基石的劳动价值论当然也应有宏微之分。事实上，马克思在研究劳动价值论时，也敏锐地洞察出价值的微观问题和宏观问题的差异和矛盾。一方面他研究了价值量与社会必要劳动时间成正比例、与劳动生产率成反比例的函数关系，这种函数关系既包含着价值总量和社会必要劳动总量及社会劳动生产率的宏观价值函数关系，也包含着单位商品的价值量与耗费在单位商品中的社会必要劳动时间及社会劳动生产率的微观价值函数关系。另一方面又肯定个别劳动时间和社会必要劳动时间，个别劳动生产率和社会劳动生产率的区别和联系。从这个意义上说，马克思的劳动价值论已经是孕育了宏观劳动价值论和微观劳动价值论裂变基因的劳动价值论，是为宏观劳动价值论和微观劳动价值论各自独立提供理论基础的劳动价值论。

但在马克思看来，劳动价值论毕竟是宏观和微观没有自觉分野的一般劳动价值论。马克思在研究劳动价值论时，自始至终没有明确使用过微观和宏观的概念，有时甚至有意或无意地略去了两者的差别。这样，就使一些本来只有从宏观角度来看才正确的结论，被简单地运用到微观领域，或将一些本来只有在微观领域才能运用的原理，直接上升为宏观命题，结果导致分解谬误或合成谬误。

从微观和宏观两个角度来研究劳动价值理论，可以从宏观和微观两个角度正确把握社会必要劳动时间的两层含义，可以正确认识价值量与劳动生产率的辩证关系，进而深入探讨宏观价值生产函数和微观生产函数，明确劳动价值理论一系列基本结论的前提和条件，廓清价值规律的适用范围和操作领域，建立起与社会主义市场经济相适应的宏观经济学和微观经济学。

4. 创新研究方法。研究劳动价值理论不仅要有定性分析，而且要有定量分析。马克思在研究劳动价值论时，所运用的定量分析方法，有两个鲜明特点，一是着眼于整个社会，而非单个商品生产者；二是重视数量的平均值，而非数量的边际值。这种定量分析法，可称为社会平均分析法。

社会平均分析法的功能在于，撇开过程本身的复杂性、特殊性和偶然性，反映事物运动的平均状态、内在要求和必然趋势，这对揭示事物的本质和规律，无疑是科学的，而且是有效的。马克思正是凭借这种方法，才充分揭示了价值的本质和运动规律。

但是它毕竟抽象了单个商品生产者劳动的个性和差异，而现实经济生活中商品生产者的客观条件和主观素质都是有差异的。因此社会平均分析法所运用的抽象是与现实有一定距离的理论抽象，它所反映出的数量和数量关系，是与现实有差异的数量关系，忽略了一般趋势和正常状况形成的具体细节和复杂过程。而这些具体细节和复杂过程，往往是商品生产和经营者在实际生活中必须了解，并据以进行具体决策的基础。

一种可行的选择，是将社会平均分析法与边际分析法结合起来。边际分析方法是运用于当代西方经济学的数学分析方法之一，其主要特点是以经济主体的行为为对象，将经济主体行为的变动作为自变量，将由此引起的变动作为因变量，具体分析自变量和因变量之间的边际关系，即自变量每一细微变化，所带来的因变量的变化。边际分析法是研究函数关系的数学方法，本身并不"庸俗"。只要经济关系客观上存在函数关系，就可以运用这一工具去研究和分析，并使这种函数关系成为一个连续不断的可描述可操作的过程。由此得出的结论，不仅可以从理论上丰富和发展劳动价值论，而且可以为企业的微观决策和国家的宏观决策提供更为实用和可操作的方法。

5. 把握研究特征。社会主义初级阶段的基本经济制度，是以公有制为主体多种所有制经济共同发展的经济制度，社会主义的经济体制，已由计划经济转向市场经济体制。深化对社会主义社会劳动和劳动价值理论的研究和认识，必须立足于这两大制度背景，准确把握和分析社会主义社会劳动和劳动关系的特征和根本属性。

首先，社会主义经济内部的劳动，既是以公有制为基础的劳动,在这里劳动者全体或集体共同占有生产资料,劳动者联合起来共同劳动;又是以社会分工为基础,采取交换形式,从而创造价值的劳动。由这种劳动形成的经济关系本质上是劳动者在共同劳动共同创造价值基础上的经济关系。在这里作为个体的劳动者劳动创造的价值虽然必须和应该大于它本身按劳分配所得的价值,从而有价值剩余。但这种价值剩余是由劳动集体和劳动总体共同占有并为劳动者的共同利益服务的,因此不存在剥削关系。劳动者个人的收入差别,归根到底是由劳动的差别决定的。这些差别有时间即数量上的差别,更重要的是有质量上的差别,包括体力劳动和脑力劳动、简单劳动和复杂劳动、直接劳动和间接劳动的差别等等,同时它又受劳动的供求关系影响。

其次,从我国现阶段存在的私营经济内部的劳动关系来看,私营企业主既是投资主体又是管理经营者,私营企业的员工一般没有资本投入,因此它们的关系既是投资者雇佣劳动者的关系,也是经营管理者与雇佣劳动者共同劳动的关系。至于由此形成的价值分配关系则包含两个层次,一是私营企业主作为投资者按资分配获得利润;二是私营企业主作为经营管理者和其他劳动者按劳分配劳动收入。显然,在这里,私营企业的劳动者所创造的价值必然大于他们所获得的劳动收入,其剩余部分就是私营企业主获得的利润。这种利润虽然不是劳动收入,但属要素收入,它既是对要素贡献的认可,也是对要素投入者所担投资风险的补偿及其投资行为的激励。在资本要素是劳动创造价值不可缺少的条件的前提下,只要比例恰当,要素收入不仅是合理的,也是必要的。唯其如此才能调动投资者投资的积极性。正如恩格斯所言,每一种社会的分配和物质生存条件的联系,如此深刻地存在于事物的本性之中，以至它经常反映在人民的本能上。当一种生产方式处在自身发展的上升阶段的时期，甚至在与这种生产方式相适应的分配方式里吃了亏的那些人也会热烈欢迎这种生产方式。这是客观规律使然，也会受国家税收调节，并为社会利益服务。因此，不能也不应当简单地将它等同于资本主义经济，不能也不应当将私营企业主等同于资本家，他们也是中国特色社会主义的建设者。

最后，从社会主义股份经济所体现的劳动关系来看，投资者既包括劳动者全体和劳动者集体，也包括劳动者个人。因此，股份经济所体现的劳动关系，既是劳动者全体、劳动者集体和劳动者个人之间共同投资的股东关系，也是劳动者个人之间联合起来在分工协作的基础上共同劳动创造价值的关系。他们所创造的价值也就顺理成章地分配成为代表股东利益的股息、代表联合劳动者利益的公司利润和代表劳动者利益的工资收入，以分别调动投资者、联合劳动者和劳动者个人的积极性。毫无疑问，在这里股息也好，利润也好，工资收入也好，都不可能包含剥削关系，而只能代表劳动者之间共同投资和共同劳动的关系。

总之，深化对社会劳动和劳动价值理论的研究和认识是实践发展的要求，是理论发展的逻辑，同时也是一个全新的课题、一个复杂的课题，当代马克思主义者为此做出不懈努力和艰辛探索，既是历史的使命，也是崇高的责任，我们还有什么理由犹豫彷徨呢？

（原载湖南科技出版社 2002 年 12 月版《社会主义社会劳动价值理论探索》）

附录 2

劳动价值论创新：
传统观念和现代意识的有机结合

谭跃湘

　　冷寂多年的劳动价值论研究，近年又恢复了几分生机。新老一元劳动价值论的"苏谷之争"[1] 还没有偃旗息鼓，一元价值论和多元价值论[2]的较量又已剑拔弩张，个中是非曲直如果仍然沿袭非此即彼的传统思维方式是永远也说不清、道不明的，许多初看起来针锋相对的观点实际上并没有不可逾越的鸿沟。本文试图将传统观念和现代意识结合起来，在上述争论之间寻找一条互相沟通的渠道，以作劳动价值论创新的引玉之砖。

---

① 参见谷书堂、柳欣：《新劳动价值论》，《中国社会科学》，1993 年第 6 期。
② 参见郭寿玉：《评社会劳动创造价值》，《当代经济研究》，1994 年第 4 期。

一、价值源泉的劳动一元性和价值函数的多元性的有机结合

我们首先不得不面对一元价值论和多元价值论的矛盾，焦点在于价值究竟只有劳动一元，还是包括劳动、生产资料和科学技术等因素的多元体系。这是一个现实的问题，也是一个古老的问题。各国的经济增长方式越来越显示出一条由劳动密集型到资本密集型再到技术密集型的历史轨迹，据估计西方发达国家科学技术在经济增长中的贡献率已达80%，即使在经济相对落后的中国，科学技术的贡献率也达40%，劳动不再是经济增长的唯一因素。另一方面亚当·斯密已孕育了一元价值论和多元价值论的胚胎。他既承认商品的价值决定于生产商品所必要的劳动时间，又将利润、地租和工资看成价值源泉。正是这一胚胎的发育和裂变形成了价值理论之树的两大枝丫：李嘉图的劳动价值论和萨伊的"三位一体"公式。前者成为马克思劳动价值论的直接来源，后者则受到马克思的批判。这样，我们不得不思考和解决这样一个问题：如果价值源泉只有劳动一元，如何解释它与现实经济生活的碰撞和冲突，如果承认其他因素的作用，又怎样避免重落萨伊的陷阱。

问题的解决应当从对劳动价值论的重新审视和反思开始，关键是区别价值源泉和价值形成。

价值是商品经济的永恒主题，也是市场经济的永恒主题。马克思围绕这一主题，从商品这一当时在资本主义社会占统治地位的原素形式出发，继承斯密和李嘉图的劳动价值论传统，又超越

斯密和李嘉图，立足于商品的二重性，区分劳动的二重性，在破除供求价值论、效用价值论、要素价值论的同时，使"价值是凝结在商品中的一般人类劳动"，价值量是耗费在商品中的社会必要劳动时间成为无懈可击的科学命题。这就是我们通常所谓的价值源泉的劳动一元性，它涉及的主要是价值的本源问题，即价值的本质是劳动，劳动是价值的唯一源泉。

但劳动是价值的唯一源泉，并不等于劳动是影响价值量的唯一因素，或者说并不等于有了劳动就可以创造价值。在劳动创造价值的实际过程中，还有一系列客观因素作为条件和前提起作用，并直接影响劳动所创造的价值量，这就是所谓价值形成及其影响因素问题。如将价值量作为因变量，影响价值量的因素为自变量，那就可将两者的关系概括为价值函数关系。

对此，马克思在《资本论》中曾作过富于启发的探讨和相当深入的分析。首先，他在论证劳动是价值的唯一源泉的基础上，肯定了生产资料和科学技术在价值形成中的作用。他一方面把由生产资料转化而来的使用价值作为价值的物质承担者或价值"容器"，另一方面又将科学当作使劳动浓缩或复杂程度提高的因素，并肯定复杂劳动是简单劳动的倍加，因此它所创造的价值量也必然是同量简单劳动所创造的价值量的倍加。其次，他分析了价值量与社会必要劳动时间内在的本质联系，并把生产资料和科学技术的社会正常状态和平均状态作为社会必要劳动时间的必备前提。最后，他在研究了价值源泉问题之后，非常清醒地意识到，商品生产的一般过程是劳动过程和价值形成过程的统一，不仅区别了价值源泉和价值形成问题，而且具体剖析了剩余价值的生产过程，揭示了剩余价值和剩余劳动时间的内在联系。其中隐含着这样一个原理：一切有利于延长剩余劳动时间的因素，不管它是绝对延长剩余劳动时间，还是相对延长剩余劳动时间，归根到底都是增加剩余价值的因素。

尽管如此，马克思对价值形成过程及其内在关系的分析，仍是非常抽象和相当有限的。第一，马克思虽然已经肯定生产资料和科学技术在价值形成中的功能，而且提议"在研究价值时，必须对这一点加以详细研究"①，但并没有具体分析生产资料和科学技术变动的价值效应。因此，价值量和生产资料及科学技术之间的内在关系实际上仍是一只朦胧的"黑箱"。第二，他对剩余价值生产过程的分析，虽然已经隐含着对价值形成过程某些普遍本质和共同规律的认识，但剩余价值生产过程毕竟只是价值形成过程的特殊，而非价值形成过程的一般。因此，这些本质和规律往往沉浸在特殊的资本形式之中难以推而广之。

正因为如此，人们在领悟价值源泉和价值形成过程的关系时，总是产生错觉，以至于自觉不自觉地把价值源泉的劳动一元性与价值量影响因素的多元性对立起来。似乎劳动是价值的唯一源泉，价值量的影响因素也就只有劳动。相反，如果承认价值量影响因素的多元性，好像就会否定价值源泉的劳动一元性。

实际上价值源泉的劳动一元性和价值函数的多元性是应当统一而且可以统一的。首先，劳动是价值的唯一源泉并不排除其他因素对价值量的影响。恰恰相反，劳动要创造价值总是以其他因素的存在为前提，并受这些因素的制约。例如，劳动要创造价值，就必须有其凝结于其上的"容器"或"物质承担者"，而价值"容

---

① 《马克思恩格斯全集》第46卷，人民出版社1980年版，第223页。

器"或"物质承担者"即使用价值归根到底是生产资料发生性质、形态、位置变化的结果，因此生产资料的数量多寡也就必然影响劳动创造价值量的多寡。其次，价值量由社会必要劳动时间决定，并不排斥科学技术对价值量的影响。须知，社会必要劳动时间是在社会正常生产条件下在社会平均劳动熟练程度和强度下生产某种使用价值所耗费的劳动时间。这里所说的社会正常生产条件、平均熟练程度和强度，其实就是社会正常的科学技术水平。社会必要劳动时间也可以说是在社会正常的平均科学技术水平下生产某种使用价值所耗费的劳动时间。因此，即使劳动时间不变，只要正常的平均科学技术水平变化，价值量也会变化，科技水平提高条件下的劳动时间，或者说科学技术含量提高的劳动时间，是一种复杂程度提高或浓缩了的劳动时间，它所创造的价值量，理所当然比简单劳动或没有浓缩的劳动所创造的价值量要多。

因此，价值量既是劳动的函数，也是生产资料和科学技术的函数。区别仅仅在于劳动作为价值源泉，是价值量变动最基本的原因，生产资料也好，科学技术也好，则主要是作为前提和条件并通过对劳动的影响而最终影响价值量。正因为如此，它们仅仅是影响价值量的因素，而非价值源泉。

确认价值源泉的劳动一元性和价值函数的多元性，不仅可以解决劳动价值论与现实经济生活的矛盾，正确理解科学技术和生产资料在价值形成中的功能，更好地坚持劳动价值论，而且可以为深入分析价值量与劳动时间、科学技术及生产资料之间的多元函数关系奠定基础。这将是一个全新的研究领域，也将带来更为实用更具操作性的成果。

二、价值函数的宏观分析和微观分析的有机结合

现代市场经济理论的突出特点之一，是宏观研究和微观分析既分工又协作的有机结合。究其原因在于市场经济本来就以微观主体相对独立为基础，另一方面由微观主体相互关系构成的国民经济运行愈来愈受超然于微观主体之上的政府调节和干预，并具有自身运行的独特性质。因此，作为客观经济生活主观反映的经济理论就顺理成章分化为宏观和微观两个部分。

按理，作为市场经济理论基石的劳动价值论也应有微观和宏观之分，前者着力从整体上把握价值总量与其变量之间的相互关系，后者则重在分析微观主体实现价值最大化的行为。马克思在研究劳动价值论时，一方面研究了价值量与社会必要劳动时间成正比例，与社会劳动生产率成反比例的函数关系，这种函数关系既包括价值总量和社会必要劳动总量及社会劳动生产率的函数关系，也包括单位商品的价值量与耗费在单位商品中的社会必要劳动时间及社会劳动生产率的函数关系。另一方面又肯定了个别劳动时间和社会必要劳动时间，个别劳动生产率和社会劳动生产率的矛盾和对立，并从商品的使用价值和价值的矛盾分析中，追索出具体劳动和抽象劳动、私人劳动和社会劳动的矛盾，并且把后者当作简单商品经济的基本矛盾和资本主义基本矛盾的胚胎。从这个意义上说，马克思实际上奠定了微观价值理论和宏观价值理论分工的理论基础，并在研究剩余价值生产的过程中专门分析了单个资本家如何实现剩余价值最大化的微观行为。

　　但在宏观运行的价值规律既定的前提下，单个商品生产者生产什么产品，如何合理地配置和使用经济要素，以实现价值最大化等一系列微观价值问题，在马克思那里毕竟没有独立出来形成专门研究领域。有时他还有意识地抽象掉单个商品生产者生产条件的差异，假定单个商品生产者的个别劳动时间，直接就是社会必要劳动时间，从而将他本来已经揭示出来的价值量—社会必要劳动时间—个别劳动时间和价值量—社会劳动生产率—个别劳动生产率的矛盾关系，简化为价值量和社会必要劳动时间、价值量和社会劳动生产率的关系。即使是在研究剩余价值生产时，马克思也经常忽视单个资本家的个性，假定他所支配的劳动时间就是社会必要劳动时间，这一点在他研究绝对剩余价值时表现尤为突出。当他转而研究相对剩余价值时，虽然已经看到了单个资本家生产条件的差异以及由此决定的劳动生产率的差异，并肯定正是这种差异的存在，使少数资本家因占有较优越的生产条件、支配效率较高的劳动时间而获得超额剩余价值，但马克思仍将这种情形视为暂时的偶然的个别的现象。从这个意义上说，马克思的劳动价值论是宏观和微观没有自觉分野的劳动价值论，而且主要是具有客观总量性质的劳动价值论，重点分析的主要是价值总量与社会必要劳动量和社会劳动生产率的函数关系，而对微观劳动价值论即价值量与个别劳动时间和个别劳动生产率的函数关系则着墨不多。这样就在劳动价值论的研究领域留下了一些思维空挡和认识误区。例如，价值量与社会必要劳动时间成正比例，是否也与个别劳动时间成正比例？价值量与劳动生产率成反比例，是否也与个别劳动生产率成反比例？苏谷之间围绕价值量是否与劳动生产率成反比例各持一端争论不休，究其根源就是因为没有理清价值量与劳动生产率之间的复杂函数关系。如果自觉地将劳动价值论区分为宏观价值论和微观价值论两大部分，并引进个别劳动和个别劳动生产率，从微观角度考察价值量和劳动时间及劳动效率的关系，就可得出一些新的结论。

首先，价值虽然是抽象劳动创造的，价值量虽然是由社会必要劳动时间决定的，但抽象劳动也好，社会必要劳动时间也好，归结到底是以单个商品生产者的具体个别劳动时间为基础的。严格地说，所谓抽象劳动是对具体的个别劳动的抽象，社会必要劳动时间不过是隐藏在商品生产者背后并贯穿于个别劳动时间之中的社会客观必然性。单个商品生产者的个别劳动和个别劳动时间是否形成价值及在多大程度上凝结为价值量，取决于它是否是社会必要劳动及在多大程度上转化为社会必要劳动时间，这一程度可用价值率即社会必要劳动时间和个别劳动时间的比率来衡量，用公式表示：价值率＝社会必要劳动时间/个别劳动时间。当单位商品所耗费的个别劳动时间低于社会必要劳动时间时，价值率大于1，追加个别劳动量产生的价值增量幅度将大于劳动量本身的增量幅度。反之，当单位商品所耗费的个别劳动时间高于社会必要劳动时间时，价值率将小于1。这样，追加个别劳动量带来的价值增量幅度将小于劳动量本身的增量幅度。只有当个别劳动时间等于社会必要劳动时间，从而价值率等于1时，追加个别劳动产生的价值增量幅度才会与劳动时间本身的增量幅度一致，即价值量与个别劳动时间成正比例。可见，价值量与社会必要劳动时间成正比例固然正确，但价值量与个别劳动时间不成正比例也非谬误。

其次，对于价值量与劳动生产率函数关系的认识尤当慎重。马克思的确说过价值量与劳动生产率成反比，但这只是就单位商品的价值而言的，随着劳动生产率的提高，生产单位商品所耗费的社会必要劳动时间必然缩小，因此社会必要劳动时间所决定的该单位商品的价值量必然减少，这无疑是正确的。但如果从宏观总量和微观行为角度分析，情况则复杂得多。

从宏观总量来看，如果社会劳动总量的投入不变，不管社会劳动生产率如何变化，价值总量作为产出后果始终是不变的。这一点马克思曾有论述："不管生产力发生了什么变化，同一劳动在同样的时间内提供的价值量总是相同的。"① 另一方面，决定商品价值量的社会必要劳动时间有现在和过去之分，随着社会劳动生产率的提高，现在的社会必要劳动时间，是社会正常生产条件已经改善、强度和熟练程度已经提高的劳动时间，或者说是复杂程度、浓缩程度、技术含量已经提高了的社会必要劳动时间。因此它所创造的价值量比同量过去的社会必要劳动时间所创造的价值量要高，用马克思的话来说，即"一个强度较大的劳动小时等于一个比较松弛的劳动小时 + X"②。这就是一个国家人均国民生产总值能够不断增长，且增长速度越来越快的原因所在。可见，价值总量在社会劳动总量不变的前提下与社会劳动生产率不仅不会成反比例，而且会成正比例。

从微观行为来看，单个商品生产者所创造的价值量是个别劳动总量和价值率的函数，即价值量 = 个别劳动总量 × 社会必要劳动时间/个别劳动时间。在个别劳动总量和社会必要劳动时间不变的前提下，个别劳动生产率提高，生产单位商品所耗的个别劳动

---

① 《马克思恩格斯全集》第 23 卷，人民出版社 1972 年版，第 80 页。
② 《马克思恩格斯全集》第 47 卷，人民出版社 1979 年版，第 404 页。

时间必然减少，价值率将相应提高，他所创造的价值量也将增加；如果个别劳动量不变，社会劳动生产率和个别劳动生产率按同一幅度提高，价值率则不变，它所创造的价值量不变；如果社会劳动生产率提高的幅度大于个别劳动生产率提高的幅度，价值率则会下降，它所创造的价值量将减少。

可见，笼统地说价值量与劳动生产率成反比，或者说与劳动生产率成正比是不正确的，至少是不精确的。只有明确价值问题的宏观层次和微观层次，廓清各自的前提和条件，并分别对各自的函数关系进行深入分析，才可能得出正确结论。由此，劳动价值论本身也就必然分化为两个有机组成部分：宏观劳动价值论和微观劳动价值论。前者研究价值总量与社会必要劳动总量及社会劳动生产率的函数关系，后者分析价值量和个别劳动时间及个别劳动生产率的函数关系。

三、社会平均分析法和微观边际分析法有机结合

马克思历来重视经济学的数学分析法，在他看来只有运用数学方法，经济学才有可能成为真正精确的科学，他的《资本论》就是定性分析和定量分析相结合的光辉典范。马克思在运用数学方法分析劳动价值论的一系列问题时有两个特点，一是着眼于整个社会，而不是单个商品生产者；二是重视数量的平均值，而不是数量的边际值。他从纷繁复杂的商品形式出发，追索出商品是用来交换的劳动产品这一共同本质，证明价值是无差别的人类劳动的凝结，然后撇开个别劳动的具体形式，从个别劳动时间的社

会平均值中，抽象出社会必要劳动时间。这种劳动时间，既是生产条件的社会平均，也是强度和熟练程度的社会平均，接着又分析价值总量和社会必要劳动时间的函数关系。由于社会必要时间具有社会平均性质，价值量和社会必要劳动时间这一因变量和自变量的函数关系，也就具有一一对应成正比例的特点，即价值量的变动趋势和幅度始终与社会必要劳动时间的变动趋势和幅度完全一致，这种数学分析法，可以称为社会平均分析法。社会平均分析法的功能，在于撇开过程本身的复杂性、特殊性和偶然性，反映事物运动的平均状态和必然趋势，这对揭示事物的本质和规律，无疑是科学而且有效的。事实上，马克思也正是借助于这种方法，才充分揭示了价值的本质和运动规律。

另一方面，这种方法也有缺陷。首先，它抽象了单个商品生产者劳动的个性和差异，而现实经济生活中的商品生产者实际耗费的劳动时间，由于其依以进行的客观生产条件和主观生产条件有差异，不是高于社会必要劳动时间，就是低于社会必要劳动时间，等于社会必要劳动时间纯系相当特殊和十分偶然的情况。正是这一点，构成了商品生产者相互竞争的客观基础和主观条件。可见社会平均分析所进行的抽象是与现实有一定距离的理论抽象，他体现出来的数量和数量关系，也是抽象的数量和抽象的数量关系。

其次，用社会平均分析法得出的平均数值和以此为基础的价值函数虽然是客观的，并有理论分析的意义，但在实践中是无法度量和计算的。就社会必要劳动总量而言，它是无数个别劳动量的加权平均，各类个别劳动所包含的个数是无限的，各类个别劳动所占的比重是难以计算的。在理论分析时可以假定，实际操作则应以真实的数值为依据，就耗费在单位商品中的社会必要劳动时间而言，它是生产同类商品的个别商品生产者生产单位商品的个别劳动时间的加权平均，所包括的商品生产者个数虽然相对较少，但计量和计算的难度仍然足以使为此做出的努力得不偿失。正因为如此，价值量也好，社会必要劳动时间也好，还是价值量和社会必要劳动时间的函数关系也好，实际上都是不可捉摸的，它只能在商品生产者背后通过社会过程来自发完成。因此，它对商品生产者来说只是一个可以意会而无法实际操作的"绝对精神"。而在商品生产者背后的社会过程中，价值量则表现为一定的价格量，社会必要劳动时间则表现为个别劳动时间。商品生产者真正关心的就是如何用尽可能少的个别劳动耗费获取尽可能多的价值收入，而这一点是单靠社会平均分析法无法解决的。

再次，社会平均分析所描述的函数关系，实际上只是一种一般趋势和正常状态，而忽略了这种趋势和状态形成的具体过程。例如它假定个别劳动时间等于社会必要劳动时间，从而价值量不仅与社会必要时间成正比，而且与个别劳动时间成比例，实际上就是描述一种个别劳动的价值率为1的状态。但在现实生活中个别劳动的价值率既有可能大于1，也有可能小于1，而价值率的变动在社会必要劳动时间和社会劳动生产率不变的前提下，往往是个别生产条件、个别劳动强度和熟练程度及个别劳动量本身变动的结果，这就有必要深入考察上述因素变动对价值的影响及其由此产生的价值效应，或者说应具体描述价值率是怎样由小于1到等于1，或者相反的运动过程。这一点也是不能借助社会平均分析法来解决的。

一种可行的选择，是在继续使用社会平均分析法研究价值量和社论必要劳动时间的函数关系的同时，引进微观边际分析法，研究价值量与个别劳动时间的函数关系，在劳动价值论的基础上，将社会平均分析法和微观边际分析法结合起来，相互补充，相得益彰。

微观边际分析法是在19世纪70年代兴起并广泛运用于当代西方经济学的数学方法之一，被誉为"边际革命"。其主要特点是以微观经济主体的经济行为为对象，将微观主体经济行为的变动作为自变量，将由此引起的变动作因变量，具体分析自变量和因变量之间的边际关系，即自变量每一细微变化，所带来的因变量的变化。由于这种方法长期以来总是与效用价值论、要素价值论等理论结合在一起，一直被我们贴上"庸俗"两字拒之于劳动价值论的门外。其实，微观边际分析法，不过是研究函数关系的一种数学方法，只要客观上确实存在某种函数关系，就可以运用这一工具去研究和分析，并使这种函数关系成为一个连续不断的可操作的过程，劳动价值论也不例外。例如，我们可以在假定社会劳动生产率不变从而社会必要劳动时间不变的前提下，用微观边际方法研究单个商品生产者个别劳动时间细微变动对价值率的影响及所带来的价值量变动，还可以进一步分析和考察个别劳动依以进行的生产条件、科学技术等因素的变动，以及个别劳动生产率的影响及所带来的价值率变动，最终揭示这种变动对价值量的影响。由此得出的结论不仅可以从理论上丰富和发展劳动价值论，而且可以为企业决策提供更为实用和可操作的方法。

现代市场经济是企业自主经营的经济，对企业的决策者来说，固然有必要预测其全部经济行为产生的总体长期效果，更有必要预测其单个经济行为产生的直接的短期效果。因为市场经济条件下的经济行为严格地说是一个不断调整的试错过程，只有通过一定方法预知每个具体经济行为（如增加劳动量，增加生产资料，改进技术等）的正面效应或负面效应，才能纠正错误行为，加强正面效应，取得最佳经济效益。

尤其值得注意的是，马克思虽然没有对价值函数做过微观边际分析，但仍可以从他的著述和爱好中追寻到边际分析的蛛丝马迹。这不仅表现在他实际上已经分析了单位商品的价值量和耗费在单位商品中的社会必要劳动时间的函数关系，而且表现在他对微积分的浓厚兴趣上。他说"在工作之余我就搞搞微分学"①，而微分学正是微观边际分析的数学表达方式。恩格斯曾经说过："只有微分学才能使自然科学有可能用数学来不仅仅表明状态，并且也表明过程，运动。"② 这一判断对劳动价值论的边际分析也同样适用。

科学的发展是无止境的，劳动价值论既然是科学，也就不能裹足不前。这是理论发展的辩证逻辑，也是理论与实践交互运动的必然结果。追求真理的理论工作者除顺应这种趋势外，还有什么可选择的呢？

（原载《益阳师专学报》1997 年第 3 期）

---

① 《马克思恩格斯全集》第 31 卷，人民出版社 1972 年版，第 124 页。
② 《马克思恩格斯全集》第 20 卷，人民出版社 1971 年版，第 616 页。

附录 3

现代微观劳动价值论的初步构想

本文旨在提供一个有关劳动价值论现代化和微观化的理论方案。现代化是指将现代边际分析方法引入劳动价值论，使之与现代市场经济理论相吻合，并成为它的理论基础；微观化是指拓展劳动价值论的微观基础，从微观主体价值最大化的行为出发，研究价值形成过程及其规律，使之成为单个商品生产者可以直接操作的决策工具。当然，这一方案毕竟是初步的，只能涉及现代微观劳动价值论的逻辑起点、研究对象和基本框架等一些基本问题。

一、逻辑起点：微观劳动的内在矛盾

价值是商品经济的永恒主题。马克思继承英国古典经济学的劳动价值论传统，并以商品为对象，从商品这一资本主义生产方式占统治地位的社会财富的原素形式出发，不仅区分了使用价值和价值，而且区分了抽象劳动和具体劳动，进而令人信服地证明：

价值是凝结在商品中的一般人类劳动，价值是由抽象劳动创造的；价值量是由社会必要劳动时间决定的；价值量与社会必要劳动时间成正比，与劳动生产率成反比。深刻地揭示了价值的本质和量的规定性及其价值规律，使劳动价值论第一次真正建立在科学的基础上，实现了劳动价值论的革命性变革，确立了劳动价值论在政治经济学中的基础地位。

尽管马克思实现了劳动价值论的革命性变革，但并没有也不可能终结劳动价值论。首先，他只是从个别到一般、从现象到本质，解决了价值的本质、源泉、量的规定性和价值规律问题。而没有从抽象到具体、一般到个别、本质到现象进一步解决劳动究竟是如何创造价值以及劳动怎样才能创造尽可能多的价值量的问题。其次，他十分注重价值源泉的劳动一元性，反复强调和论证只有劳动才是价值的唯一源泉，但对影响价值量的因素却分析不够，尽管他已经意识到生产资料和科学技术在价值形成中的作用，并提议要对这些问题进行研究，但并没有展开这些研究。最后，他非常喜欢和善于运用社会平均分析方法，既研究了价值量和社会必要劳动时间的关系，也研究了价值量和社会劳动生产率的关系，却没有用微观边际方法研究价值量和个别劳动时间及个别劳动生产率的关系。这样就在劳动价值论的研究领域留下了一些思维空挡和认识盲区。

一个突出的问题在于，价值量虽然是由抽象劳动创造的，是人的大脑、肌肉、神经、手等等的单纯耗费，不包括任何一种使用价值的原子和具体劳动的成分。但在现实生活中，抽象劳动又不能孤立地、赤裸裸地存在，它总是采取某种具体劳动的形态，并与商品生产者所采取的生产资料及其科学技术相联系。不仅如此，价值虽然是由生产商品所耗费的社会必要劳动时间决定的，但社会必要劳动时间也是以个别劳动时间为基础，并始终存在于个别劳动时间之中，是存在于无数个别劳动时间之中的社会客观必然性和抽象市场值。因此，一旦我们反观现实，并从单个商品生产者的微观行为和实际操作的角度来思考问题时，就不能不面临和解决一系列矛盾。

矛盾之一：价值源泉的一元性和影响价值量因素的多元性。价值就其源泉来说只有抽象劳动一元，但抽象劳动存在于具体劳动之中，并与其所使用的生产资料和科技因素等紧密地结合在一起，如果这些因素在价值形成过程中毫无作用，追求价值最大化的商品生产者为什么要使用生产资料，并孜孜不倦地追求新技术呢？如果这些因素在价值形成中有作用的话，其作用的本质、功能和效应又怎样呢？实际运行状况和规律又如何呢？

矛盾之二：价值量与社会必要劳动时间成正比，但与个别劳动时间则未必成正比。如果单个商品生产者生产单位商品所费的个别劳动时间高于社会必要的劳动时间，则只会增加劳动消耗而不会增加价值。

矛盾之三：价值量与社会劳动生产率成反比，但与个别劳动生产率成正比。单位商品的价值量与社会劳动生产率成反比，但在社会劳动生产率不变，从而生产单位商品所耗费的社会必要劳动时间不变的前提下，提高个别劳动生产率，则只会降低和减少生产单位商品的个别劳动时间，而不会影响价值量。这正是所有商品生产者总是努力致力于提高劳动生产率的动机所在。

上述矛盾实际上是抽象劳动和具体劳动、社会劳动和个别劳动的矛盾在价值形成过程中的表现，也是宏观总量和微观个量矛盾在价值形成过程中的反映。解决这些矛盾既不能简单地以本质代替现象，用抽象取消具体，化一般为个别，从宏观结论直接推导微观结论，也不能借现象否认本质，因特殊放弃一般，以微观结论否认宏观结论。合乎理性的选择应当是在坚持马克思已经揭示的价值本质、源泉和价值量的规定性的一般结论和规律的基础上，承认微观主体个别劳动创造价值的特殊性，并以此为出发点，拓展微观劳动创造价值的研究领域，进一步研究微观主体即单个商品生产者的劳动如何和怎样创造价值以实现价值最大化的问题，由此形成的理论，我们称之为现代微观劳动价值论。

二、研究对象：价值的生产函数

要界定现代微观劳动价值论的研究对象，首先必须明确三个特点。

第一，现代微观劳动价值论必须以马克思的劳动价值论为基础。把抽象劳动作为价值的唯一源泉，并始终把价值量与社会必要劳动时间成正比、与社会劳动生产率成反比例，视为不变的公理和研究的前提，唯其如此，才能称之为劳动价值论。

第二，现代微观劳动价值论只研究单个商品生产者的个别经济行为。这里所说的单个商品生产者是与社会商品生产者相对应和相区别的。社会商品生产者是无数单个商品生产者的个别经济行为相互联系的有机总体，具有社会总量平均性质，抽象了单个商品生产者的个性差异，是社会宏观经济活动的主体，不在我们的考察之列。单个商品生产者只是社会商品生产者的构成分子、联系纽结和中介，既有社会商品生产者的一般属性，又有它作为个体的特殊属性，是微观经济主体，其行为属我们的研究范围。因此，这种理论称之为微观劳动价值论。

第三，现代微观劳动价值论只解决单个商品生产者价值最大化的实际问题。也就是说，它不再研究价值的本质，也只将价值量的规定性作为必要前提，然后在此基础上专门研究个别商品生产者调节自己的微观行为，以找出价值最大化目标的途径和方法。在这里我们将视价值量为因变量，视影响价值量的因素为自变量，以分析两者的相互关系。由于这种分析可以而且必须与边际分析结合在一起，具有现代特征，因此称之为现代微观劳动价值论。

基于这些前提，微观商品生产者要创造价值，必须耗费劳动并使用一定的生产资料和科学技术，至于这些劳动和物质条件及智力因素的耗费，最终能否真正形成价值和实现价值最大化，取决于两类基本因素。一是单个商品生产者之外的社会宏观经济因素包括社会正常的生产条件、社会平均的劳动素质、强度和熟练程度等，这些因素共同决定着社会平均的劳动生产率的水平和生产某种商品所耗费的社会必要劳动时间即社会价值。社会劳动生产率和社会必要劳动时间虽然是无数个别劳动生产率和个别劳动时间的社会平均值，从而是无数个别商品生产者相互作用力的平行四边形的对角线，但不受单个商品生产者的支配和控制，因此可称为微观不可控因素。二是个别商品生产者内部的微观因素，包括单个商品生产者的个别生产条件，个别的劳动素质、强度和熟练程度以及工艺技术管理等。这些因素决定着单个商品生产者生产某种商品的个别劳动生产率和个别劳动时间或个别价值，并受单个商品生产者的控制和支配。因此可称为微观可控因素。

　　单个商品生产者创造价值的程度和效果，取决于它的微观可控因素投入、配置及其使用的情况与微观不可控因素即宏观因素的相对状况，以及由此决定的社会劳动生产率与个别劳动生产率的比例和社会必要劳动时间与个别劳动时间的相对比率。这种比率我们称之为价值率，用公式来表示即价值率＝社会必要劳动时间/个别劳动时间。根据这一公式，在社会必要劳动时间不变的前提下，价值率与个别劳动时间成反比例。也就是说，当微观不可控因素既定，从而在社会劳动生产率不变，且生产单位商品的社会必要劳动时间不变的前提下，单位商品的社会价值不变。这时，如果单个商品生产者调节微观可控因素，提高个别劳动生产率，降低生产单位商品的个别劳动时间，就可以创造出较多的社会价值，实现价值最大化。

　　单个商品生产者调节微观可控因素以实现价值最大化的行为，实际上是一种投入产出关系。这种投入产出关系，从狭义来看是投入活劳动产出新价值的关系，从广义来看是投入物化劳动和活劳动，转移旧价值和产出新价值的关系。研究单个商品生产者实现价值最大化的经济行为，就要研究这种投入产出关系。如果我们将价值产出量视为因变量，将投入的活劳动、物化劳动以及贯穿其中的科学技术和管理因素视为自变量，我们就可以将这种投入产出关系看作一种函数关系，如果套用西方经济学通行的生产函数概念，那么这种函数关系也可以称为价值的生产函数。区别仅仅在于，西方经济学的生产函数专指物质产出量与生产资料和劳动投入量之间的函数关系。而价值的生产函数则用来指价值产出量和影响价值产出量的那些投入因素之间的函数关系。

　　相对于马克思的劳动价值论而言，现代微观劳动价值论有如下独特意义：第一，从思维过程来看，弥补了马克思已有的劳动价值论从个别到一般，从具体到抽象，从现象到本质，从微观到宏观认识过程的不足，开拓了从一般到个别、从抽象到具体、从本质到现象、从宏观到微观再现价值形成过程内在联系的新思维和新思路，具有思维过程的完整性；第二，从功能来看，它不仅坚持了马克思关于价值本质、源泉和价值量规定性的科学结论，而且将深入探索劳动创造价值的微观条件和方法及运行规律，可以为商品生产者提供具体的操作规范和决策依据，具有实际运用的可操作性；第三，从研究方法来看，它可以而且能够引进国际通行的边际分析方法，为劳动价值论的数量化和最优化奠定基础，为沟通东西方经济理论，使现代市场经济理论牢固立足于劳动价值论的基础之上创造了条件，具有现代市场经济理论的通用性。

三、基本框架：价值生产函数的构成要素

现代微观劳动价值论的基本框架，是价值生产函数的展开和具体化，它将分别研究价值量与影响价值量的各种具体因素间的数量关系和变动趋势，并由此找出规律，以确定单个商品生产者的行为规则。

1. 短期价值生产函数理论

对价值生产函数的分析，是对单个商品生产者的劳动投入和价值产出数量关系的分析。劳动是价值的唯一源泉，也是影响价值量最基本的因素。劳动投入，首先是活劳动的投入。价值产出，首先是新价值的产出。分析价值生产函数，首先必须分析活劳动

投入和新价值产出的数量关系。在这里，我们将在社会必要劳动时间已知和生产资料数量不变的前提下，以个别劳动时间为自变量，价值量为因变量，研究个别劳动时间变动对价值量的影响及其规律。由于生产资料不变，活劳动可变，属短期经济现象。故我们把单纯分析活劳动变动对价值量影响的理论，称之为短期价值生产函数理论。

2. 价值转移函数理论

从广义上说，个别商品生产者的劳动投入，不仅有活劳动的投入，而且有物化劳动即生产资料的投入。其价值产出，既包括活劳动创造的新价值，也包括生产资料转移的旧价值。撇开活劳动和新价值的投入产出关系不说，生产资料价值的投入和价值的转移也是一种函数关系。价值转移函数理论就是分析生产资料的价值投入和价值转移的理论。按理说这种价值投入和价值转移应当完全一致，实际情况却并非如此。首先单个商品生产者生产某种商品创造某种价值，投入的生产资料是由这种商品本身的技术性质和商品生产者自身的物质条件和技术素质决定的，物质条件越优，技术素质越高，生产某种商品消耗的生产资料价值越低，反之则越高；其次生产资料的价值转移则取决于生产某种商品社会必需投入的生产资料量和必需耗费的生产资料量，这是由生产这种商品社会平均的生产条件和平均的技术水平决定的，因此单个商品生产者投入的生产资料价值能否转移，以及转移多少，取决于它的投入量与社会必要的投入量的相对比率。所以分析价值生产函数，不单要分析短期价值生产函数，而且要分析生产资料价值转移的函数，它包括生产资料价值转移的条件、程度，以及生产资料投入量、投入方向变动，对生产资料价值转移量的影响及其规律。

3. 长期价值生产函数理论

从长期来看，个别商品生产者不仅可以调节活劳动的投入量而且可以调节生产资料的投入量。生产资料数量变动虽然不直接创造价值，但也能影响价值量。为此，我们将在假定劳动量不变的前提下，分析生产资料投入量变动对新价值产出量的影响及其规律。由于生产资料量变动属长期经济现象，所以这种理论被称为长期价值生产函数理论。

4. 技术变动的价值效应理论

这里所说的技术变动，一是指生产资料技术性能的变动；二是劳动力技术素质的变动。两者均表现为劳动生产率的变动。在社会劳动生产率不变的前提下，单个商品生产者提高生产资料的质量和性能以及劳动力的技术素质，可以提高个别劳动生产率，降低其生产单位商品所耗费的个别劳动时间，从而在个别劳动量不变的前提下创造更多的价值量。用马克思的话说技术含量较高的劳动是复杂程度较高的劳动，是简单劳动倍加的劳动。因此，它所创造的价值也应当有倍加的性质。可见价值量既是劳动时间和生产资料变动的函数，也是科学技术变动的函数。技术变动的价值效应理论，就是分析技术变动对价值量的影响及其规律的理论。

5. 价值创造方法的决策理论

既然影响单个商品生产者价值量的因素，不仅有活劳动，而且有生产资料数量和技术水平变动等。因此，单个商品生产者为了增加价值量，实现价值产出的最大化，实际上面临四种可供选择的方法。一是增加劳动量；二是增加生产资料量；三是提高科学技术水平；四是综合利用上述因素。在现实的经济实践中，究竟采取哪种方法，不仅取决于各种因素变动的可能性，而且取决于各种投入因素变动对价值量的影响程度、变动趋势，以及对各种方法价值产出量和因素投入量的比率关系的比较分析，在这里价值产出量是收益，因素投入量是成本，因此问题就归结为各种方法成本和收益的比较分析。所谓两利相权取其重，两弊相衡取其轻。价值创造方法的决策理论就是权衡各种方法的利弊得失从中选出最优方法的理论。

以上就是我们研究现代微观劳动价值论的初步设想和基本思路。毫无疑问，要将这些设想和思路充实为完善的理论和完整的体系，尚有一段艰辛的历程，还须我们奋力劳作，辛勤耕耘。但我们相信，种子既已播下，离收获就不会太远。

（原载《湖南教育学院学报》1998 年第 1 期）

附录 4

知识经济学的劳动价值论基础

谭跃湘

知识经济是建立在知识的生产、分配和使用基础上的经济。知识经济的来临，意味着已经知识成为经济发展的核心，成为影响国民经济的关键因素，但这并不是对劳动价值论的否定，也不能因此就放弃劳动价值论。本文旨在论证和说明，劳动价值论与知识经济的发展是一致的，知识经济学可以、应当、而且能够以劳动价值论为基础。

一、劳动价值论的知识经济内涵

知识是人们认识和改造自然、社会及人自身的思想、理论、方法和逻辑体系的集合，是人的经验、智慧和智能的概括和总结。从知识的经济功能来分析，它包括协调人与自然之间关系的技术知识，协调人与人之间关系的制度知识，以及协调人自身使之全面发展的修养知识。从知识在经济过程中发挥作用的存在形式来分析，包括知识资产和知识劳动。它们的作用都已经包含在劳动价值论之中。

（一）价值质的规定性中的知识劳动和知识资产基因

价值是凝结在商品中的一般人类劳动，是"无差别的人类劳动的单纯凝结"①。一般人类劳动也好，无差别的人类劳动也好，"都是人的脑、肌肉、神经、手等的生产性耗费"②。归纳起来无外乎两个方面：一是脑力的消耗；二是体力的消耗。人脑是知识的加工厂，也是知识的存储器，人脑的生产性消耗，实质是人脑中的知识的生产性消耗，是人的各种经验、思想、智慧、文化和方法在生产过程中的运用，是智力劳动或者说知识劳动。

知识经济与传统经济的显著区别不在于是否有劳动，也不在于劳动所占比例的大小，而在于劳动之中的知识劳动所占的比例。知识经济越发展，知识劳动所占的比例就越大，体力劳动所占的比例就越小。这不仅表现为劳动力本身具有较高的文化科学技术即知识水平，而且也表现为劳动力的构成中，科技人员管理人员所占的比重越来越高。例如，"到1965年美国职业结构中，白领工人的数目在工业文明史上第一次超过了蓝领工人。从那时起这个比率一直在稳步扩大，到1970年，白领工人与蓝领工人的比例超过了五比四。"③"然而最惊人的变化是专业和技术人员的增加——这通常是要求具备大学程度的职业——其增长率是平均增长率的两倍。1940年，美国社会上的这类人员有390万人，到1964年，就上升到860万人，据统计，到1975年，有1320万个专业与技术

---

① 《马克思恩格斯全集》第23卷，人民出版社1972年版，第51页。
② 《马克思恩格斯全集》第23卷，人民出版社1972年版，第57页。
③ 丹尼尔贝尔：《后工业社会的来临》，商务印书馆1984年版，第23页。

人员。"① 因此，在知识经济时代，价值作为一般人类劳动的凝结，主要是知识劳动的凝结，知识经济实际上是知识劳动主导型经济。知识劳动创造价值与价值质的规定性是一致的、统一的。

商品的价值量是由社会必要劳动时间决定的。"社会必要劳动时间是在现有的社会正常生产条件下。在社会平均的劳动熟练程度和劳动强度下制造某种使用价值所需要的劳动时间。"② 这里所说的社会正常生产条件，既包括正常数量的生产资料，也包括正常质量的生产资料，而生产资料质量的高低、功能的大小，与它所含知识成分的高低成正比。知识经济的特点之一就在于知识劳动所使用的生产资料即资产主要是知识含量高的资产即知识资产。至于平均的劳动熟练程度和平均的劳动强度，一是取决于劳动经验；二是取决于劳动的管理和组织；三是劳动的科技含量。实际上也就是取决于劳动的知识包括技术知识、制度知识和修养知识，即社会劳动的平均知识水平。从这个意义上说，决定价值量的社会必要劳动时间是使用社会正常的物质资产和知识资产，具有社会平均体力和平均智力的劳动。因此，决定商品价值量的因素不仅包括知识劳动，而且包括知识资产，商品价值量的规定性与知识经济也是一致的和统一的。

（二）价值量与劳动生产率成反比的前提条件和适用范围

价值量与劳动生产率成反比，是劳动价值论的重要命题之一。但恰恰是这一命题既使信奉劳动价值论的人们很少考虑知识的价值效应，也使一些人在研究知识经济时试图放弃劳动价值论：既

① 丹尼尔贝尔：《后工业社会的来临》，商务印书馆1984年版，第24页。
② 《马克思恩格斯全集》第23卷，人民出版社1972年版，第52页。

然价值量与劳动生产率成反比,增加知识作为提高劳动生产率的重要因素怎么会增加价值量呢? 在知识经济时代,随着知识的积累和应用,可以提高劳动生产率,并增加价值量,这又怎么能用劳动价值论来解释说明和论证呢?

这实际上是一种历史性的误会,马克思早就意识到李嘉图在这个问题上的错误。李嘉图曾经认为随着生产力的提高,增加的只是使用价值形态的财富,而不是增加价值形态的财富。马克思指出,这是一个错误的结论,而且强调不能像李嘉图那样,说明交换价值不会由于生产力的提高而增加①。在马克思看来,提高生产力既增加使用价值也增加价值。首先,李嘉图本人也看到资本家关心的是价值,特别是剩余价值,而恰恰是以价值和剩余价值为生产目的的资本家非常重视提高劳动生产率。如果否认劳动生产率提高对增加价值量的作用,就无法理解也无法解释资本家的行为。其次,从历史来看,随着生产力的发展,财富本身即价值总额是不断增长的,有资料表明从 1500 年到 1992 年世界人口由 4.25 亿增加到 54.4 亿,而世界 GDP 以 1990 年的价格计算由 2,400 亿美元,增加到了 3,279,950 亿美元,世界人均 GDP 由 565 美元,增加到 5,145 美元②。经济发展的这一客观事实显然不能完全用劳动总量的变动来说明,而必然用劳动生产率的变动来说明。再次,即使是李嘉图本人有时也不得不承认提高劳动生产率,最后会增加交换价值总额,问题在于他无法解决提高劳动生产率会增加价值与价值量和劳动生产率成反比的矛盾,也无法解决提高生产率

---

① 《马克思恩格斯全集》第 46 卷,上册,人民出版社 1980 年版,第 316 页。
② 麦迪森:《世界经济二百年回顾》,改革出版社 1997 年版,第 1 页。

会增加价值与生产力提高会降低利润率的矛盾。实际上，价值量与劳动生产率成反比是有严格前提条件和有限适用范围的。

第一，价值量与劳动生产率成反比，只限于单个商品的价值量或者只限于单位商品的价值量。劳动生产率提高仅仅意味着同量劳动可以生产较多的商品量，相同的劳动量均摊到较多的商品之中，每一单位商品所花费的劳动时间必然会减少，由劳动时间决定的单位商品价值当然会减少。因此，单位商品的价值量肯定与劳动生产率成反比。但不管劳动生产率如何提高，同量劳动生产多少商品，它所创造的价值量是始终不变的，商品的价值任何时候都不会由于劳动生产率的提高而增加，当然也不会减少。

第二，商品的价值量与劳动生产率成反比，是指商品的价值量与社会劳动生产率成反比。随着社会劳动生产率提高，生产单位商品的社会必要劳动时间必然减少，因此单位商品的价值量必然减少。但如果生产同样商品的生产者有许多个，且不同的商品生产者有不同的劳动生产率，那些有较高个别劳动生产率的商品生产者，就可以用相同的劳动量生产较多的价值量，或者比较少的劳动量生产相同的价值量。相反，那些只有较低劳动生产率的商品生产者，在相同的劳动时间内，则只能生产较少的价值量，或者以较多的劳动量生产相同的价值量。因为个别劳动生产率高于社会劳动生产率的劳动量可以折合为较多的社会必要劳动量，个别劳动生产率低于社会劳动生产率的劳动量则只能折合为较少的社会必要劳动量。所以，价值量不仅不会与个别劳动生产率成反比，而且会与个别劳动生产率成正比。

第三，商品的价值量与社会劳动生产率成反比，只适用于同一时期的抽象分析，不适合于不同时期的历史比较。从同一时期的抽象分析来看，随着社会劳动生产率的提高，生产单位商品所耗费的社会必要劳动时间减少，该单位商品的价值量当然也会减少。这也正是单位商品的价格往往随社会劳动生产率提高而可以不断下降的原因。但如果我们从不同时期的历史比较来看，情况就会发生变化。"决定商品价值量的社会必要劳动时间在一定社会是一定的"，"在不同的文化时代则具有不同的性质"①。这里所谓的不同性质是指不同国家和不同时代决定社会必要劳动时间的社会正常生产条件、平均熟练程度和平均强度有差别。过去的社会必要劳动时间，是由过去的社会正常生产条件、过去的平均劳动熟练程度和平均劳动强度决定的，现在的社会必要劳动时间则是由现在的社会正常生产条件和现在的平均劳动熟练程度及强度决定的。由于社会劳动生产率提高，现在生产单位商品的社会必要劳动时间缩短了，但这种缩短了的单位商品中的社会必要劳动时间，相对于过去耗费在单位商品中的较多的社会必要劳动时间而言，在本质上是相等的，并且能创造相等的价值量。正因为如此，社会劳动生产率提高不仅意味着单位商品价格降低，同时也意味着过去生产的单位商品的贬值。因此，从不同历史时代的比较而言，单位商品的价值量与社会劳动生产率之间也不存在所谓成反比例的关系。

不仅如此，同一国家的不同时期，在社会劳动总量不变的前提下，其价值总量也会与社会生产率成正比。因为随着劳动生产率的提高，现在的社会必要劳动总量相对于过去的同量社会必要劳动总量而言，是社会正常生产条件已经改善、平均的劳动熟练

---

① 《马克思恩格斯全集》第47卷，人民出版社1979年版，第404~405页。

程度和强度已经提高了的社会必要劳动总量。因此，两者的关系也就类似简单劳动和复杂劳动的关系，现在的社会必要劳动时间是过去同量社会必要劳动时间的自乘和倍加，它所创造的价值量，也就是过去同量社会必要劳动时间创造的价值量的自乘和倍加。可见，同一国家的不同时期在社会劳动总量不变的前提下，价值总量不仅会与社会劳动生产率成反比，而且会与社会劳动生产率成正比。这正是随着社会劳动生产率不断提高，一个国家乃至整个世界的国民生产总值总能不断增加的原因。

需要指出的是，马克思关于不同的国家和不同的文化时代的社会必要劳动时间具有不同性质的思想是在《资本论》中提出来的，在1861—1863年经济学稿中，马克思也从一个侧面说明了这一点。他认为，由于社会劳动生产力的发展，劳动强度在某一特殊生产领域，达到异常的程度并成为劳动的完全固定的特征，以致一个强度较大的劳动小时等于一个比较松弛的劳动小时 + X。并把它作为英国实施 10 小时工作法、提高劳动生产率以及增加价值量的原因。

由此可见，价值量与劳动生产率成反比不是一个普遍适用的原理，而是一个有严格前提条件和有限适用范围的命题。不论是单个商品生产者，还是整个社会，在劳动时间不变的前提下，提高劳动生产率只会增加价值量而不会减少价值量。

也正是因为如此，那些有利于提高劳动生产率的知识因素包括协作、分工、管理、组织和科学技术等，应用于生产过程不仅可以提高劳动生产率，而且可以增加价值量。这就是资本家和资本主义国家都重视知识及其应用的奥秘所在，也是我们的企业和我们的国家应当把科学作为第一生产力、实施科教兴国战略、迎接知识经济的挑战和机遇的劳动价值论基础。

（三）马克思在研究劳动价值论时预见了经济知识化和知识经济化趋势

知识经济首先是经济的知识化，知识在国民生产总值增长中的贡献扩大。据统计，在发达国家 GNP 的增长中知识的贡献率在 20 世纪初为 5%～20%，50～60 年代为 50% 左右，80 年代上升为 60%～80%，估计在信息高速公路建成后可能上升到 90%。其次是知识的经济化，生产知识的产业及其职能逐渐从传统的物质产业中分化出来，形成一系列新的产业群，如智能产业、教育产业、信息产业、设计产业、文化产业、创意产业、策划产业等，成为继第一产业、第二产业和第三产业之后的第四产业。最后是资产的知识化，资产逐渐成为有知识的资产，知识资产在整个资产中所占的比重日益提高。目前，国际经合组织国家投入研究和开发的费用已达国内生产总值的 2.3%，美国的这个比例已达 2.45%。投入增大形成的知识资产也相应增加，发达国家的一些先进企业有形资产和无形资产的比例已高达 1：2～3，1995 年美国许多企业的无形资产比例已达 50%～60%，这是资产知识化和知识资产化的必然结果。马克思在研究劳动价值论时预计到了知识经济的上述趋势。

马克思分析过劳动资料特别是机器的形态演变，研究了知识在其中的作用及对劳动的影响，从中我们可以得出这样几个结论：首先，劳动资料经过多种形态变化，最后产生了自动的机器体系。这种自动机器是由许多机器和有智力的器官组成的，是科学通过机器的构造驱使那些没有生命的机器肢体有目的地作为自动机来运转。因此，机器既是知识的结果，是知识和技能的积累，是社会智慧的一般生产力的积累，同时也是由知识推动的，这里实际上预计到了资产的知识化趋势。其次，自动机的出现产生了两个后果，其一，单个劳动能力创造价值的力量作为无限小的量而趋于消失；其二，直接劳动则被贬低为只是生产过程的一个要素。因此，创造价值的劳动或者说作为价值源泉的劳动上升为社会整体劳动，是直接劳动和间接劳动相结合的劳动。这里所说的间接劳动实际上就是在直接生产过程以外的设计、控制、组织、管理、协调等活动，也就是现在所谓的知识劳动。这种趋势实际上就是经济的知识化趋势。再次，一方面直接从科学中得出的对力学规律和化学规律的分析和应用，使机器能够完成以前工人完成的同样的劳动，从而节约了劳动，提高了劳动生产率。另一方面在大工业已经达到较高的阶段，一切科学都用来为经济服务时，发明将会成为一种职业，而科学在直接生产上的应用本身成为对科学具有决定性和推动作用的要素。这样，他不仅进一步肯定了经济的知识化趋势，而且预计到了知识的产业化趋势，因为发明将成为一种职业。最后，自动机是物化的知识的力量，或物化的知识劳动。它表明，一般社会知识，已经在多么大的程度上变成了直接的生产力，从而社会生产过程本身在多么大的程度上受到一般智力的控制，并按照这种智力得到改造，它表明社会生产力已经在多么大的程度上不仅以知识的形式，而且作为社会实践的直接器官被生产出来。

当然，自动机作为劳动的产物是物化的知识劳动，有很高的价值，但它只能将自己的价值转移到产品中去，而不能创造价值。资产不管是物质资产还是知识资产在价值形成过程中的作用不是因为它能够创造价值，而在于它作为劳动的手段可以提高劳动生产率，从而使这种劳动相对于效率较低的劳动可以创造更多的价值量。因此，资产不是价值的源泉，而只是影响价值量的因素，这一点不会因为资产发展为知识资产而有所改变。

由此可见，劳动价值论与知识经济并不矛盾，它已经包含丰富的知识经济内容，可以而且应当成为知识经济学的理论基础。

二、知识劳动价值论的初步构想

劳动价值论可以而且应当成为知识经济学的理论基础，并不意味着现有的劳动价值论可以直接与知识经济学相结合，并不意味着劳动价值论已经成为知识经济学的理论基础。要让劳动价值论真正成为知识经济学的理论基础，必须创新劳动价值论。

（一）劳动价值论创新的原因和理由

第一，现有劳动价值论的局限。自从马克思实现了劳动价值论的历史性飞跃，使之成为政治经济学的基础以来，劳动价值论的发展一直没有突破性进展，从总体上来说，它仍然停留在马克思已经达到的水平，而这种水平并不是劳动价值论的终结。

首先，马克思虽然肯定了知识劳动在价值形成中的作用，并预计到了经济的知识化趋势，但自始至终都没有将知识劳动作为一个相对独立的因素做过专门的研究，而只是把它作为价值源泉即一般人类劳动的构成分子之一加以考虑。因此，他对知识劳动的作用的分析往往被对一般人类劳动作用的分析所掩盖和代替，而为后来者所忽视。

其次，马克思非常关注价值质和量的规定性，正是这种关注，使他得出了劳动是价值的唯一源泉，价值是凝结在商品中的一般人类劳动，价值量是由社会必要劳动时间决定的科学结论。但他对劳动究竟是怎样创造价值的，有哪些因素影响劳动创造的价值量，以及这些因素是通过什么途径如何影响价值量等一系列问题并没有深入探讨，即使稍有涉及，也是在价值生产的资本主义形式下进行的。当然关于活的知识劳动如何创造价值，物化的知识劳动如何影响价值量的问题自然也就无暇顾及。甚至让人形成一种印象，既然劳动是价值的唯一源泉也就只有劳动才能影响价值量，以至于将价值源泉的劳动一元性和价值量影响因素的多元性对立起来，否认物质资料知识对价值量的积极作用。

再次，马克思虽然已经预计到知识产业化的趋势，肯定发明将成为一种职业。但对知识产业的特点认识不足，也没将知识产业和物质产业严格地区别开来。他只是从物质生产一般性来研究价值问题，并认为，只有物质资料生产部门的劳动才是生产劳动，才能创造价值。因此，当人们反观现实发现知识资产具有无形资产，知识产品具有劳务性的特点时，自然就会产生这样一个疑虑，非物质资料生产部门的劳动是否是生产劳动，非物质资料生产部门的劳动包括知识劳动能否创造价值呢？如果创造价值的话，与马克思的结论不是矛盾的吗？如果不创造价值的话，又怎样解释现实呢？

第二，知识经济的特点。知识经济不同于传统经济的显著特点，其一，知识经济是以知识为基础，以知识劳动为价值的主要源泉，以知识产业为主要产业部门的经济。其二，知识经济是电脑、通信、信息为运行载体，以数字化、网络化和信息化为运行方式，具有竞争性、全球性和综合性的经济。其三，知识经济是其投入和产出都有浓厚无形性特征的经济，投入的主要是无形资产，产出的也往往主要是无形产品。适应这些特点，要求有独立的知识经济学，以揭示知识经济的本质、规律和运行机制，也要求作为知识经济学理论基础的劳动价值论能够更充分、更有效地说明知识资产、知识劳动、知识产业的价值本质和价值效应，更专门、更具体、更细致地研究知识劳动创造价值的条件和机制。

第三，知识经济学发展的缺失。知识经济的确立虽然是近几年来的事，其主要标志是美国微软公司总裁比尔·盖茨为代表的软件知识产业的勃兴。但对知识经济的理论研究却要早得多，如果从美国经济学家弗里兹·马克卢普1962年出版《美国的知识生产和分配》一书算起，知识经济学的产生至少也有40多年了。近40多年来，不仅出现过像马克卢普、波拉特、丹尼尔·贝尔那样的代表人物，也出版了《信息技术、科学和智力知识的传播》《知识：它的创造、分配和经济意义》《信息经济》《后工业社会的来临》等一大批有影响的知识经济学著作。但这些代表人物及其著作对知识经济的研究大多还停留在知识或信息产业的界定，以及知识对国民经济贡献的测算等实证操作层面，而对知识经济的价值论本质却基本上没有涉及，更没有对知识经济学的劳动价值论基础做过任何探讨。近两年来，我国的经济学者开始重视知识经济学的研究，并有不少文章问世，但大多限于推介呼吁，几乎谈不上什么理论创新。尤其值得注意的是，人们在介绍和研究知识经济学时，不仅有意回避知识经济的劳动价值论基础，有些人甚至主张放弃劳动价值论。这样，适应知识经济的发展需要创新劳动价值论，不仅是发展知识经济学的要求，也是坚持劳动价值论的要求。

（二）知识劳动价值论的构成要素和体系

劳动价值论创新应当在承认价值是一般人类劳动的凝结，劳动是价值的唯一源泉的基础上，将一般人类劳动所包含的知识劳动抽象出来，视为一个独立的因素，加以专门研究，以揭示价值的知识劳动本质，进而探讨知识劳动、知识资产在价值形成过程中的功能效应及机制。由此形成的劳动价值论可称为知识劳动价值论。

1. 知识劳动。知识劳动是与体力劳动相对应的范畴，是人的技术知识、制度知识、修养知识在生产过程中的运用，它既是一般人类劳动的重要组成部分，也是知识产业部门劳动者的生产性活动。当然，现实的劳动往往是知识劳动和体力劳动的结合，完全摆脱体力劳动的知识劳动和完全没有知识劳动的体力劳动实际上是不存在的。但这并不妨碍我们从理论上假定纯粹知识劳动的存在，知识经济毕竟是以知识劳动为主的经济。

知识劳动是知识产品价值的源泉。由于知识劳动包含着丰富的经验、科学的思想、高深的智慧、深厚的文化和合理的方法，相对于简单的体力劳动而言是一种复杂程度高得多的劳动，因此它所创造的价值也就多得多，这正是知识劳动所创造的知识产品价值总比体力劳动创造的产品价值高的根本原因。可见知识劳动是知识产品价值的源泉，是影响知识产品价值量的根本因素，是构成知识劳动价值论的第一要素。

2. 知识资产。正如物质资产是劳动的物化和结晶一样，知识资产也是知识劳动的物化和结晶。知识资产虽然可以有物质载体，也不能完全离开物质外壳，但相对于物质资产而言，其物质的作用是如此之小，以至于可以忽略不计。理解这一点，只需要将机器与品牌、商标、商誉、配方等作一比较，就会一目了然。正因为如此，人们往往将物质资产称为有形资产，将知识资产称为无形资产。概而言之，知识资产是价值高、体积小、作用大的资产，价值高是因为它凝结了较多的知识劳动；体积小是因为它几乎是无形的；作用大是因为它对知识劳动创造价值的影响大。知识劳动之所以能比体力劳动创造更多的价值，不仅在于知识劳动相对于体力劳动是复杂程度较高的劳动，而且在于知识劳动是使用了知识资产的劳动。知识资产虽然也同物质资产一样只能将自己的价值转移到产品中去，而不能创造价值，但它可以使知识劳动成为效率较高的劳动，成为高生产率的劳动，它相对于效率较低的劳动可以创造相对较多的价值。因此，知识资产虽然不是价值的源泉，但可以通过提高知识劳动的生产率，增加知识劳动创造的价值量。

3. 知识产品的价值生产函数。价值的生产函数是价值量与影响价值量的因素之间的相互依存关系。既然知识劳动是知识产品的价值的源泉，知识资产是影响知识产品价值量的因素，因此我们可以以价值量为因变量，以知识劳动量和知识资产量的变动为自变量，构成知识产品价值的生产函数。在这种函数关系中，知识劳动量作为价值的唯一源泉，是影响价值量的根本因素，知识资产只能通过对知识劳动生产率的影响才能影响价值量，因此它虽然是影响价值量的重要因素，却只是间接的因素。价值源泉的劳动一元性和影响价值量因素的多元性统一于知识产品价值的生产函数之中，知识劳动价值论重点就是要研究知识产品价值生产函数。

（三） 微观知识劳动价值论

毫无疑问，正如物质产品的价值量是由社会必要劳动时间决定的一样，知识产品的价值量当然也是由社会必要知识劳动时间决定的。现在的问题在于社会必要知识劳动时间是以单个知识产品生产者的个别知识劳动为基础的，是存在于个别知识劳动时间之中的社会客观必然性。个别知识劳动时间与社会必要知识劳动时间既相联系，又有区别。就其联系而言，个别知识劳动时间是社会必要知识劳动时间的前提和基础。社会必要知识劳动时间则是个别知识劳动时间的内在联系和规律，没有个别知识劳动时间就没有社会必要知识劳动时间，也没有无社会必要知识劳动时间的个别知识劳动时间。就其区别而言，个别知识劳动时间是由单个知识产品生产者所使用的个别知识资产、所具有的个别知识水平决定的，社会必要知识劳动时间则是由社会知识产品生产者所使用的社会正常的知识资产、所具有的社会平均知识水平决定的。因此，生产单位知识产品所耗费的个别知识劳动时间既有可能高于社会必要知识劳动时间，也有可能低于社会必要知识劳动时间，两者相等纯属相当特殊和偶然的情况。因此，我们对知识产品价值量的研究，也就不能限于知识产品价值量和社会必要劳动时间的关系，而应当进一步深入到知识产品价值量和个别知识劳动时间的关系。由于个别知识劳动时间是由个别知识产品生产者耗费的，个别知识产品生产者的知识劳动行为属知识经济的微观行为，所以，我们将研究知识产品价值量与个别知识劳动相互关系的理论，称为微观知识劳动价值论。

由于知识产品的价值量是由社会必要知识劳动时间决定的，这样个别知识产品生产者的个别知识劳动时间能在多大程度上凝结为知识产品价值以及能创造多少知识产品价值，既取决于个别知识劳动的时间，也取决于个别知识劳动时间与社会必要知识劳动时间的相对关系，这种关系我们称之为知识劳动的价值率，简称知识价值率。知识价值率用公式表示，即：知识价值率＝社会必要知识劳动量/个别知识劳动量。知识产品的价值量＝个别知识劳动时间×知识价值率。在单个知识产品生产者的个别知识劳动总量不变的前提下，如果其知识劳动的知识含量高于社会平均水平，耗费在单位商品中的个别知识劳动时间就会少于社会必要知识劳动时间，其知识价值率就会大于1，反之则会小于1。只有当个别知识劳动的知识含量与社会平均知识劳动的知识含量完全一致时，知识价值率才会等于1。

因此，单个知识产品生产者在个别知识劳动量和社会必要知识劳动量不变的前提下可以通过采用先进的知识资产和提高劳动的知识含量来降低单位知识产品的个别知识劳动时间，提高知识劳动的价值率，增加知识产品的价值量。这就是知识经济的微观动力和微观机制。

值得强调的是，个别知识劳动时间在一国范围内往往指单个知识产品生产者生产某种知识产品所耗费的知识劳动时间，在国际范围内，则是指一国生产某种知识产品所耗费的知识劳动时间。因此，在国际上的社会必要知识劳动时间不变的情况下，一国可以通过采用先进的知识资产，提高知识劳动生产率，降低生产单位知识产品的国别知识劳动时间，提高本国知识劳动的价值率，增加本国知识劳动所创造的知识产品价值量。发达国家之所以能在劳动总量不变甚至减少的前提下，增加本国知识劳动所创造的知识产品价值量和国民生产总值，主要原因在于它们采用了高水平的知识资产和知识劳动，从而有较高的国别劳动生产率，其价值率就会大于1，其知识劳动所创造的价值量就会相对较多。

所以，当代国际经济竞争，归根到底是知识水平的竞争。任何一个国家要在劳动总量不变的前提下增加国民生产总值，只有提高知识水平和劳动生产率，舍此别无他途。

（四）宏观知识劳动价值论

如果将单个知识产品生产者的知识劳动行为和知识劳动生产率与知识产品价值量相互关系的分析称为微观知识劳动价值量，那么分析社会知识产品生产者的知识劳动总量和社会知识劳动生产率与社会知识产品价值总量相互关系的理论，就是宏观知识劳动价值论。

在社会知识劳动生产率不变的前提下，社会知识产品的价值量与社会知识劳动的数量成正比例，即社会知识劳动数量增加，社会知识产品的价值总量增加。而社会知识劳动数量取决于三个因素：一是人口；二是知识劳动者占人口数量的比重；三是每个知识劳动者劳动的时间。在人口数量不变的前提下，知识劳动者在人口数量中所占的比重越大，每个知识劳动者劳动的时间越多，社会知识劳动的总量越大，所创造的知识产品的价值就越多。

在社会知识劳动总量不变的前提下，社会知识的价值量与社会知识劳动生产率成正比例，即社会知识劳动生产率越高，社会知识产品的价值越大。正如随着社会劳动生产率提高，现在的社会必要劳动总量是过去同量社会必要知识劳动时间总量的自乘和倍加一样，随着社会知识劳动生产率的提高，现在的社会必要知识劳动总量也是过去同量社会必要知识劳动总量的自乘和倍加，它所创造的知识产品价值量当然也是过去同量社会必要知识劳动总量所创造的知识产品价值的自乘和倍加。因此，整个世界不断丰富自己的知识，提高自己的知识水平和知识劳动生产率，同样可以增加知识产品的价值量。这是世界经济不断发展永不枯竭的源泉。

综上所述，劳动价值论不仅内含着知识经济，而且可以适应知识经济发展要求独立出知识劳动价值论，以作为知识经济学的理论基础。知识经济学与劳动价值论是统一的，劳动价值论能够成为知识经济学的理论基础。

（原载《湘潭大学学报》1998 年第 6 期）

参考文献

[1]《马克思恩格斯全集》第 23 卷，人民出版社 1972 年版。

[2]《马克思恩格斯全集》第 24 卷，人民出版社 1972 年版。

[3]《马克思恩格斯全集》第 25 卷，人民出版社 1972 年版。

[4]《马克思恩格斯全集》第 26 卷，人民出版社 1972 年版。

[5]《马克思恩格斯全集》第 46 卷，人民出版社 1979 年版。

[6]《马克思恩格斯全集》第 47 卷，人民出版社 1979 年版。

[7]《马克思恩格斯选集》第 1 卷，人民出版社 1972 年版。

[8]《马克思恩格斯选集》第 2 卷，人民出版社 1972 年版。

[9]《马克思恩格斯选集》第 3 卷，人民出版社 1972 年版。

[10]《马克思恩格斯选集》第 4 卷，人民出版社 1972 年版。

[11]《资产阶级古典经济学选辑》，商务印书馆 1979 版。

[12] 安格斯·麦迪森：《世界经济二百年回顾》，改革出版社 1997 出版。

[13] 西蒙·库兹涅茨：《各国的经济增长》，商务印书馆 1999 年版。

[14] 萨缪尔森：《经济学》（第 16 版），华夏出版社 1999 年版。

[15] 艾伦·格里菲思、斯图亚特·沃尔主编《应用经济学》，

中国经济出版社 1998 年版。

[16] 熊彼特：《经济发展理论》，商务印书馆 2014 年版。

[17] 荫山庄司：《现代青年心理学》，上海翻译出版公司 1986 年版。

[18] 肯·罗伯茨：《休闲产业》，重庆大学出版社 2008 年 11 月版。

[19] 丹尼尔·贝尔著《后工业社会的来临》，商务印书馆 1986 年版。

[20] 康芒斯：《制度经济学》，商务印书馆 1962 年版。

[21] 凡勃伦：《有闲阶级论》，商务印书馆 1964 年版。

[22] 诺思：《制度、制度变迁与经济绩效》，格致出版社 2008 年版。

[23] 诺思：《经济史结构中的结构与变迁》，上海人民出版社 1991 年版。

[24] 诺斯：《西方世界的兴起》，华夏出版社 2009 年版。

[25] 盛洪：《现代制度经济学》，中国发展出版社 2009 年版。

[26] 科斯等：《财产权利与制度变迁》，上海人民出版社 1996 年版。

[27] 苏星：《劳动价值论一元论》，《中国社会科学》1992 年第 6 期。

[28] 谷书堂：《新劳动价值一元论》，《中国社会科学》1993 年第 6 期。

[29] 冒天启：《在冶方身边重读资本论》，《经济学茶座》第 22 辑。

[30] 方卫平：《闲暇的特点、意义与质量分析》，《浙江师大

学报》社科版 1997 年第 3 期。

　　［31］谭跃湘：《劳动价值论创新：传统观念和现代意识的有机结合》，《益阳师专学报》1997 年第 3 期。

　　［32］谭跃湘：《现代微观劳动价值论的初步探索》，《湖南教育学院学报》1998 年第 1 期。

　　［33］谭跃湘：《论价值率》，《吉首大学学报》1996 年第 4 期。

　　［34］谭跃湘：《个别劳动的价值效应及其运行规律》，《湖南师大学报》1996 年第 5 期。

　　［35］谭跃湘：《价值转移率和价值转移最大化的方法》，《湘潭师院学报》1999 年第 5 期。

　　［36］谭跃湘：《生产资料在价值形成中的功能效应及本质》，《湖湘论坛》1995 年第 5 期。

　　［37］谭跃湘：《科学技术的价值效应及其本质》，《求索》1996 年第 1 期。

　　［38］谭跃湘：《知识经济学的劳动价值论基础》，《湘潭大学学报》1998 年第 6 期。

　　［39］谭跃湘：《微观劳动创造价值的成本和收益分析》，《求索》1998 年第 5 期。

　　［40］谭跃湘：《微观劳动创造价值的方法选择及其准则》，《湘潭师院学报》2001 年第 2 期。

　　［41］谭跃湘：《劳动价值论视角的闲暇与劳动的均衡配置》，《求索》2016 年第 7 期。

后　记

呈现在诸位面前的这部专著，是我多年研究马克思的《资本论》特别是劳动价值论的一份学术成果，也再现了我长期思考劳动价值论的心路历程。我之所以将之冠以《现代微观劳动价值论》的书名，在于本书试图从单个商品生产和经营者追求价值最大化的角度，深化劳动价值论的研究主题，拓展劳动价值论的研究范围，创新劳动价值论的研究方法，实现马克思主义劳动价值论与现代经济学的有机融合和深度贯通。

在我现在的思想理念中，政治经济学不论其多么具有阶级属性和意识形态特征，始终还是经济学，都会有一些具有普适价值和普适方法的东西，这是人类社会共同的文明成果和共有的精神家园，也是不同国度、不同阶段的经济学家们沟通和交流的桥梁和纽带。正因为如此，我所理解的政治经济学不能简单以东方和西方、马克思主义和非马克思主义、无产阶级和资产阶级、社会主义和资本主义来划分楚河汉界。真正的马克思主义绝不排斥任何科学和真理，马克思主义政治经济学既是批评英国古典经济学的结果，也是继承英国古典经济学的结果，它既打上了国别烙印和时代印记，更会具有普遍本质和一般属性。开拓当代中国马克思主义政治经济学新境界，既不能忽视中国特色和马克思主义本

质，也不能忘记了它是政治经济学。有鉴于此，我们的努力还是
首先应当从开拓马克思主义劳动价值论新境界开始。我相信，这
一目标现在已经通过我对微观劳动价值率范畴的创设和深入分析，
以及对价值生产函数诸因素的系统研究初步达成，并具有独创性
的意义和价值。

　　回首往事，我仍然清晰地记得，有关这一研究课题的思想火
花实际上已经闪烁在 20 世纪 70 年代末 80 年代初我在大学期间与
同窗好友讨论《资本论》的无数争论和探讨之中。那时，我刚从
湘中一个知青点的"广阔天地"闯入向往已久的大学校园，与马
克思主义政治经济学、《资本论》和现代经济学等都是初次相识、
偶然结缘。也正因为如此，这些所谓思想火花、奇思妙想与其说
是创新的观点，不如说是朦胧的直觉。最终有条件将这些直觉条
分缕析整理成可以与同行们交流的书面文字，已是 20 世纪 80 年代
初我大学毕业以后的事。从 1982 年至 2001 年期间，我先后在中共
湘乡县委党校、中共湘潭市委党校和中共湘潭市委讲师团从事教
学科研和行政管理工作，借助相对自由宽松的学习和工作环境，
我重读《资本论》、重拾劳动价值论研究，先后围绕现代微观劳动
价值论发表了 10 余篇论文，并以"现代微观劳动价值论研究"获
得了湖南省哲学社会科学规划课题（1997 年）立项资助。正是在
这一基础上，我于 2002 年完成了《现代微观劳动价值论》一书的
写作任务，近年来我又对这部书稿做了全面充实、完善和修改。

　　现在我之所以仍然有勇气将这一成果正式出版，是因为迄今
为止我仍然坚信马克思主义劳动价值论是科学的劳动价值论，这
一理论初看起来与现实的矛盾，实际上不是劳动价值论本身所固
有的，而是我们对劳动价值论的错觉和误解产生的。科学坚持劳

动价值论，必须突破东西方经济学的人为藩篱，将价值源泉的劳动一元性和价值函数的多元性分析、价值函数的宏观分析和微观分析、社会平均分析和微观边际分析结合起来，实现政治经济学传统分析方法和现代经济学方法的有机统一和结合。在我看来，科学没有国界，马克思主义政治经济学和西方经济学没有不可逾越的鸿沟，西方经济学并非一无是处。只要我们摒弃狭隘的意识形态门户之见，在坚持和发展马克思主义的问题上解放思想、实事求是，不断开拓马克思主义政治经济学新境界，就不难找到沟通两者的管道和桥梁。本书正是上述思想和理念的初步表达和首次尝试。

借助本书正式面世之机，我要衷心感谢湖南师范大学，短短四年的大学生活，不仅让我能在恩师胡浩正教授、陈贤昌教授、易培强教授的指点下与马克思主义政治经济学相伴同行，也让我有幸结识许多志同道合的同学、朋友，这是我一生致力于马克思主义政治经济学研究的思想之基、动力之源；衷心感谢中共湘乡市委党校、中共湘潭市委党校、中共湘潭市委讲师团、中共湖南省委讲师团，她们不仅是我过去30多年先后工作过的地方，也是我的学术和事业一步一步成长的"加油站"；衷心感谢湖南省哲学社会科学规划办公室、湖南省经济学学会为本课题立项、研究提供的条件、给予的支持；衷心感谢湖南省社会科学院朱有志教授、湖南师范大学刘茂松教授、湘潭大学刘桂斌教援、湖南大学李松龄教授、湖南商学院柳思维教授、长沙理工大学刘解龙教授、中共湘潭市委党校李宗茂教授对本书观点的积极评价和充分肯定；衷心感谢李建华、向国成、章育良、周国清诸位先生和陈特水、王素琴、郑洁、余小平等女士在本课题有关成果发表过程中所付出的辛勤劳动。

　　当然，本书的研究、写作和出版也离不开我的家人的理解、支持和默默奉献，特此致意。

许跃湘

2017 年 3 月于湖南长沙华盛世纪新城

307